有職故実から学ぶ

年中行事百科

八條忠基

淡交社

もくじ

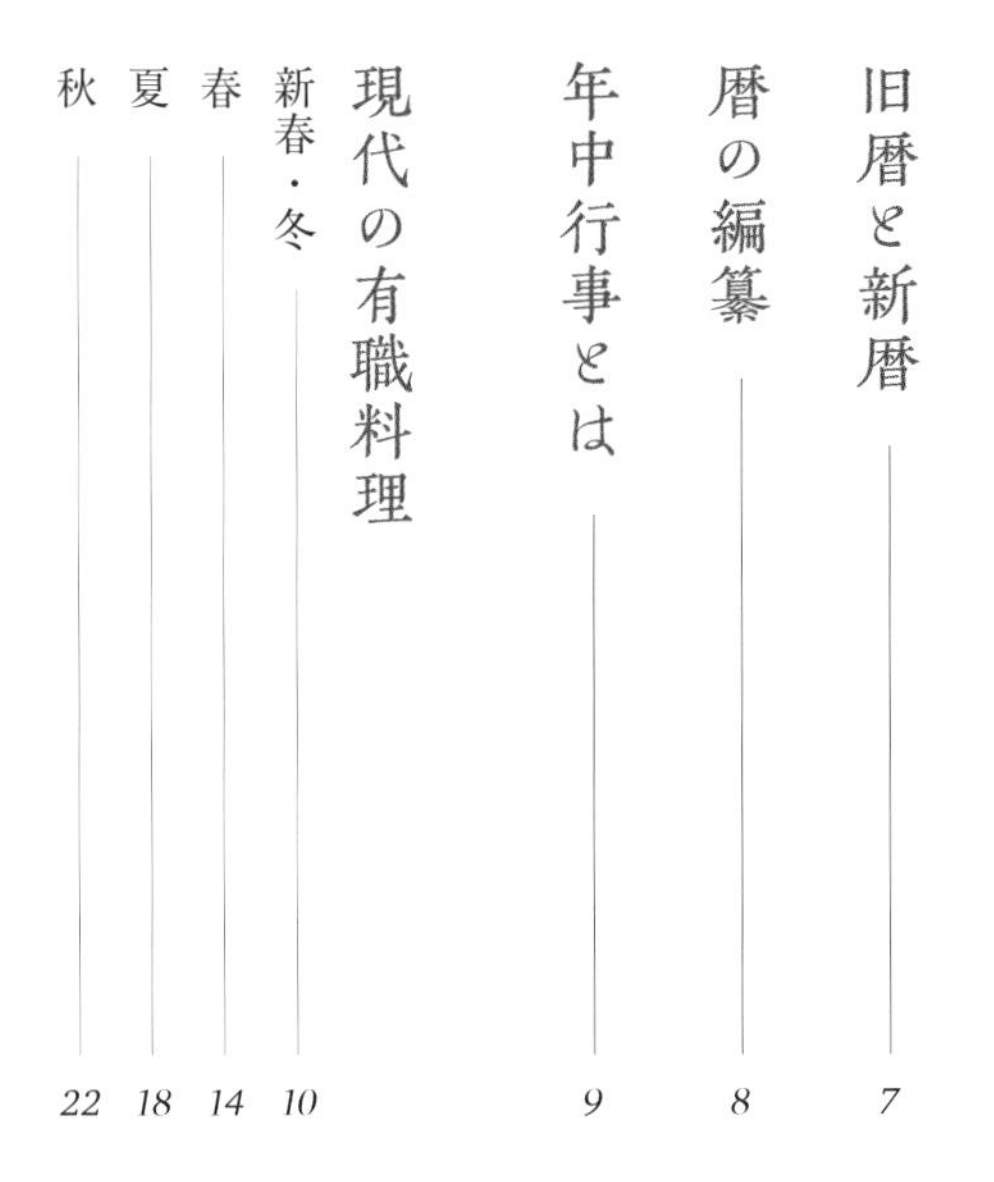

年中行事

一月

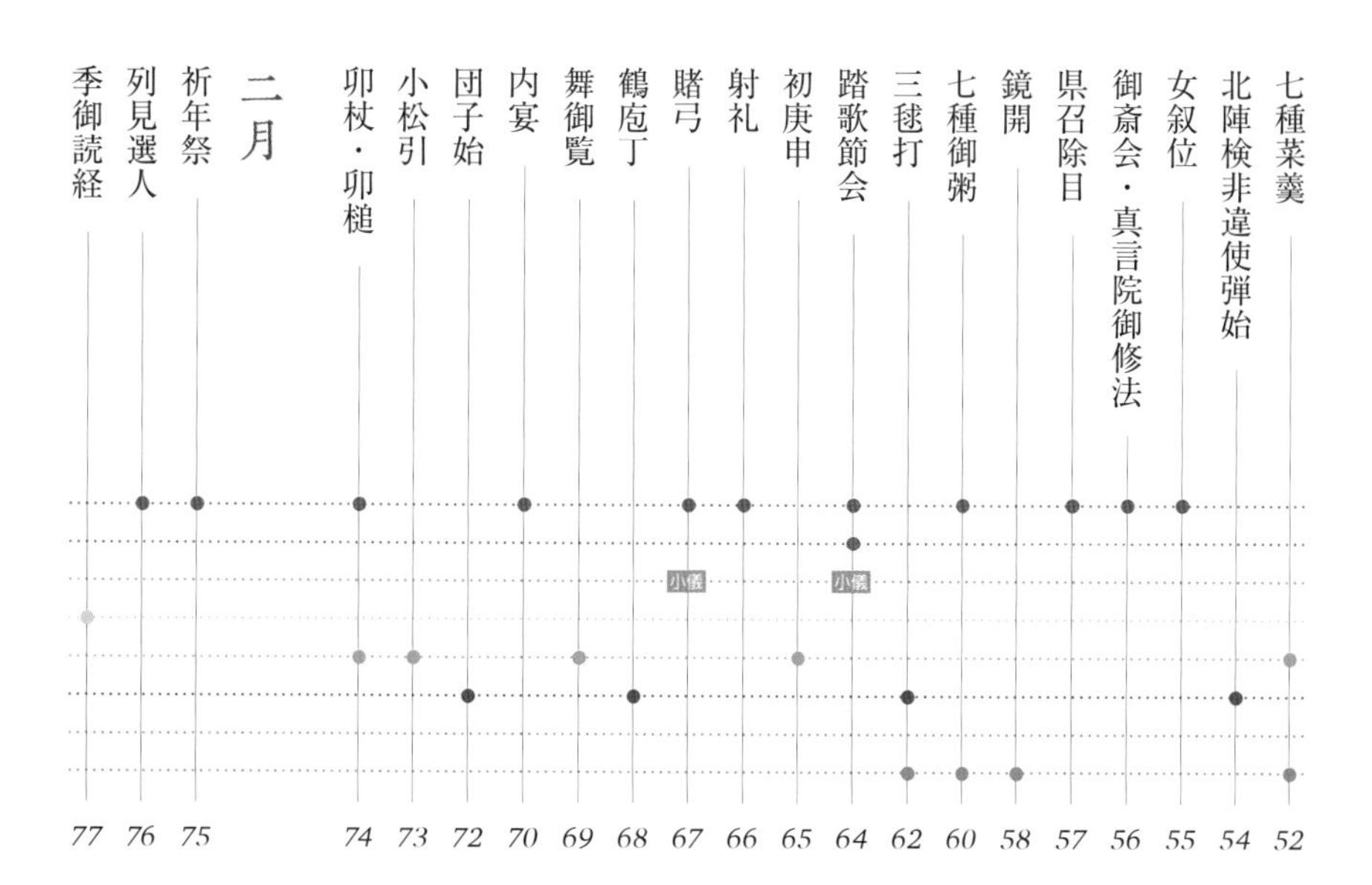

二月

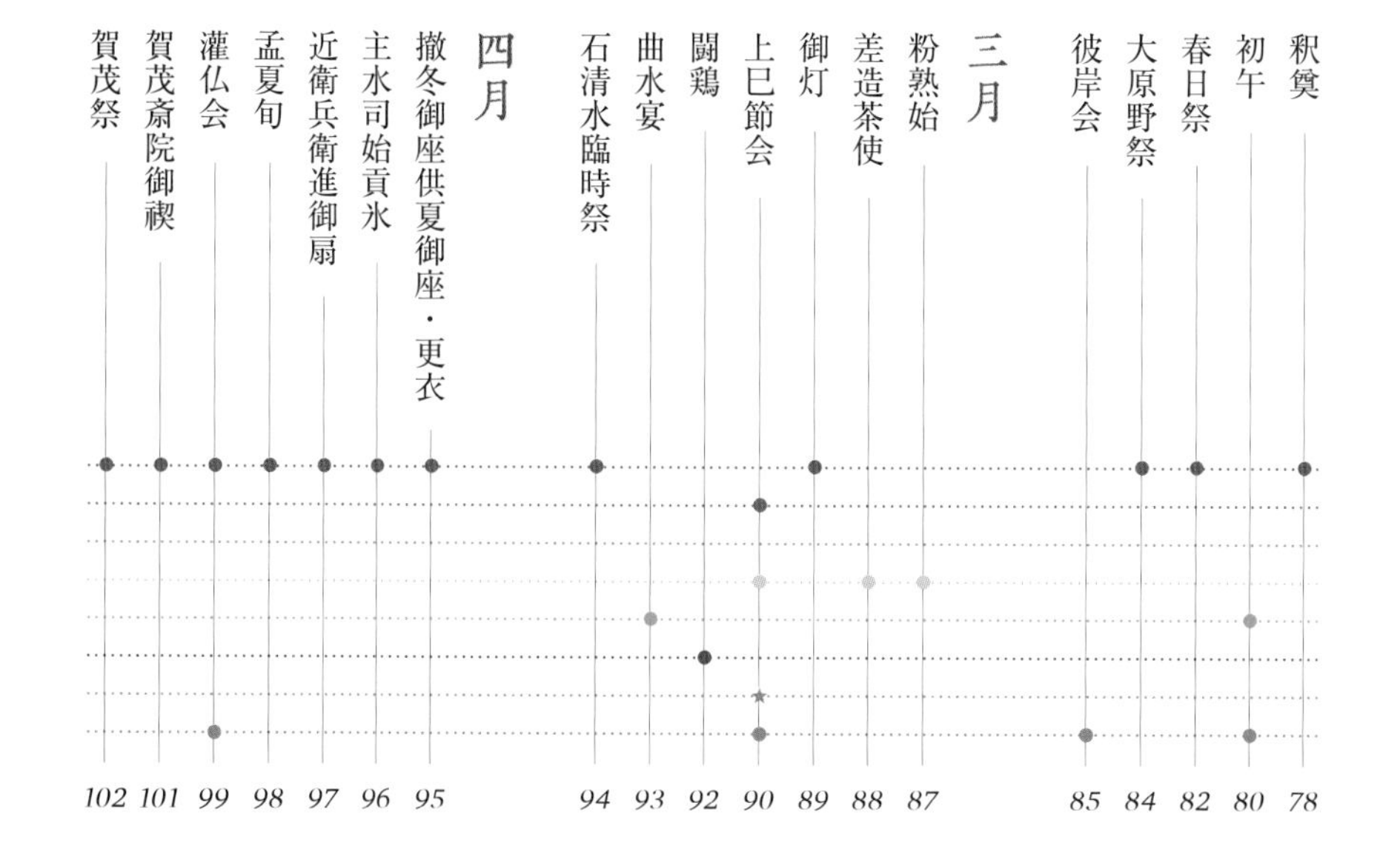

三月

四月

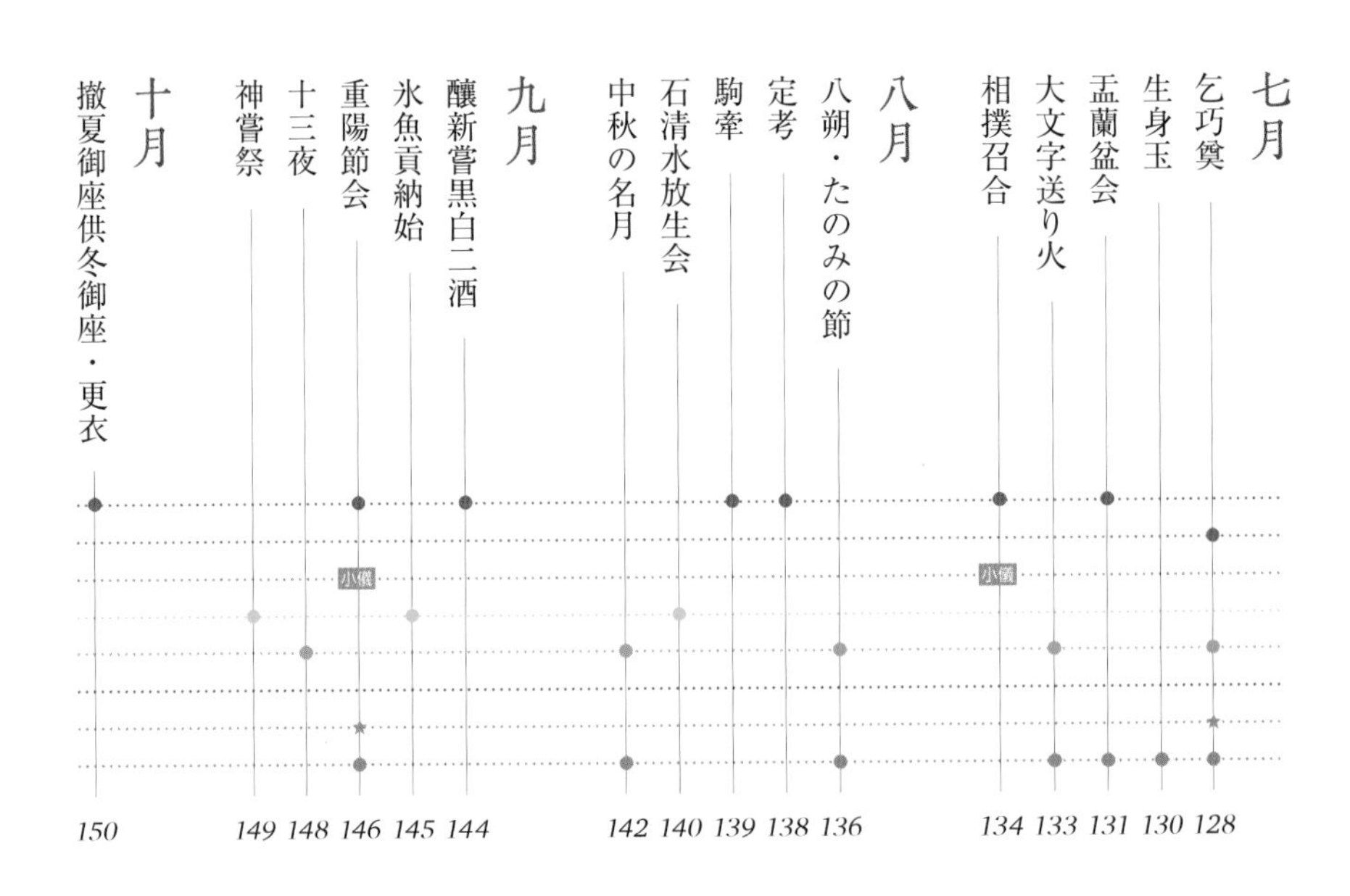

七月
乞巧奠
生身玉
盂蘭盆会
大文字送り火
相撲召合
小儀
八月
八朔・たのみの節
定考
駒牽
石清水放生会
中秋の名月
九月
醸新嘗黒白二酒
氷魚貢納始
重陽節会
小儀
十三夜
神嘗祭
十月
撤夏御座供冬御座・更衣
128 130 131 133 134
136 138 139 140 142
144 145 146 148 149
150

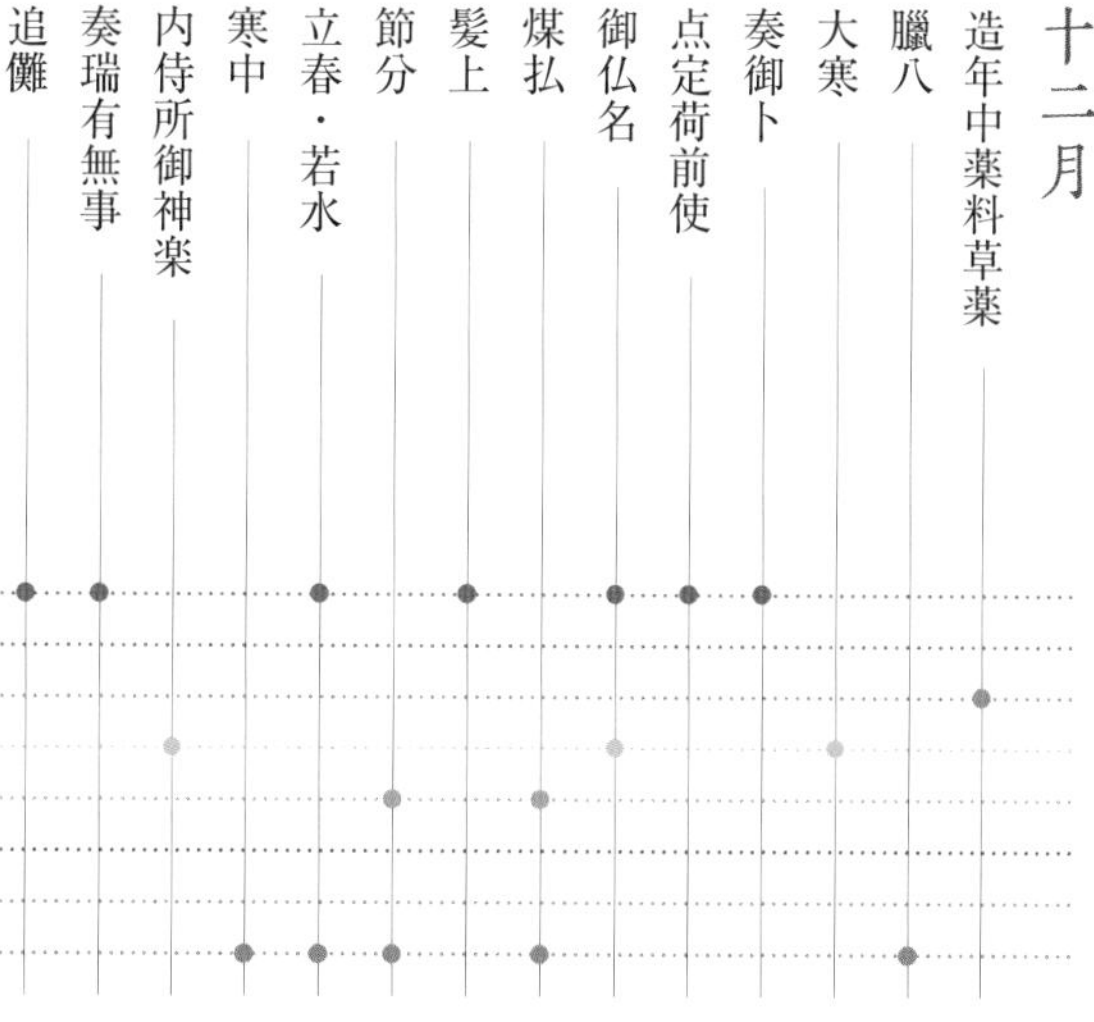

有職の食材図鑑

平安の食器図鑑

旧暦と新暦

大小看板

本書に登場する年中行事(ねんじゅうぎょうじ)の日付はすべて「旧暦」によるものです。日付の行事を現在の「新暦」で行うと、七夕が梅雨時であるなどタイミングが合いません。

旧暦は古代中国で編み出された「太陰太陽暦」と呼ばれるもので、月の満ち欠けを基準にした暦。月が見えない「新月」からその月が始まり、「望月」(満月)を十五日とし、次の新月の前日までが一カ月間でした。

しかし新月と新月の間は約二十九・五日。年間合計では太陽暦の三百六十五日よりも約十一日短くなってしまいますので、そのまま使うと日付と季節がどんどん離れてしまいます。

そこで太陽の運行を基準とする「二十四節気」などと組み合わせて補正し、差が大きくなると「閏月(うるう)」を入れて、一年間を十三カ月にして調整したのです。

二十四節気

古代中国・戦国時代に考案された季節の区切りで、日照時間や日の出の方角でわかる夏至・冬至、春分・秋分を基準に、季節を二十四に分けました。旧暦はこれをもとに、一〜三月を春、四〜六月を夏、七〜九月を秋、十〜十二月を冬とし、それぞれの季節を「孟・仲・季」に区分しました。たとえば四月は孟夏、五月は仲夏、六月は季夏と呼ばれます。

月の大小

旧暦では月に大小があり、大の月は三十日、小の月は二十九日までとされました。年によって月の大小は異なり、一月が大の月であったり小の月であったりしました。江戸時代は買い物の支払いを月末にまとめることも多かったので、店先に月の大小を示す看板を掲げ、客にも店員にも支払いの期日を示したのです。

暦の編纂

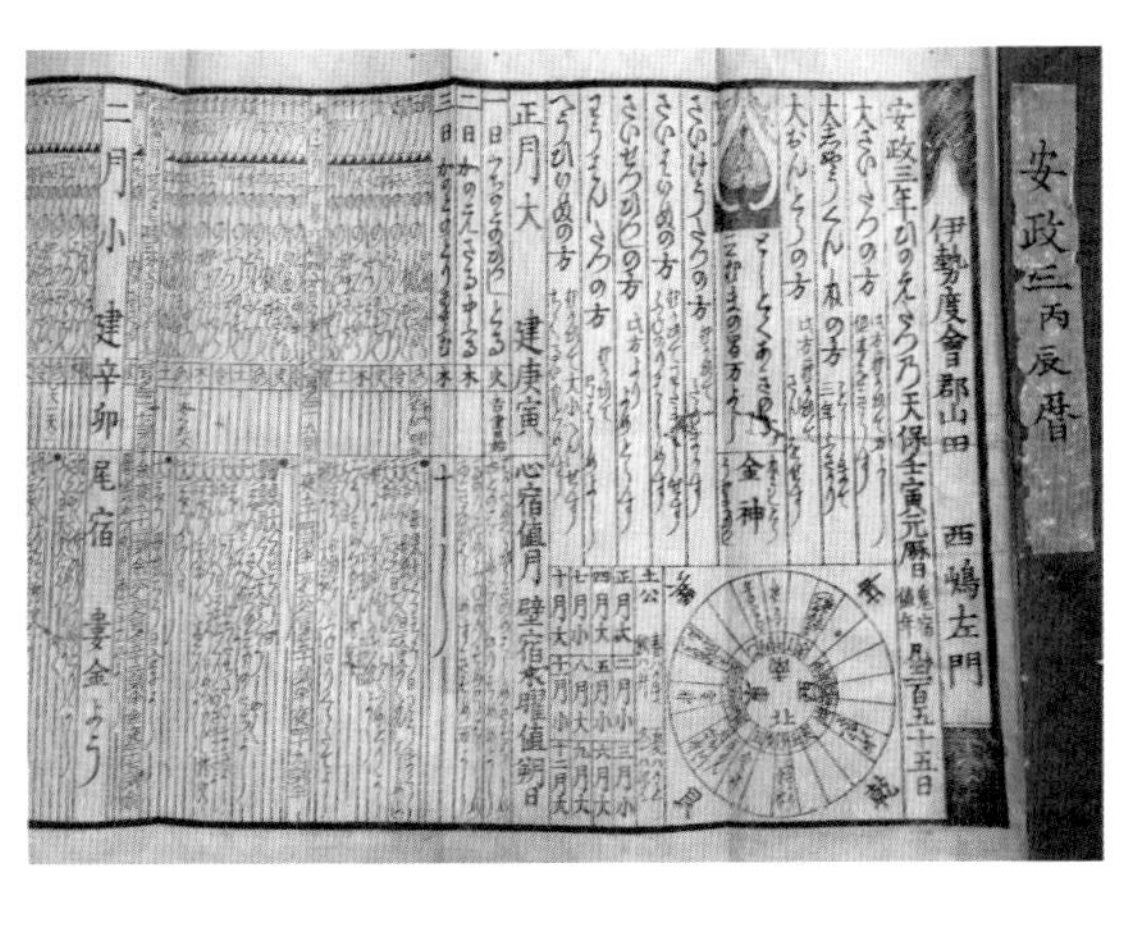

伊勢暦（安政三年）

『政事要略』によれば、日本ではじめて暦が編纂されたのは推古天皇十二年（六〇四）のこと。これは中国の『元嘉暦』をもとにしたものと考えられ、その後中国の改暦にあわせて『儀鳳暦』『大衍暦』と変遷し、貞観三年（八六一）に『宣明暦』を採用。これが江戸時代の貞享二年（一六八五）に改暦されるまで、長く使用されました。

朝廷の暦

暦の編纂は天体観測をもとに行われ、それらの業務は朝廷の専権事項とされました。暦博士など陰陽寮の官人たちが観測・計算して作られた暦のうち、実用的な「具注暦」は前年十一月に提出されて内外諸司で使用され、天体の運行を示す「七曜暦」は天皇のために元日節会で提出されました。

暦の一般化

鎌倉時代以降に朝廷の力が弱くなると、「京暦」など民間で製作された暦も広く人々に使われるようになりました。その中でも最も普及したのが「伊勢暦」です。伊勢の暦師が発行したもので、寛永八年（一六三一）に最初に製作されました。伊勢暦は、神宮の「御師（おし）」たちが神宮大麻（お札）を全国に頒布する際のお土産のような形で配られたため、広く普及したのです。

明治になると政府は天文暦道局、星学局を設けて再び暦の編纂権を専有しますが、明治六年（一八七三）からの太陽暦への改暦で有名無実となり、昔ながらの暦（本暦）は明治十六年から伊勢の神宮司庁で頒布することになりました。その後、昭和二十一年（一九四六）から頒暦は完全に自由化されて今日に至ります。

年中行事とは

年中行事障子

平安時代、朝廷は毎年決まった時期に、神事やさまざまな儀式・行事を行うことを重要な仕事と考えていました。去年までと同じように、例年通りに行事を行えるということは、すなわち正しい政治が行われ、国が平穏であることを意味していたのです。

年中行事障子（ねんじゅうぎょうじのしょうじ）

清涼殿の「殿上の間（てんじょう）」は公卿（くぎょう）や殿上人たちの詰所です。その東南の位置に『年中行事障子』が立てられていました。片面には正～六月の行事、反対面には七～十二月の行事および神事や毎月の月中行事が書かれています。殿上人たちは毎日これを確認しながら日々を送っていたのです。

『年中行事障子』は仁和元年（八八五）に藤原基経が献上したことから始まり、その後に行事の加除を行いながら今日まで受け継がれています。現在の京都御所のものは、寛政二年（一七九〇）に書家・持明院宗時が書いたものを、昭和九年（一九三四）に子孫の持明院基揚が模写したものです。

宴会と行事食

年中行事・儀式の後は決まって宴会を開き、その季節の美味しい物を食べました。これは単に食を楽しむためだけではなく、この一年間が風水害も疫病の流行も起こらず、五穀豊穣で季節ごとの美味を例年通りに賞味できることを神に感謝する、という意味でもありました。

明確な四季があり、豊饒な国土と清らかな水に恵まれた日本。神の恩寵ともいえる季節の美味を味わうことが基本となる多様な「行事食」の存在は、和食がユネスコ無形文化遺産に選ばれた理由のひとつでもあるのです。

現代の有職料理

平安時代から宮中で愛された行事食は、
「有職料理」として現代にも受け継がれている。

[協力] 西陣魚新

新春・冬

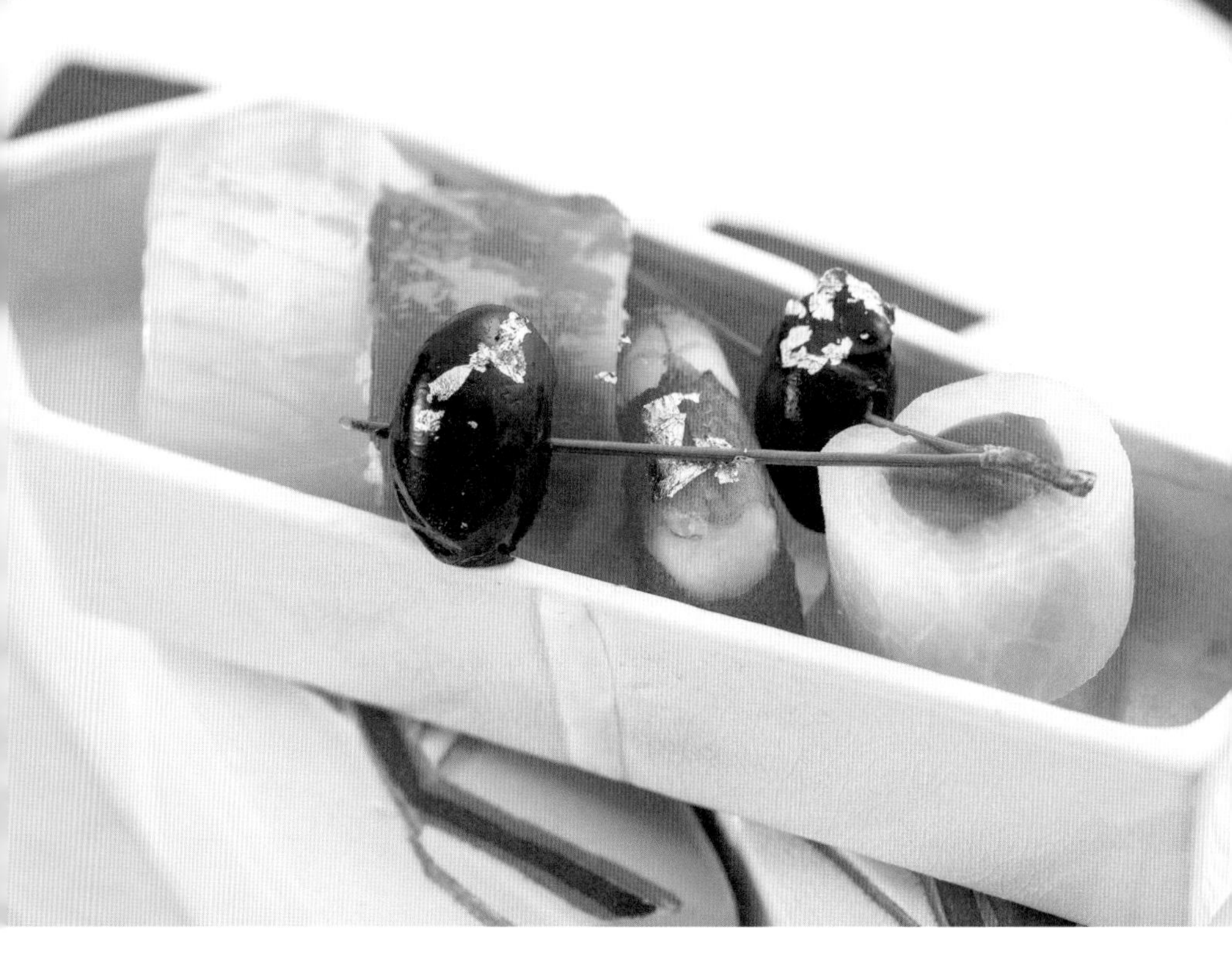

現代の有職料理

新春・冬

新春を祝う酒肴は、さまざまな珍味を集めた「珍好み」。からすみや蛤、海老など伝統的な海の幸をふんだんに使いつつ、フォアグラやサーモンといった食材が並ぶのも現代ならでは。

鶴の形をした大皿には、糸造りにした鯛を巣に見立て、中央に鶉の玉子を落として「巣籠り」を表現。二杯酢も卵型の器に入れて供される。婚礼にも使われるおめでたい一品だ。

献立

珍好み

金かわらけ

・フォアグラ柚子釜　生この子

・からすみ雪おろし

・蛤生姜煮

熨斗

・紅白小袖寿司

・才巻海老

・サーモン砧巻

・黒豆松葉

お玉

・なまこ酢

・生雲丹、長芋

鶴の巣籠り

・鯛　糸造り

・鶉玉

・わさび

・浜防風

・二杯酢

現代の有職料理

春

現代の有職料理

春

春の訪れを告げる稚鮎。まだ柔らかく骨まで食べられるこの時期の鮎は、塩焼と田楽の二色で贅沢に楽しむ。

朱漆の器に白味噌が映える巻鯉は、もともと鯉こくだったものを現代風にアレンジした。鱧のように骨を細かく刻み、食べやすさと見た目の美しさを両立させている。

しだれ桜の蒔絵が美しい漆器には、桜の趣向で甘鯛の桜道明寺蒸しを盛りつけた。

献立

鮎二色焼
・塩焼鮎
・田楽鮎
・はじかみ

椀　白味噌仕立て
・巻鯉
・揚げ牛蒡
・山椒

温物　うすあんかけ
・甘鯛　桜道明寺蒸し
・玉あられ
・桜の塩漬け

紅白かぶら蒸し
・赤蕪
・小蕪
・銀あん
・糸かぶら
・わさび

夏

現代の有職料理

現代の有職料理

夏

生命力あふれる青葉を飾り、みずみずしさと清涼を演出する夏の料理。端午節供にちなんで鎧櫃（よろいびつ）の器に刺身が盛られ、笹の葉で巻いた二種類の「粽鮨（ちまきずし）」が供される。

蛍籠を模した涼しげな籠の中には「水無月（みなづき）豆腐」がのぞく。三角形の胡麻豆腐に小豆を載せたもので、こちらは六月晦日（みそか）の夏越（なごし）の祓（はらえ）にちなんだ趣向だ。

献立

鎧櫃盛り
- 鯛
- 鮪
- いか
- 長芋
- わさび

粽鮨
- 立粽（二種）
- 花山椒辛煮

蛍籠
- 水無月胡麻豆腐
- 小豆
- わさび

現代の
有職料理
秋

現代の有職料理

秋

秋には器の工夫で実り豊かな季節を表現する。鮮やかな紅葉や柿釜のなます、そして山の佳味を集めた「いがぐり盛り」。大根を芯にして素麵の衣をつけて揚げ、器にするのだという。

香り高い松茸と鱧の煮麵に、これから深まる季節を感じることができる。

献立

嶋台

いがぐり盛り
・茄子甲州煮
・子持鮎甘露煮
・才巻海老
・鳥松風焼
・公孫樹丸十煮
・菊花菊菜浸し
・茸宝楽焼
・すだち釜いくら
・松葉銀杏

柿釜　胡麻酢和え
・胡瓜
・大徳寺麩
・蟹身
・人参
・いくら

鱧松煮麺
・鱧
・松茸
・素麺
・柚子
・三つ葉
・梅肉

鰤　幽庵焼
・きくかぶら

生この子

［干支（えと）］
日本が準拠した古代中国では、漢の時代から年にも日にも「干支」があるとされた。

十干　　甲（きのえ）・乙（きのと）・丙（ひのえ）・丁（ひのと）・戊（つちのえ）・己（つちのと）・庚（かのえ）・辛（かのと）・壬（みずのえ）・癸（みずのと）
十二支　子・丑・寅・卯・辰・巳・午・未・申・酉・戌・亥

これらを「甲子（きのえね）」「戊辰（つちのえたつ）」などのように組み合わせることで、六十年・六十日で一巡する。これが「還暦」である。

［陰陽五行説（いんようごぎょう）］
古代中国では森羅万象が陰陽と五行（木火土金水）の相互作用により生み出されると考えられた。季節・方角・色彩などでも常に五行説の考え方が尊重された。そして四方にはそれぞれに守り神が設定されていた。

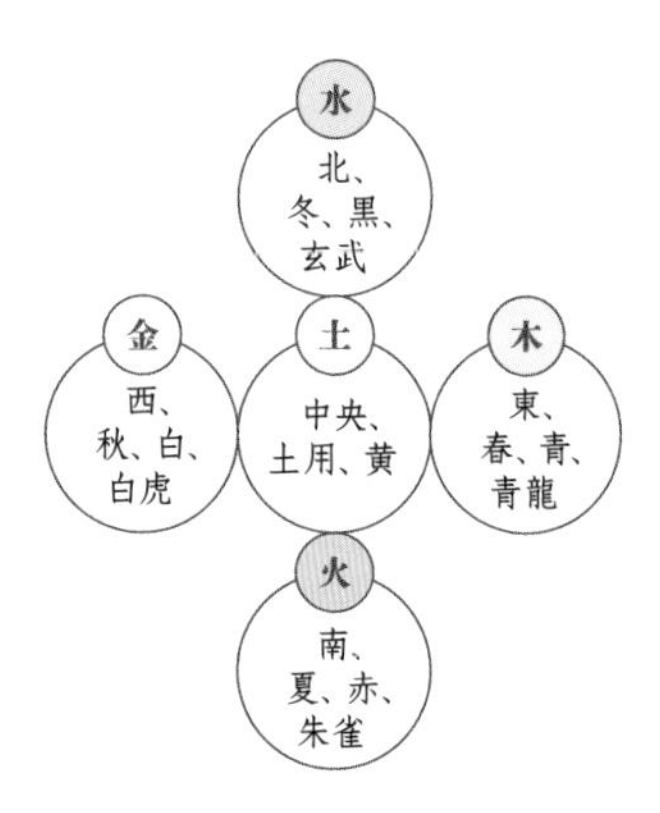

【凡例】
◎年中行事の日付はすべて旧暦で表記した。
◎本書で取り上げる年中行事・通過儀礼は、『年中行事障子』を中心に複数の典拠から抜粋した。各項目に、以下に示す通りの分類を表示している。

年＝年中行事障子　所載
養＝養老令「節日」　所載
延＝延喜式（小儀・中儀・大儀）　所載
公＝平安時代の宮中の公式行事
私＝平安時代の貴族の私的行事
江＝江戸時代の宮中の公式行事
五＝五節供
武＝武家や民間で発祥した行事

◎虫損・解読不能などの理由で底本から不明な文字は□とした。
◎掲載図版のうち、「＊」が付された図版は国立国会図書館デジタルコレクションから、「＊＊」は国立公文書館デジタルアーカイブから引用掲載した。
◎行事名をはじめ古い単語の読みには諸説あり、本書では『名目抄』（洞院実煕）などに準拠して代表的なものを採用した。

年中行事

毎年同じ日に同じ年中行事を行うこと。
これはすなわち、過去一年間の自然の恵みが豊かで、
天災も疫禍もなかったことを喜び、神に感謝するという意味でもあったのです。

一 四方拝（しほうはい） 年

元旦、冷え込む夜明け前。天皇は清涼殿の前庭に降り立ち、北極星・北斗七星に向かって拝礼した後、四方の諸神を拝しました。これが「四方拝」。平安前期に生まれ、宇多天皇（八六七～九三一）の時代に定着した行事とされます。

これは神道の行事というよりも、陰陽道の色合いが濃いもので、天皇の一年間の御身の安全を願う儀式であったようです。

陰陽道

陰陽道は中国で生まれた道教の陰陽五行説を基礎として、自然崇拝や古神道の考え方も取り入れて日本で成立したもので、平安時代以降の日本人の生活行動を支配していました。

単なるおまじないの類ではなく、暦法や天文学、算学などの自然科学も混ぜ合わせながら形作られてきた思想体系です。平安時代、陰陽師は科学者とされ、医師とあわせて「医陰両道」と並び称される存在でした。

北辰信仰

陰陽道にとって重要な考え方のひとつが北辰信仰、つまり北極星を天上世界の皇帝の居所とする信仰です。天空の星の中でただひとつ動くことのない北極星を特別な存在と考えるのは無理もありません。

そして北斗七星は二十四時間で北極星の周りを一回転し、一年でその柄杓の先が十二方位を指すという神秘性のある星座ですから、これもまた象徴的にとらえるのも当然でしょう。

江戸時代までの天皇が、即位の儀式のみで着用した中国風の「袞衣」の背には、北斗七星が刺繍されています。北辰信仰はそれほど重視されていたのです。

四方拝の実際

後醍醐天皇の『建武年中行事』によれば、四方拝の設備は、庭に「大宋御屏風」を立て廻らせ、畳の御座を北向きに設置。御座の前には白木の机を立て、香花・灯を置きます。天皇は湯浴みの後に重儀用の「黄櫨染御袍」を着用。白い「帛御袍」でないことから、この儀式が神事ではないことがわかります。御座を北向きに設置するのは、まず北辰（北極星）に向かって拝礼するためです。その後、「属

袞衣（前）

袞衣（後）

『冕服図帖』

星」に対して呪文を唱えます。

「属星」は自らの運命を支配するとされる星のことで、生年の干支により、子年＝貪狼星、丑・亥年＝巨門星、寅・戌年＝禄存星、卯・酉年＝文曲星、辰・申年＝廉貞星、巳・未年＝武曲星、午年＝破軍星と定められていました。属星に唱える呪文は、九世紀前半の『内裏儀式』に記されています。

「賊寇之中過度我身。毒魔之中過度我身。危厄之中過度我身。毒気之中過度我身。五兵六舌之中過度我身。五危六害之中過度我身。百病除愈、所欲従心。急々如律令」

つまりさまざまな災厄が、我が身を通り過ぎてくれるようにと祈るものです。

続いて天地四方に向かい、子の方角から卯・午・酉と、それぞれ二拝（二回平伏）し、さらに「二陵」（父母の山陵）に拝礼しました。

明治以降は、国家と国民の平安を祈る神事に位置づけられ、天皇陛下が神嘉殿で行われる年初の宮中祭祀になっています。

四方拝（『公事録附図』宮内庁書陵部蔵）

文献

『内裏儀式』（嵯峨天皇・八〇〇年代前半）

「正朔拝天地四方属星及二陵式第一　鶏鳴、掃司設御座三所。一所此拝属星之座。座前焼香置華燃灯。一所此拝天地之座。座前置華焼香〈以上二座鋪短畳拝天地座別鋪褥〉。一所此拝陵之座〈鋪畳〉。天皇端笏、北向称所属之星名字〈当年属星名禄存字禄会此北斗第三之星也〉。再拝呪曰。『賊寇之中、過度我身。毒魔之中、過度我身。危厄之中、過度我身。毒気之中、過度我身。五兵口舌之中、過度我身。五危六害之中、過度我身。百病除愈、所欲従心。急々如律令。』次北向、再拝天西北向。再拝地以次拝四方。次端笏遙向二陵。両段再拝訖、掃司徹御座書司撤香華。」

『宇多天皇御記』（宇多天皇・平安中期）

「寛平二（八九〇）年正月一日四方拝云々。向乾方。拝后土及五星。」

『西宮記』（源高明・平安中期）

「四方拝〈蔵人行事、下雨時、於射場殿有御拝〉。追儺後、主殿寮供御湯、鶏鳴、掃部寮敷御座於清涼（殿）東庭、立御屏風四帖、設御座三所〈北面、一所拝属星、（中略）〉天皇服黄櫨、次第如式〈北向称属星名、再拝、次呪、次北向再拝天、次西向拝地、次拝四方、次拝二陵、《両段再拝》〉。」

一月

（一）

元三（がんざん）　年　私　武

［正月三ケ日式］

元日からの三が日を「元三」と呼び、現代と同じようにさまざまな祝賀の儀式が行われました。四方拝を終えた平安時代の天皇は、現代の私たちと同様に、朝食をとる前にまず「お屠蘇」を飲みました。これを「供御薬」（御薬を供ず）と呼びます。

　このとき天皇より先に、陰陽寮が選定した「薬子」と呼ばれる童女が屠蘇をなめる風習がありました。

薬子

薬子の人選は陰陽寮が前年十一月に行い、同時に「生気の色」も選定されました。これは「その年の縁起の良い方角の色」で、薬子は一月一日に「旧年の生気色」、二・三日に「新年の生気色」の衣を着ました。陰陽寮による選定結果報告書の書式まで残っています。

　『朝野群載』（三善為康）には「陰陽寮択申応供奉明年正月元日御薬童女事御年若干生気在〈某〉方色〈某〉、童女年若干〈某〉年件女可著〈某〉色衣養者、在〈某〉方某色、童女年若干〈某〉年 件女可著〈某〉色衣 年月日頭助以下陰陽師以上加署」とあります。

　薬子の役割は毒見だけでなく「若い人の生命パワーを年長者が取り込む」という意味合いも強かったようです。これは現在でも「お屠蘇は一家の中で若い人から順に飲む」という風習に残っています。

お屠蘇の中身

　薬子が毒見を担っていたであろうことは、当時のお屠蘇の中身から想像できます。『延喜式』によれば屠蘇散には白朮・桔梗・山椒・肉桂・大黄・烏頭・防風・技葜が配剤されており、「烏頭」（トリカブト）は毒薬でもあります。

　『延喜式』（典薬）によれば、お酒に漬ける前の屠蘇散薬を井戸に吊し、烏頭の有毒成分の加水分解をしていたようです。『江家次第』（大江匡房）には、緋色の絹の袋に薬を入れて井戸に沈めるが、底の泥にまでは達しないように、とあります。

　江戸中期に古式の屠蘇を再現した死亡事故の記録もありますが、どうやら水に浸けることをしなかったようです。現代の屠

屠蘇散

雉酒

歯固（『高橋大隅両家秘伝供御式目』京都府立京都学・歴彩館デジタルアーカイブ）

蘇散にはもちろん「烏頭」は入っていませんので安心です。

お屠蘇の他に宮中で飲まれたお正月のお酒が「雉酒（きじざけ）」。雉のささみ肉を薄切りにして炙り、そこに酒を注いだもの。雉から溶け出した濃厚なコクが味わえるお酒です。現代の宮中でも飲まれ、そのために御料牧場では雉が飼育されています。

歯は命

年齢の「齢」が歯偏であるように、歯は年齢の象徴であり、歯が丈夫であることは長寿の源と考えられていました。そこでお正月に固い食べ物を食べて歯を丈夫にすることによって、長寿の願いをかなえようと、「歯固（はがため）」料理が生み出されました。これは「おせち料理」のルーツともいえるでしょう。

平安時代は干した食材が多く、

文献

『儀式』（平安前期・貞観年間）

「進御薬儀 元日寅一刻、官人率薬生等就井出之。（中略）煖酒漬屠蘇〈造酒供酒、主殿設火爐〉、尚薬執御盞、率女孺升殿、令薬司童女〈殿上所定〉先嘗、然後供御。次白散度嶂散、三日而畢。」

『延喜式』（典薬）

「元日御薬。〈中宮准此〉。白散一剤。〈白散歳旦以温酒〉。（中略）度嶂散一剤。（中略）屠蘇一剤。〈屠蘇酒治悪気温疫。辟邪風毒気。度嶂山三人。一人服酒。一人服粥。一人空腹也。服酒者免。又往至長安中。時気免者比門華佗。以此方与曹武帝。作此酒。皆他分布者。民家悉竝者験。及江東蔡司徒家用至有良験。名屠蘇酒也。朱本云云〉。（中略）但屠蘇者、官人将薬生、同日午時封漬御井、令主水司守。元日寅一刻、官人率薬生、就井出薬、即省輔一人并寮官人等、持薬共入進置。即用銀鎗子煖屠蘇、〈造酒供酒、主殿設火爐〉。」

『江家次第』（大江匡房・平安後期）

「供御薬〈正月元二三、弘仁年中始之〉（中略）御生気御衣〈近例只御直衣一種也、具御引帯、著於例御直衣上給〉。女房以下不必著浄衣〈訛也〉。陪膳女房必著之。旧例未節分之時、薬子衣用旧年御生気方色。二三日間節分時例、長久二年正月二日有節分、依陰陽寮勘文。薬子衣

通常はこれを水で戻して食べましたが、歯固のときは固く乾燥したまま食膳に供されたようです。平安中期の『西宮記』（源高明）には「内膳供御歯固」の品目として、大根・瓜串刺・押鮎・焼鳥・猪肉など、当時のごちそうで歯ごたえのありそうなものが並んでいます。

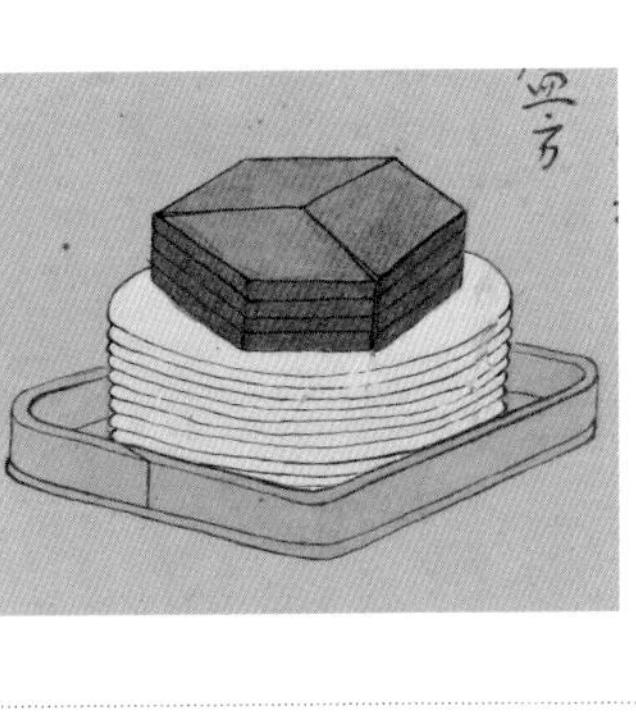

菱葩（『御定式御用品雛形』川端道喜蔵）

おせち料理へ

江戸時代になるとこれが大幅に簡略化されます。当時、元三の料理としては「三ツ肴」（黒豆・数の子・叩き牛蒡）と、さまざまな酒宴で多く提供される基本酒肴である「こぶあわ」（昆布＋熨斗鮑）が供されていました。そこに簡略版の歯固料理として新しく加わったのが「菱葩」です。

菱葩は薄く丸い白餅の上に薄い紅色の菱餅を置き、牛蒡をのせて白味噌をかけたものです。これを二つに折ってサンドイッチのようにして食べました。「包み雑煮」という別名もあり、なるほど京都の白味噌雑煮を軽食にアレンジしたようなものです。菱葩は酒肴であり、これで雑酒を飲みました。

現代の「花びら餅」に

茶道・裏千家家元十一世玄々斎が幕末に宮中で献茶を行い、このとき菱葩を賜りました。これを新年の初釜のお菓子に応用することが許され、現代にいたる「花びら餅」として定着しました。

茶席のお菓子ですので、いまは餅よりも軽い口当たりの求肥で作られることもありますが、牛蒡と味噌餡を紅白の餅で包んだお菓子です。お菓子としては意外に思えるこの組み合わせは、平安時代の「歯固」がルーツであったのです。

菱葩餅（写真：淡交社）

有二色、元日者用旧年御生気方色、二日以後用今年方色。」

『世諺問答』（一条兼冬・室町後期）
「正月 問て云、元三の日は屠蘇白散の酒を呑と云事ありや（中略）答、（中略）また屠蘇をばまづ小児にのましめよといへり。小児は年をうるもの也。老者は年をうしなふといふゆゑなり。（中略）是によりて禁中にての御薬にも、薬子となづけて、童女に御生気の色の衣をきせられて、御前へめされて、とその酒を呑せられて、後に供御にまゐらすることにせり。」

『江家次第』（大江匡房・平安後期）
「此外称腋御膳。自御厨子所供御歯固具。又供御薬酒等。以高坏六本献之。有餅鏡。〈用近江火切〉。」

『類聚雑要抄』（不詳・平安末期）
「供御脇御歯固六本立〈三ケ日同前也。付御台盤所供之〉（中略）瓜、茄子、魚物等、晴御歯固用途内用之〈内膳司沙汰〉。」

『河海抄』（四辻善成・南北朝時代）
「歯固事 見掌中暦六本為一前。一本煮塩・鮨鮎・押鮎火干、皆上置鮎串差。一本鯉・鳥・鹿・猪皆随盛物串差置上、但貫之。一本瓜漬・茄漬・蕪・大根。一本屠蘇・白散・窪坏空盞。一本酒盞窪坏四口。一本鏡・相具・鮎・大根・橘。

元三御　薬歯固具之事

再現料理「歯固」（撮影協力：西陣魚新）
左上から時計回りに、左の高坏：干し雉、干し鮎、ぬか漬け瓜、醤漬け瓜
右の高坏：大根、茄子、白散、屠蘇

内膳自右青鏁門供御歯固具盛青瓷
大根一坏 瓜串刺二坏或説三坏然而惣
七坏由有所見
押鮎切盛置頭 煮鮎一坏同切置頭二串
猪宍以雉代之 鹿宍一坏以田鳥代之
以上七坏之内精進物供於第一御台魚類
供二御台或説無鹿宍有腹赤」

『花鳥余情』（一条兼良・室町中期）
「歯固は、元三の日の事なり。歯はよはひなり、則よはひともよめり。歯固はよはひを固むる意なり。高坏六本にをしきをするゑ、一の台に餅、大根、橘を盛るなり。此餅は、近江のひきりの餅を専ら用ゐるべし。」

『後水尾院当時年中行事』
（後水尾天皇・江戸前期）
「歯固は、陰陽頭勘文によりて日時を定めらるゝ。（中略）歯固は此ごろのは、ふるき図などとは格別のものなり。」

『友俊記』（中原友俊・江戸中期）
「年中御作法の大概物がたり（中略）先菱葩にて御こん。」

『後陽成院以来当時公家年事』
（不詳・江戸時代）
「正月元日 朝の御祝大服上る 御献次第 御盃〈御三ツ肴に居出ル〉くし物、から物、初献〈かずのこ、もちゐ〉、二献〈雉焼〉三献〈ひし花びら、菱のもちゐ〉、御銚子 御陪膳典侍五衣にて勤む」

一 二 三 四 五 六 七 八 九 十 十一 十二 通過儀礼

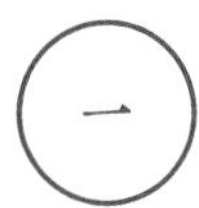

朝賀・小朝拝

ちょうが・こちょうはい　年　延　大儀

元日の朝、天皇が大極殿で群臣一同の挨拶を受ける儀式が「朝賀」です。即位礼と並ぶ「大儀」とされ、欠席者は「季禄」（ボーナス）を支給しないとされたほどの、朝廷挙げての大きな儀式だったのです。

中国風の儀式

天皇は「袞冕十二章」、臣下は「礼服」と呼ばれる中国式の豪華な装束に身を包みました。ただしこれは中国の風習をそのまま取り入れたもので無理があり、高価な礼服を作ることができない者が続出。礼服着用は早い段階で廃止され、束帯での参加になります。中国風の礼服は、即位礼だけの着用になりました。

儀式場の東には日像、朱雀・青龍幡、西には月像、白虎・玄武幡などを立て、香炉が設けられるなど、これも純中国式。香炉の煙は天帝に儀式を行うことを伝える意味がありました。

大化の改新直後の大化二年（六四六）に始まった朝賀でしたが、儀式が午後から夜に行われる時代の流れにともなって、正暦四年（九九三）を最後として朝賀は廃絶。その儀式の形式は即位礼に残りました。

小朝拝に変化

「朝賀」の後、大臣・公卿、そして殿上人といった重臣だけが、清涼殿の庭上で帝に拝謁する儀式が「小朝拝」です。朝賀が文武百官に対する公式行事であるのに対し、小朝拝はいわば天皇の私事。しかし朝賀が廃絶すると、小朝拝が新年の公式な重要儀式に昇格しました。

その形式は、束帯姿の参加者が明義門・仙華門から清涼殿の庭に参入して列立、拝舞するというものでした。

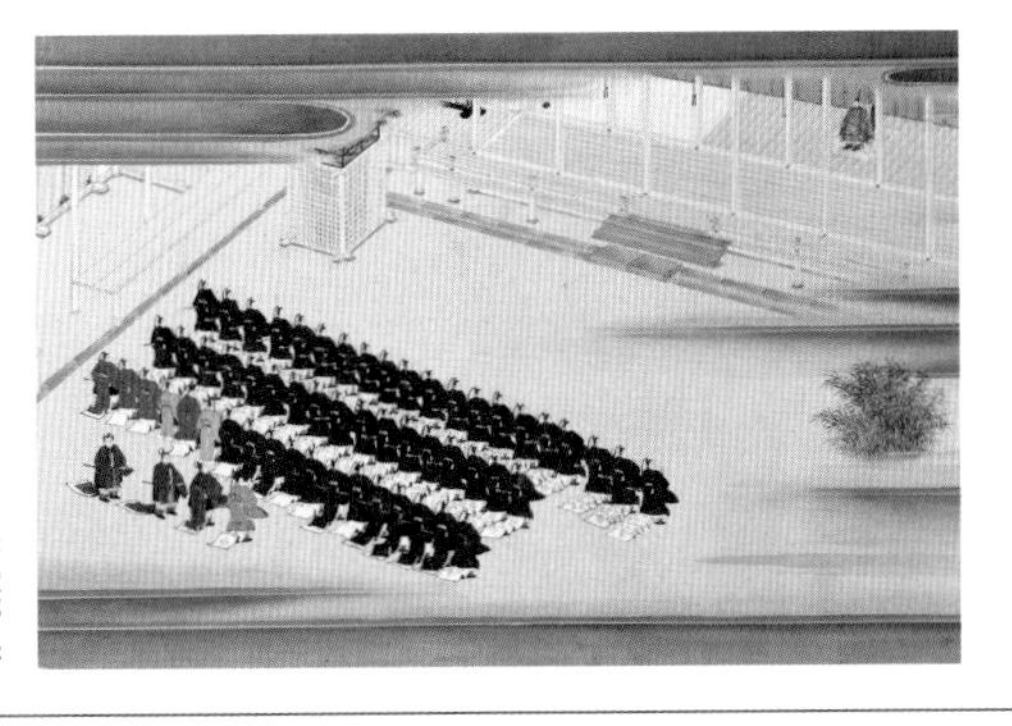

小朝拝（『公事録附図』宮内庁書陵部蔵）

文献

『内裏式』（平安前期）

「元正受群臣朝賀式（中略）南去十五丈四尺、樹銅烏幢、東樹日像幢、次朱雀旗、次青龍旗〈此旗当殿東頭楹〉、玄武旗当西頭楹〉、銅烏幢西樹月像幢、次白虎旗、次玄武旗〈相去各二丈許、与蒼龍・白虎両楼南端楹平頭〉」

『西宮記』

「小朝拝〈延喜初無此儀云々、天暦七年、依中宮御薬止此儀、有朝拝之時、還宮後有此儀、或無之〉。殿上王卿已下六位以上、着靴立射場、貫主人以蔵人令奏事由。主上御出〈着靴撤御帳内御座、立御倚子、太子不参時立東廂、太子参上於孫庇拝着靴〉。召後王卿已下、入自仙華門列庭中〈王卿一列、四位五位一列、六位一列、立定拝舞、左廻退出。雨日、王卿立仁寿殿西砌中、侍臣立南廊中、太子依召参上、給酒禄、拝舞退下、座在御座南〉。」

『小野宮年中行事』（藤原実資・平安中期）

「小朝拝事。先撤御帳内御座。立御倚子。皇太子此日不参上之時。立御倚子於東廂。若有朝賀之時。還宮之後亦有此事。雨儀。親王以下参議以上立仁寿殿西階下。侍臣列立南廊壁下。」

一 元日節会

がんじつのせちえ 年 養 延 中 儀

元日節会（『公事十二ケ月絵巻』＊）

朝賀・小朝拝の後、豊楽院（のち紫宸殿）で開催された宴会が「元日節会」です。「白馬節会」「踏歌節会」と並び正月の「三節」とされる重要な饗宴です。

一月一日 朝賀・小朝拝 一月一日 元日節会

三献の祝宴

まず「諸司奏」と呼ばれる儀式的な業務報告の後、宴会が始まります。参加の王卿が参入、謝座・謝酒（感謝の拝礼）後に昇殿し、儀礼を重ねながら三回お酒を飲む「三献」の儀が行われます。御膳（天皇は飽御羹・御飯御菜）が供されて三献。

この「三献」形式は『大唐開元礼』の「觴行三周」に準拠した風習で、後世に武家の宴会作法「式三献」に伝わって今日に及びます。結婚式の「三三九度」も、この形式が変容したものとされます。

唐菓子

『建武年中行事』には料理として、内膳が作った唐菓子の黏臍・餺飥・餲餬・桂心などが供されるとあります。これは平安時代のごちそうで、中国から伝わった揚げ菓子。小麦粉を練ってさまざまな形に作り、油で揚げたものです。こうした節会や儀式後の宴席などでは定番として出てくる食べ物でした。しかし後醍醐天皇は「その名はあれども、その姿いづれとわきがたし」と語っていますから、鎌倉時代にはすでに謎の食べ物になっていたようです。

唐菓子

食べられない食べ物

江戸後期になると元日の饗膳はまったく形式的になってしまったようです。『幕末の宮廷』では「お肴は食べられませぬ、食べれば食べられましょうが、食べる人はありませぬ。大根も生、昆布も生、何から何まで生です」とあります。

現代の皇室でも、天皇皇后両陛下は元日の朝に「晴御膳」に臨まれますが、これは見るだけのもので、実際のご朝食は儀式の前に召し上がる「御祝先付」です。

文献

『続日本後紀』（平安後期）
「承和元年春正月壬子朔。天皇御大極殿受朝賀。畢宴侍従已上於紫宸殿。賜御被。」

『公事根源』（一条兼良・室町後期）
「其の儀、小朝拝はてぬれば、内弁の大臣、陣の座に着きて事を行ふ。一上にあらずして、位次の大臣ならば内弁に候べき由を職事を以て仰せらるゝなり。」

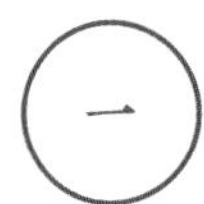

七曜御暦奏

しちようおこよみのそう 年

元日の節会で宴会の前に行われる「諸司奏（しょしのそう）」のひとつで、陰陽寮（おんみょう）が編纂したその年の『七曜暦』を中務省が天皇に提出する行事です。前年十一月の「御暦奏」でも暦が提出されますが、新年に提出される『七曜暦』は七曜（日月火水木金土）の天体の位置を示すもので、より高度で科学的でした。

『延喜式』（陰陽）によれば、通常の暦の作成期限は八月一日、七曜暦は十二月十一日になっていますから、より緻密な作成作業が必要だったのでしょう。

天皇が、元日にその年の天体の運行を把握しておくことは当時とても重要だったのです。非常にマニアックなため、平安中期には作成技術も必要性も失われ、自然消滅してしまいました。

七曜と宿曜道

七曜は平安前期、空海たち留学僧がもたらしたインド占星術『宿曜経（すくよう）』をもとにしたもの。これが「宿曜道」として流行します。『源氏物語』でも幼い光源氏の生涯を占う「宿曜師」が登場するように、平安中期にはポピュラーになっていたようです。一時期は陰陽道と並ぶ立場になった宿曜道ですが、観測も計算も解釈も難しかったためか陰陽道ほどは普及せず、室町時代の応永二十四年（一四一七）、京都東山清水坂にあった本拠地「北斗降臨院」が焼失すると、宿曜道は一気に衰退してしまうのです。

七曜暦は江戸前期に、『貞享暦（じょうきょうれき）』を作った渋川春海たち幕府天文方が復活させますが、特殊な暦であるため一般に普及することはありませんでした。しかし宿曜経由来の「日月火水木金土」の概念は、もちろん今日にまで受け継がれています。

七曜暦（天保十二年）

文献

『貞観儀式』（平安前期）
「中務率陰陽寮、挙置暦之机、入自逢春門、立庭中退出。輔以上一人留奏進、其詞曰、中務省奏〈久〉、陰陽寮供奉〈礼留〉、其年七曜御暦進〈良久乎〉申賜〈止〉奏。」

『延喜式』（陰陽）
「凡進暦者、具注御暦二巻〈六月以前為上巻、七月以後為下巻〉。納漆函安漆案。頒暦一百六十六巻、納漆櫃著台、十一月一日至延政門外〈中宮東宮御暦供進准此〉其七曜御暦、正月一日候承明門外〈並見儀式〉（中略）凡暦本進寮、具注御暦八月一日、七耀御暦十二月十一日、頒暦六月廿一日、並為期限。」

一　氷様及腹赤御贄奏

ひのためしおよび はらかおにえのそう　年

宮内省が「氷様」（氷室に貯蔵した氷の厚さ）などを天皇に報告する儀式と、大宰府から「腹赤贄」が送られてきたことを奏上する儀式、二種類の「諸司奏」を指す行事です。氷は厚みがあるほど良いとされ、また例年通りに「腹赤」が納められたことを祝いました。

腹赤御贄

「腹赤」はサケ科の魚であるマスのことです（ニベという説もあり）。室町後期の『年中行事大概』によれば「マスは腹が赤いので腹赤と呼ぶ。昔、景行天皇の御代に筑紫の長浜で釣り上げたマスを天皇に奉ったことから、新年に送る風習が生まれた」とあります。年末に贈答される「新巻鮭」のようなイメージだったのでしょうか。

『延喜式』（内膳）では、筑後国（福岡県）と肥後国（熊本県）から納められると定められています。納める数は漁獲高次第、元日節会に間に合わなければ七日の白馬節会の折でも良い、ともかく送れという定めでしたから、いかに都の人々が腹赤を待っていたかがわかります（氷室と氷については九十六頁）。

腹赤御贄奏（『公事十二ケ月絵巻』＊）

回し食べ

諸司奏の後の宴会では、参会者が腹赤を少しずつ取り分けながら順に皿を回して食べる、という奇妙なマナーがありました。新年早々、公卿たちが同じ皿から食べて、この一年仲良く過ごそうという意味があったのかもしれません。古代の遺風を感じさせてくれる興味深い風習です。しかしながらこの「腹赤贄」は、鎌倉時代には廃絶してしまいました。

マス

文献

『延喜式』（内膳）
「腹赤魚筑後肥後両国所進出。其数随得。已上別貢。」

『公事根源』
「腹赤の贄とて、魚を筑紫より奉るなり。昔はやがて節会などに供じたるにや。腹赤の食ひやうとて、食ひさしたるを皆取りわたして食ひたり。景行天皇の御宇筑紫の国宇土の郡長浜にて海人是れを釣りて奉る。其の後聖武天皇の御時天平十五年正月十四日、大宰府より是れを奉りける。是れよりして年毎の節会に供ずべき由定め置かれたるなり。腹赤とは鱒と申す魚の事なり。」

二 朝覲行幸

ちょうきんぎょうこう 年

元日に新年の公式行事を終えると、翌二日から社会的交流が始まります。

この日、天皇が父母のもとに新年の挨拶に出向くことを「朝覲行幸」と呼びます。ただし年により三日や四日に順延となることもありました。

朝覲の最初の例は、嵯峨天皇が大同四年（八〇九）八月、兄の平城上皇を訪問したことといわれ、その嵯峨天皇の子である仁明天皇が承和元年（八三四）正月に父母に朝覲して以来、年初の年中行事になりました。

父母に敬意を示す

天皇専用の乗り物は、頂上に鳳凰が輝く御神輿のような「鳳輦」。皇太子はもちろん上皇でも鳳輦には乗れません。朝覲行幸では天皇はその鳳輦を降りて、徒歩で上皇御所に向かいました。そして父上皇と母皇太后に対して尊敬を表す「拝舞」を行います。「朝覲」は本来、下位者が上位者に対して行う挨拶を意味する言葉。こうして親孝行の姿を天下に示すことが、儒教社会では大切だったのです。

華やかな行列

この朝覲行幸の行列は特に美麗なものでした。なにしろ新年早々の天皇の行幸です。参列者は美しい装束を身につけ、乗る馬にも飾りをつけます。一行には騎乗する男装の女性「東豎子」や、移動時に地面を踏みしめるおまじない「反閇」を行う陰陽師が参加。沿道には特設の見物席「桟敷」が設けられ、そこで見物人たちがお酒を飲んで盛り上がっている様子が『年中行事絵巻』にも描かれています。物心共に美しい親孝行の姿は、年の初めにふさわしい光景だったのでしょう。

朝覲行幸（『年中行事絵巻』＊）

文献

『小野宮年中行事』（藤原実資・平安中期）
「嘉祥三年正月庚辰朔。終日雨降。因停朝賀。癸未北風切吹。白雪紛々。天皇朝観太皇太后於冷泉院。親王以下飲宴酣楽賜禄。須臾天皇降殿。於南階下端笏而跪。」

『公事根源』
「正月　朝覲行幸　二日 是は天子年の始に、上皇并母后の宮に行幸なる事あり。嘉祥二年正月廿日に仁明の御門、母后に朝きんのため冷泉院に行幸なる。彼時御門南階をくだりて、笏をただしくして跪給し事も侍にや。」

『次将装束抄』（藤原定家・鎌倉初期）
「元二三日。随身。白馬、更着紅梅袴。二日有朝覲行幸、雖令着染分。三日猶可令着紅梅袴、或有更不着紅梅説云々。紅梅袴、自元日至十八日賭弓日除行幸日令着之。」

『助無智秘抄』（不詳・鎌倉前期？）
「朝覲行幸。二日アルヒハソレヨリノビテモアリ。上達部ハラデンノタチ。巡方ノオビ。靴ノクツ。大将オナジ。但ヒラヤナグヒヲオフベシ。大臣ノ大将ハ随身ニモタスルナリ。オイカケヲヤナグヒニカクルナリ。」

二　大臣大饗（だいじんのだいきょう）　公

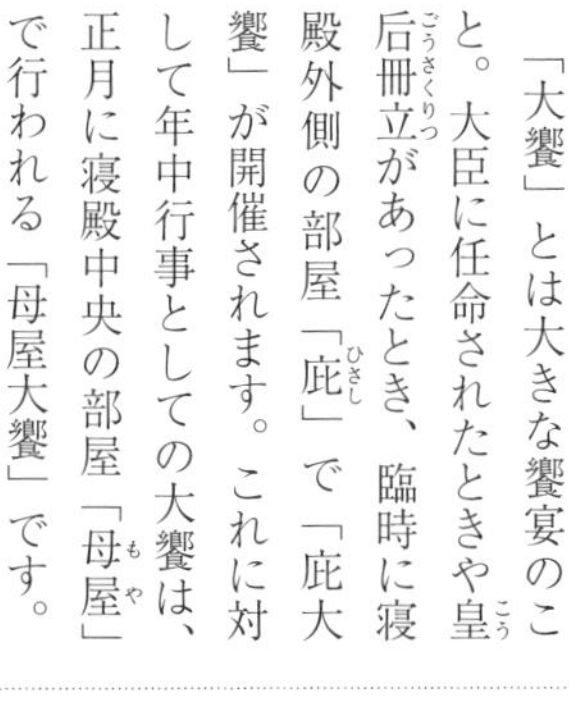

「大饗」とは大きな饗宴のこと。大臣に任命されたときや皇后冊立（こうごうさくりつ）があったとき、臨時に寝殿外側の部屋「庇（ひさし）」で「庇大饗」が開催されます。これに対して年中行事としての大饗は、正月に寝殿中央の部屋「母屋（もや）」で行われる「母屋大饗」です。

再現料理「大臣大饗」
（撮影協力：西陣魚新）
左上から時計回りに、
左の高坏：干し棗、かち栗、
かやの実、松の実、干し柿（中央）
中央の高坏：干し鯛、干し蛸、
ホヤ、塩、醤、クラゲ
右の高坏：干し雉、干し鮭、酒、
酢、高盛飯（中央）

禁止の代償で始まった？

貞観八年（八六六）と貞観十六年（八七四）、衛府の長官が部下を招いて行う宴会「焼尾荒鎮」に禁止令が出され、昌泰三年（九〇〇）には諸司諸家での「饗宴群飲」が禁じられました。

条文を見ますと「度外れた悪酔い、開催者の経済的負担、宴をしないと乱暴狼藉、酒肴が陳腐だと罵り騒ぐ。さまざまなトラブルの原因である」などと、現代でも見られるような内容が記されています。

その禁止令の例外措置であることを示すために、もともと臨時の宴会を意味する大饗の名を冠した年中行事として、正月の大饗が成立したともいわれます。

大臣大饗（『年中行事絵巻』＊）

権勢を示す宴会

大臣たちは自らの権勢を誇るように、山海の珍味を揃えた豪華な食膳で、主賓である「尊者」以下の参会者をもてなしました。庭には調理用の「幄舎」（テント）が設営されます。東の幄舎「立作所」には大きなまな板を置いて雉や鯉といった生の食材を調理。西の幄舎「酒部所」には大鍋を据えて酒をお燗します。池に浮かべた龍頭・鷁首の舟上ではBGMである管絃が奏でられ、饗宴を華やかに盛り上げました。

朱器台盤

藤原氏のトップ「氏長者」が藤原冬嗣以来、代々受け継いだ饗宴用食器が「朱器台盤」です。台盤五台、朱器二十二個にも及ぶ、豪華なディナーセットだったようで、大饗の尊者たちの前に台盤と朱塗りの食器が並んだのです。

これは氏長者のシンボルであり、藤原氏にとっては重要なアイテムでした。藤原忠実が長男の忠通から朱器台盤を没収し、弟の頼長に渡したのが保元の乱の一因ともいわれるほど、深い意味を持っていました。

山海の珍味の饗膳

平安時代の饗宴料理は、煮

文献

『日本三代実録』（藤原時平・平安前期）

「貞観八（八六六）年正月廿三日庚子。（中略）是日。勅禁断諸司諸院諸家諸所之人、焼尾荒鎮幷責人求飲及臨時群飲日。（中略）或同悪相聚、濫非聖化。或酔乱无、便致闘争。拠理論之、甚乖道義。自今已後、王公以下、除供祭療患之外、不得飲酒。其朋友僚属、内外親情、至於暇景、応相追訪者、先申官司、然後聴集。如有犯者、五位以上停一年封禄、六位已下解却見任、已外決杖八十。」

「貞観十六（八七四）年九月己亥十四日。其二応許六衛府長官初任時一度饗宴事。謹案新格。諸司諸院諸家所々之人。焼尾荒鎮等、惣当禁断、今以為。衛府長官。職掌異於文官。欲其選練武衛、士卒共甘苦。而初任之日、聊無饗会、何能閲彼庸旅之面、成其皂藻之心。是以新任長官等、皆准旧例。一度饗宴、事不獲已、似忘格式、夫有格不行、却似無法。無法之罪、理亦難容、望請被改件事、有便執行。」

『西宮記』

「藤氏一大臣大饗用朱器台盤。」

『江家次第』

「大臣家大饗（中略）藤氏一大臣者、謂氏長者也。用朱器台盤。此朱器等者、閑院左大臣冬嗣公御物、在勧学院。関白初

一 二 三 四 五 六 七 八 九 十 十一 十二 通過儀礼

る・茹でる・焼くといった基本的な加工が施された食材がそのまま並べられ、客は「四種」（塩・酢・醤・酒）の調味料を用いて自分の好みの味つけで食べました。だからこそ素材の上質さ・新鮮さ、そして珍しさが大切だったのです。

『類聚雑要抄』にある永久四年（一一一六）正月廿三日、内大臣殿母屋大饗の「尊者」の饗膳を見てみましょう。

獼猴桃〈コクワ〉　鯛〈立盛〉
蟹蜷　雲甂〈ウニ〉子
小柑子　鱒〈立盛〉
小甂子〈シタハミ〉　石華
干棗　鯉鱠　梨子
雉〈立盛〉
餢飳〈ヒチラ〉　干物楚割
蝙蛞　老海鼠　海月
醤　酒　酢　塩
　是尊者前也。赤木机四脚南北行並立。其左右横切各立一脚毎机鋪簀薦四種物二前同前也箸上〈不居箸台〉

とあり、まさに山海の珍味です（各食材は二一二頁参照）。

見せる料理ショー

庭の幄舎での調理は、客のいる寝殿の中から見ることができました。「庖丁（ほうちょう）」（料理人）の華麗な技を鑑賞する一種の料理ショーでもあったのです。料理は、平安時代の貴族男子の趣味・たしなみともされましたので、参会者たちは興味津々であれこれ批評しながらも、楽しく見物したのでしょう。

食材としての鳥類として尊ばれたのが雉です。そこで新鮮な

『類聚雑要抄指図巻』の配膳図

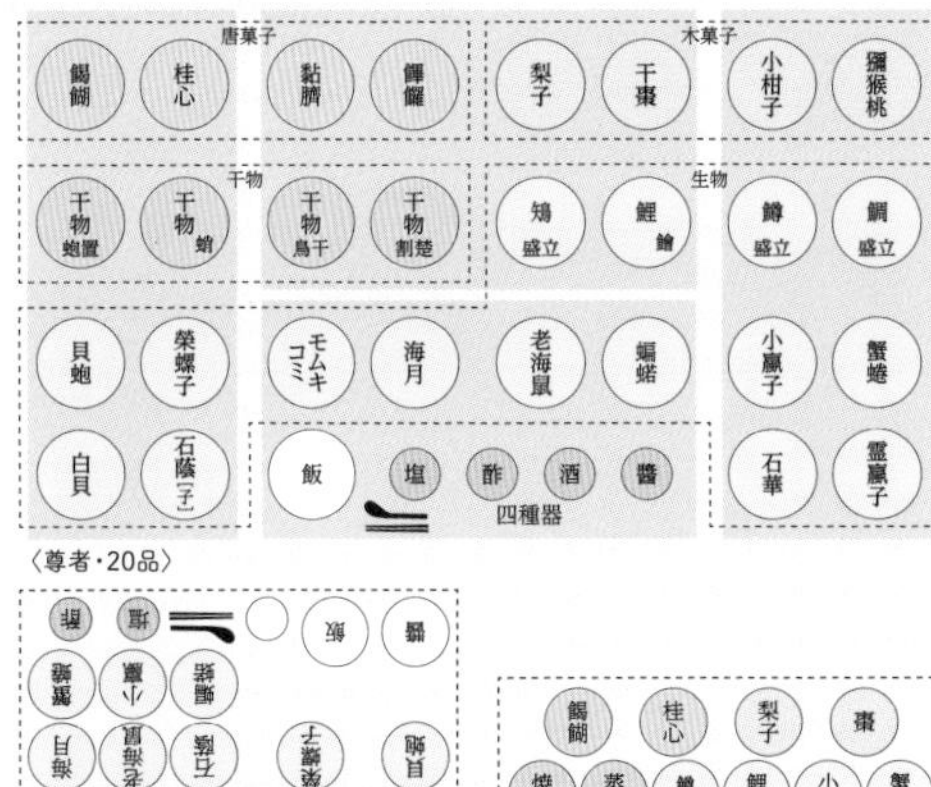

〈尊者・20品〉

〈陪席の公卿・20品〉

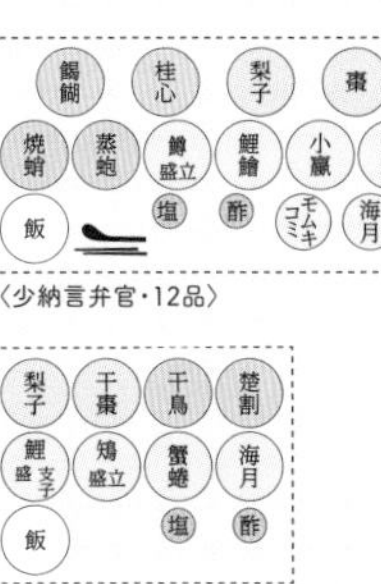

〈少納言弁官・12品〉

〈主人・8品〉

任之時渡之。正月大饗用此器也。自余大臣者、大饗用赤木黒柿机様器等。」

『満佐須計装束抄』（源雅亮・平安末期）
「内覧のいる家に母屋の大饗を朱器の大饗と名付けてせらるゝ事あり。御装束の体、常の母屋のに同じ事なり。尊者以下の上達部に小さき台盤を据えて合子の様々なるにて饗を据ふるなり。台盤の体、尊者も同じ、但し横坐の大納言以下は向座なり。台盤は二つを中を隙かさず押し合はせて饗を据ふるなり。その台盤の押し合はせたる中にわたりて縁の上に果物を据ふるを中墨物と云ふなり。（中略）立ち作りの幄と云ふことあり。縁近く三間の幄を打ちて。床子の尻懸くる程なるを立てたり。それは尻を懸けて鯉を切りて御肴に参らするなり。その幄は座の上の方に打ちて幔を上げて庖丁を尊者御覧ずるなり。包丁師は五位六位を嫌はず。家の者を召さる。」

『続古事談』（不詳・一二一九年）
「大饗の鷹飼は、中門をとほりて幔門の本にて鷹はすふるなり。それに東三条は、中門より幔門のもとまではるかにとをし。下毛野公久といふ鷹飼、西の中門より鷹もすへであゆみいりたりけるを、上達部の座よりあらはにみえけるに、錦のぼうししたるもの、手をむなしくしてあゆみきければ、人々、『千秋万歳のいるはなにごとぞ』とわらひけり。」

雉を目の前で搬入するという演出も大饗では欠かせないものでした。

宴たけなわ、獲物の雉を木の枝にぶら下げ、腕に鷹を留まらせた鷹飼が、相棒の犬飼を引き連れて庭に参入し、立作所にキジを届けます。鷹飼は酒を賜り、犬飼にも回して飲み、禄（ろく）（ほうび）をもらって退出します。

大臣大饗の鷹飼犬飼（『年中行事絵巻』＊）

このとき鷹飼たちは錦の帽子をかぶり腿に熊毛の行縢（むかばき）をつける特殊な装束をしたため、面白いと思った貴族たちの感想が、多くの日記に残っています。大饗を盛り上げる余興としては大成功だったのでしょう。

蘇（そ）・甘栗

大臣大饗を盛り上げるもうひとつの演出が「蘇甘栗使（そあまぐりのつかい）」の来訪です。これは天皇が大饗のために蔵人（くろうど）を使いとして、ごちそうである甘栗と「蘇（そ）」を届ける、というもの。このとき、蔵人の装束は「青色袍」での束帯（そくたい）。かなり公式度の高い晴の装いになります。宴席での勅使到来ですから座は盛り上がり、『枕草子』で清少納言が「大饗の折の甘栗の使などに参りたる。もてなし、やむごとながり給へるさまは、いづこなりし天降り人ならむとこそ見ゆれ」というほど歓待されたのです。

「蘇」は牛乳を煮詰めて固形化したものです。『延喜式』（民部）には「作蘇之法。乳大一斗煎、得蘇大一升」とありますから、牛乳一斗（十八リットル）を煮詰めることによって「蘇」一升（一・八リットル）を作りました。平安中期までは全国に牧場があり、「蘇」を宮中に納めることが国司の重要な任務でもあったのです。

『類聚三代格』によれば、蘇の貢納期限を守らなかったり、市場価値の低い低品質な蘇を都に送った場合、国司は違勅罪。六位以下の者は父親の身分に関わらず、執行猶予なしの杖打ち六十回の刑という大変厳しい罰則です。それほど蘇は貴重だったのでしょう。

『吏部王記』（重明親王・平安中期）
「天慶八（九四五）年一月五日。右大臣家饗。羞饌次第。汁物後茎立。次腹赤雉。次蘇甘栗。」

『西宮記』
「給蘇甘栗事〈以六位蔵人為使、延喜三［二イ］年、五位蔵人衆樹為使向左大臣家〉。蘇四壺〈大二、小二〉、平栗子十六籠〈上八、中八〉、已上盛甲折櫃一合、居高坏入外居一荷、召所駕丁擔之、使蔵人〈青色〉率小舎人一人、向大臣家〈或副雉〉、旧例、自晴方出之、而自延喜年、自後方付之、主人相逢授禄〈白掛云々、小舎人疋絹〉。」

蘇・甘栗

二　二宮大饗

にぐうのだいきょう　公

大臣と同じように、二宮つまり中宮（皇后）と東宮（皇太子）が主催する饗宴が「二宮大饗」です。私邸で行われる大臣大饗とは異なり、内裏内郭の北側正門「玄輝門」の外、東西の廊で開催されました。参加者は二宮の御所で挨拶を済ませた後に、会場に移動して饗宴にあずかったのです。

テラス席での宴会

会場は門の左右の回廊、つまり渡り廊下のような場所です。いわばテラス席ですが、平安時代は重要な会議も「近衛陣」と呼ばれる渡り廊下で行うなどしており、あまり気にならなかったのでしょう。

ただ吹きさらしですから正月の風は冷たく、そこに「軟障」と呼ばれる、絵が描かれた生地を張りめぐらして風を防ぎました。座具としては公卿用の「兀子」（一人用倚子）、四位殿上人用の「長床子」（ベンチ）が用いられ、台盤（テーブル）も設置されました。大臣大饗と同じように「酒部所」の幄舎も設けられましたが、出される食べ物は「茎立包焼」や「蘇甘栗」などの三献で、大臣大饗と比べると地味であったようです。

着飾る女性たち

一方、女子は華やかな装束を着飾りました。『栄花物語』（わかばえ）の万寿二年（一〇二五）、皇太后宮妍子大饗の場面では、「女房のなりどもは、柳・桜・山吹・紅梅・萌黄の五色をとりかはしつつ、一人に三色づつを著させ給へるなりけり。一人は一色を五つ、三色著たるは十五づつ、あるは六づつ七づつ、多く著たるは十八廿にてぞありける」と、たくさんの衣を重ねて華美を競う様子も描かれています。ただし当時もあまりに贅沢が過ぎると、藤原頼通が渋い顔をしたと記されています。

中宮大饗（『年中行事絵巻』＊）

文献

『西宮記』
「王卿以下参本宮拝礼〈近代二拝〉、於玄輝門辺着靴、着中宮饗〈西北廂〉、東上〈五位幄在庭中〉、大夫亮献盃〈両行唱平〉、二献餛飩、三献飯汁、次楽舞〈各二曲〉、茎立蘇甘栗、七八巡、宮司給禄〈就内侍候所給〉、五位侍従一人、召名給侍従禄、次宮司給王卿禄、次着東宮饗〈西上殿上人益送〉。」

『江家次第』
「二宮大饗　三献〈在座公卿二人執坏〉給飯汁。（中略）近代不過三献、茎立包焼蘇甘栗等給之。」

『河海抄』
「〈大饗事〉正月二日二宮大饗〈中・東〉、関白臨時客、四日左大臣饗、五日右大臣饗、謂母屋饗。大臣初任謂廂饗。」

『公事根源』
「二宮大饗。二日。二宮とは、東宮、中宮を申すなり。王卿以下本宮に参じて、拝礼の事あり。次に玄輝門の東西の廊にして饗につく。まづ中宮の饗につく。三献の儀あり。天長七年正月に、群臣皇后を拝し奉る。ふすまを給ふ、又皇太子を賀すとあり。絶えて久しき事にこそ。」

二　臨時客

りんじきゃく　公

「大臣大饗」は公式行事で、大臣が招待した客を饗応するものでした。会場は私邸の中心的建物である「寝殿（しんでん）」です。

これに対して「臨時客」はその名の通り「時に臨む」宴会で、招待なしで年賀訪問に来た公卿や殿上人を饗応するものでした。公式行事ではないので会場は寝殿ではなく「対屋（たいのや）」となり、二宮大饗が開催される年は遠慮して翌三日に開催しました。

十一世紀前半になると「大臣大饗」は次第に開催されなくなり、「臨時客」がその位置づけになってゆきます。

臨時でも豪華

平安後期の『執政所抄』によれば、饗膳は

一献主人
二献居飯海雲汁、零余子焼
三献雉羹　追物生鮑、浮海松、雉足、酢坏〈无海松時、用白根〉。
四献〈進深草様乳焼酒盞。追物菓子、甘栗、枝柿、小甘子、獼猴桃、蘇、上達部居土器高坏、殿上人居折敷〉
五献薯蕷粥
六献薺汁、根笋、可用意。近代否之歟。

とあります。大饗の豪華メニューよりは簡易的なものですが、他の宴会と比べれば非常に豪華で、平安貴族の栄耀栄華のさまを見ることができます。食器は白陶の「様器（ようき）」を用いました。

いも粥の作り方

特徴的なものは五献「薯蕷（しょよ）粥（かゆ）」、いわゆる「いも粥」です。当時のイモは大別して二種類で、「芋」はサトイモ、「薯蕷」「薯」はヤマイモを意味することが多かったようです。「薯蕷粥」はヤマイモを薄切りにして甘葛（あまづら）のシロップで煮た、冬のデザートでした。

有名な芥川龍之介の『芋粥』

薯粥

文献

『執政所抄』（藤原忠実政所・平安後期）
「臨時客〈早旦有御装束事〉
上達部御料廿前〈栗栖野様器、同高坏〉。
　主人御料四本　尊者大臣時四本　納言二（三？）本
　居物〈干物、平物、海松、保夜、荏裏、梨菜。生物、腹赤、円蕪、雉、立物〉　追物菓子土高坏。
　殿上人十前〈黒柿机兼居飯。深草盤〉。
居物〈干物、生物〉。
　已上此外可有用意。」

『河海抄』
「臨時客とは摂政関白の亭に春のはじめ上達部を招てあそふをいふ也さたまれる公務ならねは臨時客と号する歟自余をは大饗といふ中宮（東宮）幷左右大臣なり執政臣朱器の饗（を）設を臨時客といふ自余の様器饗を大饗と云也これも源氏執政のゆへに朱器の饗をまうけられたる故に臨時客といふ也」

『公事根源』
「臨時客。同日。是れは摂政関白家に、春の始、大臣以下の上達部を招引して、遊び侍る事なり、定まれる公務にもあらねば臨時客と申すにや。大方大臣の母屋の大饗は年を経て行ひ侍りしそかし。鷹飼なゞ渡りて、其の興ある事にて侍りき。これは藤氏の長者、朱器ノ饗を設け侍るなり。大臣家には様器の饗を備ふる

は、『今昔物語』の「利仁将軍若時、従京敦賀将行五位語」をもとにしたものですが、そこには「薯蕷を削りつつ撫切に切る。早う薯蕷粥を煮るなりけり」とあります。鎌倉時代の『厨事類記』にはヤマイモを薄く切ってツタの樹液「甘葛煎」で軽く煮る、とあります。実際に作って食べてみますと、本当に美味しいスイーツです。

平安の甘味料

「甘葛煎」は冬季にツタの蔓を切って樹液を絞り出し、煮詰めたものだといわれます。上品な味で最上の甘味料という位置づけでした。

砂糖は奈良時代に鑑真が伝えた記録があるものの普及せず、甘味料としては「甘葛煎」の他に蜂蜜や、「飴」を用いました。

飴は米や麦のデンプンを酵素で糖化させることで容易に作ることができ、『日本書紀』の神武天皇の条にも「無水飴」が登場しています。平安時代の甘味料としては最もポピュラーで、「糖」とも表記されました。

また当時の酒は味醂のように甘みの強いものだったようです。卓上調味料「四種」として塩・酢・醤とならび酒が用いられていますが、これは甘みをつけるためだったと考えられます。

臨時客（『年中行事絵巻』＊）

なり。臨時客にも尊者などありて、よの常の大饗の儀式に同じ。はてつかたには御遊ありて、催馬楽をうたふ。近頃は摂関家も、かやうの事絶えたるぞ念なく侍る。」

『厨事類記』（不詳・鎌倉時代）
「薯蕷粥ハ、ヨキイモヲ皮ムキテ、ウスクヘギ切〈天〉、ミセンヲワカシテイモヲイルベシ。イタクニルベカラズ。又ヨキ甘葛煎ニテニルトキハ、アマヅラ一合ニハ水二合バカリイレテニル也。石ナベニテニル、チヒサキ銀ノ尺子ニテモリテマイラス云々。」

『日本書紀』（不詳・奈良時代）
「〈神武天皇〉戊午年九月。（中略）天皇又因祈之曰、吾今当以八十平瓮、無水造飴、飴成則吾必不仮鋒刃之威平天下、乃造飴、飴即自成。」

『延喜式』（大膳）
「年料（中略）糖十斛八斗九升四合六勺〈御井中宮各一斛六斗八升三合、東宮一斛六斗七升八合八勺、雑給五石八斗四升九合八勺〉。」

『延喜式』（内膳）
「供御月料（中略）糖一斗四升二合五勺（中略）右月料、小月減卅分之一。」

『本草和名』（深根輔仁・平安中期）
「糖膠湿、〈如厚蜜者〉和名阿米。」

御買物始・宮中鏡開

おかいものはじめ・きゅうちゅうかがみびらき 江

［御買物始・鏡開］

これらは江戸時代の宮中の行事です。『禁裏御膳式目』では正月四日に「御買物始」があり、宮中の女官たちが小間物や人形、袋物などを「お金を払って」購入しました。同じ日に「鏡開」があるとも記されています。

御祝膳

このとき宮中の人々全員が雑煮・祝酒を頂戴し、酒肴は数の子と牛蒡、吸物は蛤汁。天皇の御膳には塩鰤の焼き物がつき、吸物は鯨汁でした。

『御定式御用品雛形』（川端道喜文書）の正月二日「御買物始」には「菱葩（ひしはなびら）」が描かれています。白い餅十二枚の上に小豆で色をつけた赤い菱餅を載せ、その上に押し味噌、飴、野老（ところ）（ヤマノイモ）、搗栗、榧（かや）の実、年魚（鮎）などを載せたカナッペのようなもので、正月の雑酒の酒肴だったのでしょう。

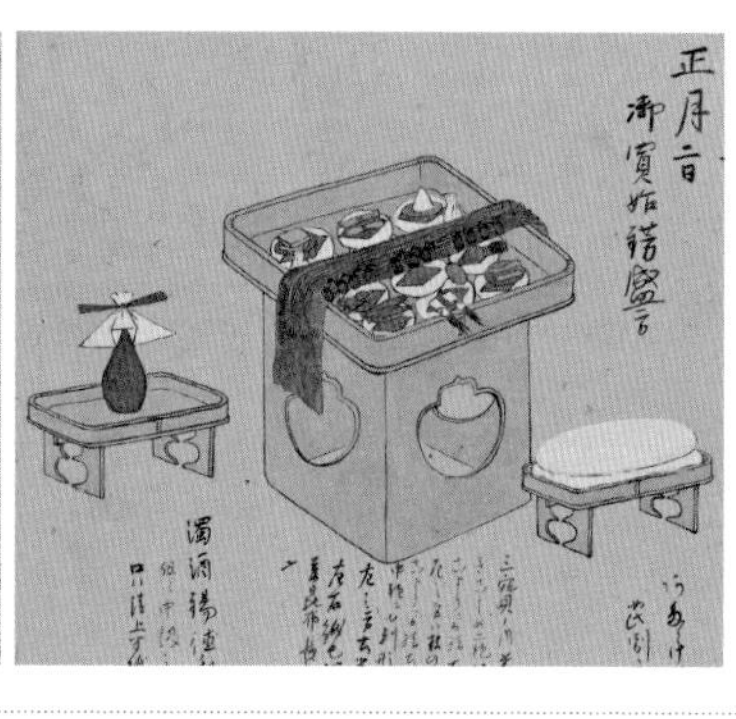

江戸時代の御買物始祝膳［右］と宮中鏡餅［左］
（『御定式御用品雛形』　川端道喜蔵）

鏡開

正月の鏡餅を割って食べる「鏡開」。鏡餅は「餅鏡」とも呼ばれ、平安時代からある風習です。『源氏物語』（初音）にも登場します。宮中の鏡開の日は変遷がありますが、江戸後期には一月四日になっていたようです。

鏡餅は川端道喜が納めました。下が白、上が赤の大きな二段重ね。その上に菱と葩を十二枚ずつ重ね、砂金袋の形をした餅を積み上げ、頂上に伊勢エビを載せます。ユズリハやウラジロ、串柿や昆布を鏡餅に、ユズとダイダイを三宝の四方に飾ります。

鏡開に際しては斧で割って醤油をつけ焼いて食べました。

文献

『江家次第』
「自御厨子所供御歯固具、又供御薬酒等、以高坏六本献之有餅鏡〈用近江火切〉。」

『紫明抄』（素寂・鎌倉時代）
「皇女禎子〈三条院女三宮陽明門院是也〉母中宮妍子〈御堂御女後三条院母后〉長和三年正月二日皇女〈于時二歳〉餅鏡御覧〈此則始例也〉。」

『禁裏御膳式目』（津田宗全・江戸後期？）
「御買物始　御祝膳
奥向□向不残御雑煮頂戴仕候、御祝酒被下、吸物ハ浜ぐりかわらけ肴数の子牛房也。須浜九ツ、塩ぶり焼物、御吸物くぢら、重肴（数ノ子壱重・牛蒡壱重）
壱番の御買物始、枕草紙一冊御調へ局方も不残御調へ被成、封の侭左りのたもとに御入被成候、夫ゟ小間物人形類袋物類御調也
鏡開　御鏡餅
上壱斗弐升取・下壱斗三升取、右斧ニ而割随分大キニ致し醤油付焼局方始侍分迄被下候事」

五　始叙位議

じょいのぎをはじむ　年　延　小儀

叙位（『年中行事絵巻』＊）

貴族社会の身分制度の根幹が「位階」で、位階を授けることを「叙位」と呼びます。位階は、上は「正一位」から下は「少初位下」まで三十階あります。

一～三位は公卿で、国家運営の最高会議に参加できるメンバー。四～五位は一般の貴族階級で、この中から殿上の間に昇殿できる許可が得られた者は「殿上人」と呼ばれ別格扱いを受けました。

これら五位以上が「貴族」で、六位以下は実務を扱う官人たち。ですから六位から五位への昇叙は特別な意味を持ち、特に「叙爵」という呼ばれ方をしました。

叙位制度の実情

律令においては数年間の勤務評定により叙位（加階）が決まる「成選」という制度でしたが、平安時代になるとなし崩しになり、貴族階級とされた五位への加階のルートが増えます。年功序列の「年労加階」、王氏や源平藤橘などの一族から毎年一名、従五位の下となる「氏爵」、さらには、院・宮や准后に献金することで推薦を受けて従五位下になる「年爵」まで行われるようになり、五位の者が増加することになった結果、昇殿の可否による「殿上人」「地下」という別の序列を生むようになってしまいます。

位階の区別

位階は五位以上の「勅授」、八位以上の「奏授」、それ以下の「判授」に分かれ、「勅授」は正月五日頃に天皇の御前での「叙位議」（叙位会議）で加階が決定しました。位階を持つ者・現任者を記した名簿や、年労加階の書類「十年労帳」をもとに選考。決定後に「位記」が作成され、白馬節会に参集した官人の該当者に通知され、饗宴の場で披露されました。

文献

『建武年中行事』（後醍醐天皇・一三三四年）

「叙位　五日叙位議あり。大臣已下左仗の座に候。是よりさきにけふの早旦にくら人頭已下文をそうす。内覧はてゝ後。あさがれゐにて奏するなり。文御覧じてゑれと仰らる。」

『公事根源』

「叙位　五日六日近代五日。其の儀、大臣以下左仗の座に着きて、まづ事を催し行ふ。次に議所について、勧盃の儀式などあり。近頃は此の事絶えて侍るにこそ。次に蔵人をして諸卿を召す。公卿射場殿にて筥文を取りて、次第に御前の座につく。関白並に執事、召によりて円座に進みて着く。執筆十年の労を奏し、続紙をめし、位を次第に叙す。王源藤橘の氏の爵の申文、入内一加階の勘文なゞといふ事侍り。（中略）此の叙位もとは六日にて侍りしを、天徳五年より、五日に始めて此の儀あり。暁などに及べば、七日の節会の懈怠なりとて、取りあげられけるにこそ。されば今に至るまで五日に定まれり。主上若しは執柄などの衰日にあたれば、六日に行はるゝも常の事なり。」

七 白馬節会

あおうまのせちえ

年 養 延中儀

「白馬」と書いて「あおうま」と読みます。中国で生まれ平安時代に尊重された「五行説」では、四季の色彩が決められており、春＝青、夏＝赤、秋＝白、冬＝黒とされていました。そして正月に春の色である「青」い馬を見ると縁起が良い、という考え方があったのです。

『礼記』（月令）には「天子居青陽左个。乗鸞路、駕倉龍、載青旗、衣青衣……」とあり、この「倉龍」は青い馬のことです。

『文徳実録』仁寿二年（八五二）正月七日の記事には「幸豊楽院。以覧青馬、助陽気也。賜宴群臣如常」とあって、この考え方を受け継いでいます。

青馬から白馬に

『日本三代実録』貞観元年（八五九）正月七日の項には「天皇不覧青馬。停節会之事也」、『内裏式』には「左右馬寮引青馬入自延明門」とあり、『延喜式』（近衛）でも「凡正月七日青馬䑳近衛」とあって、平安中期に至るまでは「青馬」という表記ばかりです。

しかし『小右記』の寛和元年（九八五）正月七日の記事では「巳時参内（中略）申時白馬渡、天皇密々御清涼殿、覧白馬、了即還御」と、「白馬」に変わっています。この時代以降、一部の例外はあるものの、「白馬」表記が圧倒的に多くなります。しかし読みは「あおうま」のまま継承されました。

毛色が変わる葦毛（あしげ）馬

なぜこの変化が生じたのかは、古来大きな謎とされました。白を清浄と重んじる日本的な考え方もあったでしょう。『世諺問答』には「きはめて白き物は、青ざめてみゆるものなり。されば青馬とも白馬ともかよひて申にや」とありますが、これは少し無理があるようです。

一条兼冬の父、兼良が書いた『年中行事大概』では「あを馬とはあしげのむま。その色しろきによりて白馬の節会とも名づけ侍り」と説明されています。

葦毛の馬は若いときはグレーで、これは古代日本で「あお」と表現された色彩。グレーの鷺（さぎ）を「あお鷺」と呼ぶのと同じです。その葦毛馬は加齢により白馬化します。そうしたことが「青馬」から「白馬」に変化し

葦毛の神馬人形

文献

『西宮記』
「七日節会（中略）左右御監奏白馬奏〈御監等下立東階壇上、馬允各執奏令持硯、史生等入自日華門、参進取御監名、不参者於里亭取名。〉」

『小右記』（藤原実資・平安中期）
「寛和元年（九八五）正月七日壬子。巳時参内（中略）申時白馬渡、天皇密々御清涼殿、覧白馬、了即還御。供腋御膳、了又出御々座。白馬・妓女奏等留御所。」

『御堂関白記』（藤原道長・平安中期）
「長保二年（一〇〇〇）正月七日、乙酉、水危。参内。着右仗座、以右大弁行成朝臣奏云。左右白馬可覧由。」

白馬節会（『宮中御儀式絵巻物』＊）

た理由だったのかもしれません。

格の高い節会

白馬節会は『延喜式』において、元日節会と秋の新嘗祭(にいなめさい)と並ぶ「中儀」に位置づけられています。他の節会はすべて「小儀」ですから、ワンランク上の節会だったことになります。

白馬節会の内容は、馬を引見すること以外は元日節会とほぼ同様で、特に「中儀」にする必要も感じられません。

年中行事障子には、この日のことを「節会及叙位事」と記しています。そのように、平安初期から白馬節会の饗宴において叙位の結果発表「位記」の授与が行われ、その祝賀会という意味合いが加わったことが「中儀」に位置づけられた理由ではないかとも考えられます。

『小野宮年中行事』
「七日節会及叙位事。内裏式云。近仗服上儀陣殿下。既而皇帝御豊楽殿。」

『建武年中行事』
「白馬節会（中略）次に御膳まいる。三節一こん。くず（国栖）二献。みきのちょくし三こん。をのをの元日におなじ。」

『公事根源』
「此の節会の事、大方は元日などに同じ。（中略）白馬の節会を、あるひは青馬の節会とも申すなり。其の故は、馬は陽の獣なり。青は春の色なり。是れによりて、正月七日に青馬を見れば、年中の邪気を除くといふ本文侍るなり。」

『世諺問答』
「問て云。けふおほやけにて白馬をみ給ふは何のいはれぞや。答。十節記に白馬を馬の性の本とす。天に白竜あり。地に白馬あり。また天の用は竜なり。地の用は馬なりと申本文あり。また礼記といふ文に。春を東郊にむかへて。青馬七疋をもちゆるとみえ侍りし。また白馬を青馬と申侍は。陽の獣なり。青は春の色なり。きはめて白き物は。青ざめてみゆるものなり。されば青馬とも白馬ともかよひて申にや。正月七日に青馬をみれば。年中の邪気をはらふといふ本文侍るなり。いまのわらはべのはる駒といふはこれよりはじまり侍るにや。」

七 五節供

ごせっく 五 武

正月一日・三月三日・五月五日・七月七日・九月九日を「五節供」と総称してお祝いをする風習は室町時代に発生したもので、それ以前の記録に見ることができません。奈良時代の『養老令』（雑令）には「凡正月一日、七日、十六日。三月三日。五月五日。七月七日。十一月大嘗日。皆為節日」とあって、七節日が定められています。

重陽（『旧暦五節句の圖』＊）

「節供」＝おせち料理

「節供」とは「節日」に膳を供する、という意味の言葉で古くからありました。つまり「おせち料理」と同じような意味です。『延喜式』（内膳）には「諸節供御料」として、正月三節（元日・白馬・踏歌）・五月五日節・七月七日・九月九日節の各饗宴において、天皇に供する食材を列記しています。室町時代になると行事そのものを「節供」と呼ぶようになり、年間まとめて「五節供」という呼び方も普及しました。

室町中期の『壒嚢鈔』（行誉）では「五節供事異説多歟」としながら、五節供の最初を「正月一日」としています。

幕府が決めた祝日？

江戸幕府は大坂夏の陣（一六一五）の直後から文治主義を取り、その年の九月九日に重陽の慶会を開催。十月一日には「今年から玄猪の慶会には長袴を着用するべし」など、年中行事の整備にかかります。そして十二月、各種の儀式に際して着用すべき服飾を定めましたが、これは「五節供」という形での規定ではありませんでした。

ただし明治政府が明治六年の太陽暦改暦にあたって「今般改暦ニ付人日上巳端午七夕重陽ノ五節ヲ廃シ」の布告を出していますから、公的なものと認識されていたのでしょう。

なお、江戸時代から季節の区切り、句読点という意味からか「節句」と書かれることが多くなり、これが庶民の間に広まりました。

文献

『西宮記』
「七月七日、内膳供御節供〈付采女、采女付女房、五七九月同之、但三月不入内膳式〉。」

『壒嚢鈔』（行誉・一四四五年）
「五節供ト云ハ何々。并其由来如何。五節供事、異説多歟。（中略）正月一日節供、表安楽相（中略）三月三日節供、為除時気病也（中略）五月五日節供、為払毒虫也（中略）七月七日節供、為除瘧鬼也（中略）九月九日節供、為延遐壽也。」

『八朔考』（屋代弘賢・一八三三年）
「五節供の称、旧記に見えず。たゞし節供とは其日にあたりて膳を供するの義なり。庖厨の料は、詳に延喜式に見え、内膳司の管する所なり。此儀は禁中のみにあらず、公卿の家々にも慶賀あり。節句と書たるは、寛永後の年中行事類の書に、きく重の御節句とあり、恐らくは仮借なるべし。又年中行事等の古記に載る所、節供の日数は、正月三元日、三月三日、五月五日、七月七日、九月九日なり。」

七

人日

じんじつ　五　武

現在、「五節供」の最初の日に位置づけられるのは元日ではなく正月七日の「人日」。これは六世紀中国の『荊楚歳時記』に見られる古代中国の説が由来です。「正月一日為鶏、二日為狗、三日為羊、四日為猪、五日為牛、六日為馬、七日為人。」とあり、正月一日を鶏の日とし、以降、狗・猪・羊・牛・馬の日として、それぞれの日にはその動物を殺さない、というものでした。そして七日目が「人日」に当たり、その日は死刑執行をしないことになっていました。

いつから人日に?

しかしなぜ、ここに突然「人日」が出てくるのでしょう。宮中での正月七日は「白馬節会」という重要な節日でしたが、武家ではこれに相当する祝儀はなく、江戸幕府は元和二年（一六一六）正月七日に向けて由来調査をしました。

その中で公家の一条家が「人日」説を出してきたのです。しかし江戸後期の『八朔考』では「一条家の説はずさんで、これを採用した寛文十一年（一六七一）の『柳営年中行事』は誤りである」と断言されています。

『徳川実紀』を見ますと一月七日は一貫して「若菜御祝」であり「人日」ではありません。七草の日です。しかし元禄二年（一六八九）の『和漢名数』には「和俗五節供」として筆頭に「人日正月七日」が明記されていますから、これらいくつかの本の影響で、江戸前期には「人日」を含めた五節供が一般に普及したのでしょう。

七草の日

江戸時代に盛んに描かれた「五節句」と題する錦絵では、他の節供の内容が上巳や端午と一致しているのに、「正月」だけは元日の光景を描いているものがほとんど。江戸の庶民にとって七日はあくまでも「七草の日」であり、「人日」という認識は少なかったと思われます。

正月（『豊歳五節句遊』＊）

文献

『徳川実紀』（林述斎ら・江戸後期）
「元和二年正月七日　七種の御祝あり。この故事兼て諸儒陰陽の徒諸僧に会議せしめ、京都へも御尋問ありといへども、諸説紛々として一定せざるをもて、古来流例のまゝ七種の粥を供せらる。」

『八朔考』
「されども近来、七日を五季の一とするもの多し、若菜の祝ひの事（中略）七種の菜羹を祝ふまでにて、節日といふにはあらず。元和二年正月、この祝ひの旧儀を搢紳家に尋ね給ひし時、諸家より記し進らする所的当ならざるにより、只世俗の流例にしたがひて定め給へり。此時一条家にては、人日の説を主として、五節供のはじめなるよし記し出されたる、杜撰といふべし。これらの説に雷同せしか、寛文十一年の柳営年中行事、及び諸記録に、多く五節供の一とするは誤なり。」

七

七種菜羹

ななくさいかん　私　武

［七草粥］

正月七日に「七草粥」を食べると一年間病気にかからないといわれます。しかし七草粥は背景が複雑な風習なのです。

七種の菜を食べる歴史は古く平安時代にさかのぼります。室町中期の『壒嚢鈔(あいのうしょう)』には「セリナヅナ五行タビラク仏座アシナミ、ナシ是ヤ七種」や「芹五行ナヅナハコベラ仏座スヾナミミナシ是ヤ七クサ」など、複数の歌で覚えると記されます。

三つの文化の融合

六世紀中国の『荊楚歳時記(けいそさいじき)』には「正月七日為人日。以七種菜為羹、翦綵為人、或鏤金薄為人」とあり、七日に七種類の菜の「羹(あつもの)」（煮物や汁物）を食べていました。これとは別に日本には「子(ね)の日の若菜摘み」という風習がありました。正月の最初の「子」の日に郊外に出かけ、芽吹いた野草を摘み、それを食べることで春の精気を体内に取り込む、というような意味合いがあるレクリエーションです。

春の七草

あくまでも「子の日」であり七日の行事ではありませんでしたが、『枕草子』には「七日の日の若菜を六日、人の持て来さわぎ」「七日、雪まの若菜摘み」とあって、中国の風習と結びついて七日に食べるための若菜摘みになっていったようです。しかしこれは「羹」であって「粥」ではありません。

一方、正月十五日には七種類の雑穀粥を食べる習慣がありま

七草粥

文献

『源氏物語』（若菜上）
「正月廿三日、子の日なるに、左大将殿の北方わかなまいり給。」

『醍醐天皇御記』（醍醐天皇・平安中期）
「延長二年正月廿一日。右大将藤原朝臣来自院。有仰云々。近間寂然。甲子日朝摘若菜奉入之。（中略）日自院賜子日之宴。（中略）廿五日甲子。此日采女調和若菜羹供進。采女又以供進余羹給侍臣。」

『北山抄』（藤原公任・平安中期）
「上子日、供若菜事。〈内蔵寮、内膳司、各供之〉」

『二中歴』（三善為康・平安末期）
「節日由緒　七日採七種羹〈七日七種羹、先嘗味、除邪気之術也〉。」

『年中行事秘抄』（不詳・鎌倉初期）
「七種菜。薺、蘩蔞、芹、菁、御形、須々代、仏座。金谷云。正月七日、以七種菜作羹食之、令人無万病。」

『紫明抄』
「七種若菜〈薺、葉婁、芹、菁、御形、須々代、仏座以上作羹食之令人無万病〉。」

『公事根源』
「延喜十一年正月七日に、後院より七種

一　二　三　四　五　六　七　八　九　十　十一　十二　通過儀礼

した。この「七種」が「ななくさ」と読めることから七草がこれと合体します。

室町後期の『尺素往来』では「若菜醤水者人日之俗儀。七穀烹粥者上元之世礼」と、人日（一月七日）と上元（一月十五日）の区別はしていますが、この時代には今に伝わる「七草粥」もしくは「七草みそうづ（雑炊）」が生まれています。

七草粥の中身

七草の内容は室町時代以来の七種の野草です。江戸後期の『守貞謾稿』にある「芹、ナヅナ、ゴゲウ、ハコベラ、ホトケノザ、スヾナ、スヾシロ是ゾ七種」が現代にも受け継がれています。しかし江戸時代、公家の水無瀬家から宮中に献上される「若菜の御羹」は「蕪の青菜とナズナのみ」と記されていますから、ずいぶんと簡略化されていたようです。一般庶民はなおのこと、『守貞謾稿』には「京坂はナズナに蕪の菜を加へ粥に煮る。江戸でも小松村から出る菜を加へ煮る」と簡略版が記されています。

江戸時代の『禁裏御膳式目』によれば、天皇はこの日「水菜餅入御かゆ」という簡略版七草粥の他、数の子・浅漬・御酒・御吸物（鯛ひれ）・重肴（いりこ・牛蒡）を食べたようです。

唐土の鳥

若菜を刻み叩くときに四十九回叩くという風習もあります。また「七草なずな唐土の鳥が日本の国に渡らぬ先に」などと呪文を唱えることがあります。この「鳥」というのは古代中国で信じられた妖怪鳥「鬼車」のこと。九つの頭を持ち、家に災いをもたらす「鬼車」は人間の爪が大好物で、七日より前に爪を切ると鬼車が寄ってくるといわれたため、七日は爪切りを始める日とされました。

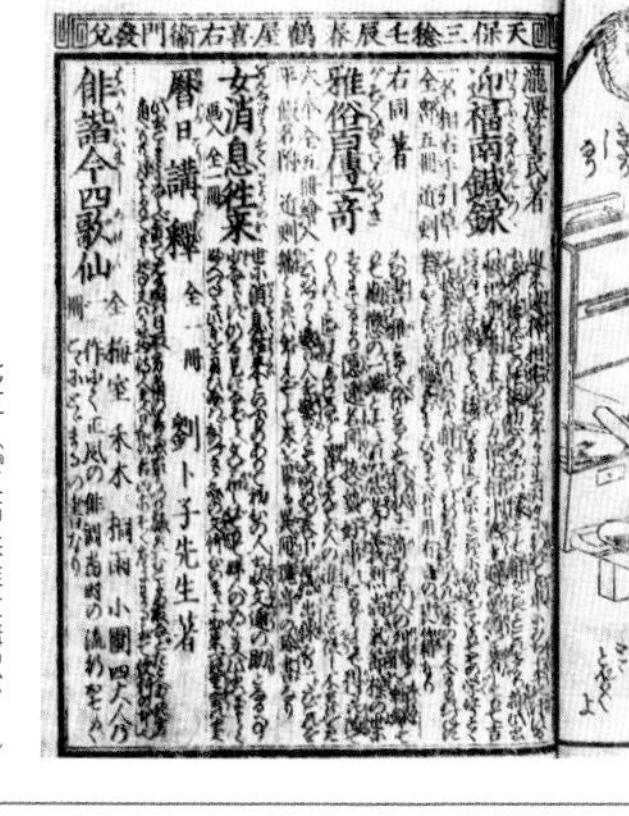

七草（『五節供稚童講釈』＊）

の若菜を供ず。又天暦四年二月廿九日女御安子の朝臣、若菜を奉る由、吏部王記に見えたり。若菜を十二種供ずる事あり。其のくさぐさは若菜、はこべら、苣、芹、蕨、薺、葵、芝、蓬、水蓼、水雲、松と見えたり。此の松の字のこと、白河院の御時、師遠に御尋ありしかば、若松とかきて、こほねと読むなり。もし此の事にて侍るかと申しき。松を添へて奉る、さてはひがことなりと上皇仰せられ侍りき。尋常は若菜は七種の物なり。薺、はこべら、芹、菁、御形、すずゝろ、仏の座などなり。正月七日に七種の菜羹を食すれば、其の人万病なし。又邪気を除く術に侍ると見えたり。」

『梅園日記』（北静廬・江戸後期）
「事文類聚に歳時記を引て曰、『正月七日多鬼車鳥度、家々門打戸滅燈燭禳之。和俗七種菜を打つ唱に、唐土の鳥、日本の鳥、渡らぬさきに、と云るは、此鬼車鳥を忌意なり。板を打鳴すは、鬼車鳥不止やうに禳也』といへり。按ずるに、此説是なり。」
「正月七日、七草爪とて人ごとに必ず爪切るは、前条にいへる鬼車鳥、人の捨てる爪を取るといふ説あれば取らせじとて、かの鳥を譲る禳はん料に敲きつる七草を水に浸し、その水に爪をぬらし切るなり。」

七 北陣検非違使弾始

きたのじんけびいしだんはじめ 江

江戸時代の京都は、朝廷と幕府の「一国二制度」のような特殊な状況にありました。それを象徴する年中行事が白馬節会（あおうまのせちえ）の前に行われる「北陣弾始」です。

江戸時代にもいた検非違使（けびいし）

平安時代、警察・検察そして裁判までも扱った司法機関が「検非違使」でしたが、武士の時代になると実質的な権限はなくなってしまいます。しかし江戸時代にも検非違使は任命され続けていました。

もちろん名前だけの検非違使であって、実際の警察業務は幕府の京都所司代指揮下にある東西御役所が担っていました。

けれども形式上は、京の都は検非違使の管轄下であるということから、検非違使の儀式「北陣弾始」が執行された後でなければ、御役所はその年の警察業務を開始できない、ということになっていたのです。

北陣（きたのじん）

平安時代、各衛府はそれぞれ「陣」と呼ばれる拠点を持っていました。北の陣は検非違使を兼任する左衛門府の陣。鎌倉時代の『古今著聞集』（橘成季）には「所衆行実のからめ取りたる盗人、北陣にて詠歌の事」という逸話を載せていますが、この「北陣」は検非違使の屯所を意味しています。

疑似死刑執行

「弾始」というのは犯罪者の処断始め、という意味です。北陣が行われるのは御所の参内殿の前庭。装束姿の検非違使が平安絵巻さながらに居並びます。

そこに登場するのが「兄部（こうべ）」という罪人役。普段は単なるお百姓さんですが、年に米一石をもらってこの役を務めます。庭に座らされ、検非違使が死刑を宣告すると、斬首が執行されるのですが、もちろん本当には斬りません。梅の枝で烏帽子（えぼし）をはたき落としておしまいとなり、兄部は退場。「赦免」を象徴するなんとも面白い儀式です。

しかしこれが終わらないと幕府警察が仕事を始められなかったのですから、さすが京の都は帝のお膝元です。

北陣（『公事録附図』宮内庁書陵部蔵）

文献

『百錬抄』（不詳・鎌倉後期）
「暦仁二年正月七日戊寅。於北陣糺弾雑犯之間。使庁下部搦捕油売一人。称左府廐飼口。被奪返之上。奉行官人大志景種被解却見任了。」

『御湯殿上日記』（宮中女官・室町時代）
「天文十一年正月七日　せちゑあり。内弁かんろし。きたのちんあり。」

『故実拾要』（篠崎東海・江戸中期）
「白馬節会　節会始ラザル以前ニ於北陣、勢田・堀河・姉小路・町口等ノ判官、卒看督長、使丁、火長等、犯人恩赦ノ作法アリ。」

八

女叙位（にょじょい）

年

男子の叙位が正月七日の「白馬節会（あおうまのせちえ）」で発表された翌日、女子の叙位が行われました。ただし人数が少なかったので、隔年での開催です。

女子に位階（いかい）が授けられたのは『日本書紀』にある持統五年（六九一）正月の「賜親王・諸臣・内親王・女王・内命婦等位」が最初の例とされます。女帝ならではの配慮でしょうか。

同じく女帝では奈良時代の孝謙天皇が女子優遇策を採り、天平神護元年（七六五）の叙位では、男子五十四人に対して女子四十四人に位が授けられたと『続日本紀』に記されています。

天皇の乳母は三位に

平安時代の叙位対象者は、平安中期の『西宮記』によれば、内親王・女御・更衣・内侍・乳母・女蔵人（にょくろうど）・女史・采女（うねめ）・大臣妻・内教坊（宮中の歌舞教習所）に勤める女官や、長年の功労者たちです。

中でも天皇の乳母は特別に優遇されました。孝謙天皇は乳母たちに従五位下を授けていますが、平安時代には三位に叙せられることもあり、『枕草子』には「御乳母は内侍のすけ、三位などになりぬればおもしろけれど」とあります。

男装の麗人

女叙位は対象の人数等により「小輪転（こりんてん）」（闈司（いし）・水司の女官、東豎子（あづまわらわ））、「大輪転（おおりんてん）」（女司・主殿（とのもり）・御手洗（みたらし）・掌縫（ぬいのじょう）・闈司（いし）・主水（もいとり）の女官、東豎子（あずまわらわ））に分類され、それぞれ年功序列を基準に「輪転」（順繰り）で五位に叙されることになっていました。また母子二代で出仕している場合は、母の年功に娘の年功を加算する「切杭（きりくい）」という制度もありました。

対象女官の中で「東豎子」というのは、行幸の際に男装して騎馬で供奉する特殊な役職の女官。「天子の守り」と珍重された三つ子を探して採用しました。『山槐記』によれば、近衛天皇の後宮では二名（五位一名・六位一名）いて、紀朝臣季明・河内宿禰友成という男名前を代々受け継いでいました。

いわば「男装の麗人」ともいえる東豎子は「ひめまうち君」「姫松」などとも呼ばれ、行列では注目の的だったようです。

文献

『西宮記』
「女叙位〈隔年、近代、外記兼進勘文、預叙位者、親王女御更衣内侍乳母女蔵人女史采女大臣妻内教坊、所々有労者。」

『小野宮年中行事』
「同日女叙位事。隔年行之。式日八日。近代択吉日。内侍率叙人参上矣。内侍各給其位記。」

『江家次第』
「東豎、以三子為東豎。按、旧薄多以紀朝臣季明、河内宿禰友成為其名。中古以来、以季明定為其名。不似尋常事也。」

『建武年中行事』
「女叙位隔年にあり。ひの御座に出させ給。めしによりて大臣孫廂の円座に候。仰によりて硯紙をめす。をのこどもをめして仰す。五位蔵人もちてまいる。申文かねて御すゞりのはこのふたにつみたり。大りんてん（輪転）。小りんてん。きりくひ（切杭）の申文など云物あり。今の世はみなまことなき事なれど。跡にまかせて作をけり。典侍掌侍命婦くら人中宮に御給などぞみゆめる。書をはりて奏聞す。御らんじて返し給。二位三位などさるべき人あれば叙せらるゝ也。位記を作て奏すれば御所にとゞまりたるを。次の日侍ぬしぬしにあかちたまふなり。」

八―十四

御斎会・真言院御修法

ごさいえ・しんごんいんみしほ 年

元日から七日間は神道儀礼が続き、八日から七日間は仏教儀礼が行われます。神道と仏教がともに重要な意味を持っていた時代ならではの、一連の朝廷宗教行事です。その最初の仏教行事が「御斎会」と「真言院御修法」でした。

正月初めの仏事

正月八日から七日間、大極殿に諸宗の学僧を集め、護国三部経のひとつとされる『金光明最勝王経』を講読させ、国家鎮護と五穀豊穰を祈った仏教行事が「御斎会」です。

天皇が臨席する年もあり、「竟日」（最終日）には舞楽も披露されるなど、正月の華やかなイベントの側面もあります。欠席者は「季禄」（ボーナス）が減額される規則で、まさに国家的行事でした。

御斎会の最後、学僧から「問者」と「講師」を選び、天皇の御前で経文の論義を行うのが「内論議」。これは清涼殿で開催されました。

御斎会（『年中行事絵巻』＊）

密教の法会

同じ期間に「真言院」（空海の奏上でできた宮中の密教修行場）では「後七日御修法」が行われます。東寺長者が導師を勤めて、金剛界と胎蔵界を毎年交互に祈ります。本尊は仏舎利。その東側に胎蔵界曼荼羅、西側に金剛界曼荼羅をかけ、四方には五大明王像と十二天像をかけます。まさに真言密教の世界観。

両界曼荼羅の前には大壇が設けられ、護摩が焚かれて密教の修法が行われました。これもまた天下泰平・五穀豊穰・玉体安穏を祈る法会です。

文献

『西宮記』
「御斎会〈官行事、行本供、公卿家々依行事所廻文勤加供、大臣皆供、納言参議相合、請僧、僧綱定補、玄蕃式云、六宗均択請、此外天台天王寺梵釈寺常住寺等、十禅師客一人通請者〉。」

『小野宮年中行事』
「八日大極殿御斎会始事。或有行幸。貞観玄蕃式云。請僧卅二口。同式部式云。五位以上欠職掌。毎度奪位禄絹一疋。若絹尽以布准奪。其六位以下。毎度奪季禄布二端。」

『建武年中行事』
「御斎会。八日御斎会はじまる。八省にて此事あり。上卿まいりむかふ。真言院の御修法はじまる。後七日法といふ。」

『公事根源』
「御斎会。八日。是れは大極殿にて、八日より十四日まで、七ケ日の間、最勝王経を講ぜられて、朝家を祈り申し侍るなり。此の経とりわけ国家を護持する功能あるによりて、あら玉の年の始にはまづ講せらるゝにや。（中略）始めて金光明経を宮中並に諸司にて講ぜらる。是れなんどをも始とは申すべきか。桓武の御宇延暦廿一年正月より、かやうに年々の事にはなりぬるなるべし。」

十一　県召除目

あがためしのじもく　年

宮仕えする人にとって「除目（じもく）」と呼ばれる人事異動は最大の関心事でした。「除」は前任者を除いて新しい者を任ずるという意味。「目」はその結果を目録に記すことを意味します。

秋には「司召除目（つかさめしのじもく）」と呼ばれる京官、つまり中央省庁の官吏を任命する除目がありましたが、正月の「県召（あがためし）」は外官（地方官）、つまり諸国の国司を任命する除目です。

数多い中下級貴族にとっては非常に重要な行事でした。『枕草子』（すさまじきもの）には除目当日に「中文（もうしぶみ）」（自己申告書）を有力者に渡そうとする悲喜こもごもが、具体的に描かれています。当時、受領（ずりょう）（国司）になれば莫大な経済的利益がありましたので、貧しい中下級貴族には切実な問題だったのです。

間違いの許されない行事

除目は『権記』に「国家重事也」と一条天皇の言葉が記されるように、決して過ちが許されないものとして、そのルールも厳格でした。大学者として知られる大江匡房ですら、『中外抄』の中で藤原忠実に「内弁・官奏・除目・叙位等を詳しく知らない人である」と評されています。一条兼良は『公事根源』で「除目の執筆は難儀で、家々の口伝や流派の故実がさまざまにある。節会・官奏・叙位・除目は『四ケの大事』として、有職の家では特に勉強する。除目について知ることは十年の勉強でも足りず、百丈の紙にも書き記すことができない」と、その難解さを語っています。

リサイクルの薄墨紙

除目の結果通知は「薄墨紙」で伝えられました。『絵師草紙』には、伊予守に任ぜられた絵師が通知を手にしている光景が描かれます。当時、紙は貴重品だったため、使用後の紙はほぼすべて回収され、「図書寮（ずしょりょう）」に属する「紙屋院」で漉（す）き直されました。こうした紙を「紙屋紙」と呼びます。しかし墨で文書を書いた紙を漉き直してゆくと、徐々に紙の色がグレーになります。そうした紙が「薄墨紙」です。これが公文書用紙として知られると、やがて新しく漉いた紙でも、わざわざ墨を入れてグレーにして「規定通りの紙屋紙」を演出しました。

薄墨の宣旨を見る絵師（『絵師草紙』＊）

文献

『公事根源』

「県召除目。十一日。県召には外官をむねと任せらるゝなり。外官とは。諸国の司にて侍る。ゐなかを県とは申すなり。外国の人を召して、任官を授けらるれば、かやうに名つくるにや。其の作法、執筆の大臣参りて、御殿の弘廂にて事を行ふ。」

十一 鏡開（かがみびらき） 武

宮中の鏡餅の歴史は古く、「歯固(はがため)」料理の一環として、丸い餅の上に歯固の具を載せました。平安後期の『江家次第』（大江匡房）には「有餅鏡〈用近江火切〉」とあり、『類聚雑要抄』（平安末期）には「供御膈御歯固六本立〈三ケ日同前也。付御台盤所供之〉。（中略）御鏡餅。置鏡餅上物、柆葉一枚・蘿蔔一株・押鮎一隻・三成橘一枚〈但近代一成用之〉（中略）御鏡餅三枚〈日別一枚〉自蔵人所出納渡之」と、飾りつけの具合を詳しく記しています。正月料理として押鮎などと一緒に供されていました。

その再現が宮中で御厨子所預を勤めた家の『高橋大隅両家秘伝供御式目』に描かれます。

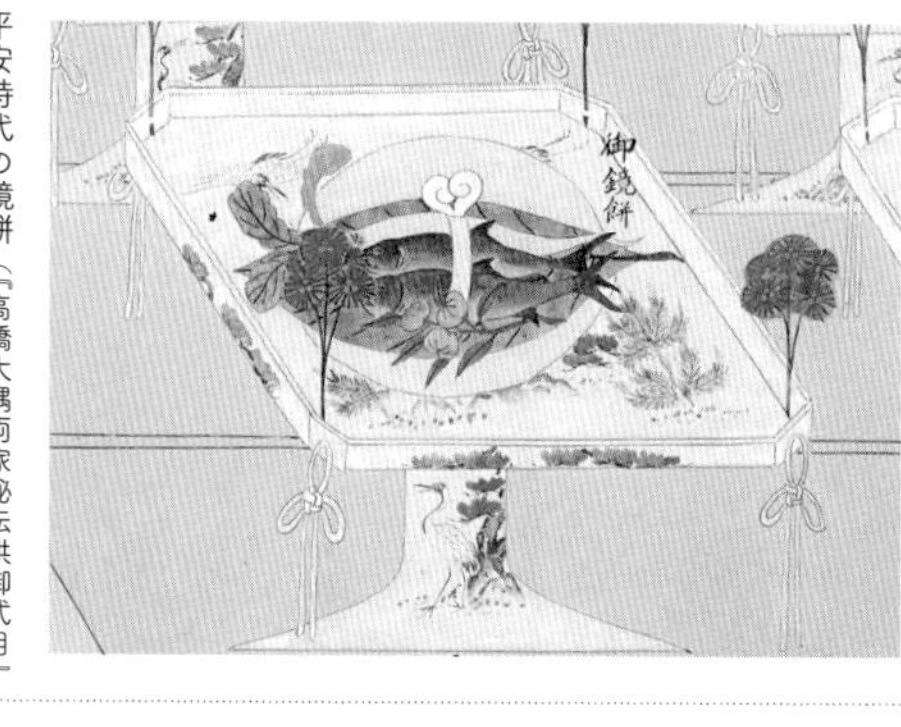

平安時代の鏡餅（『高橋大隅両家秘伝供御式目』京都府立京都学・歴彩館デジタルアーカイブ）

なぜ一月十一日?

鏡餅を割って食べる「鏡開」。江戸時代、宮中の鏡開は一月四日に行っていたようです。しかし現在、一般的に一月十一日に行われることが多いのは、江戸幕府の鏡開の日程を踏襲しているからです。幕府では当初、二十日の「具足祝(ぐそくいわい)」（甲冑を祝う日）の日に餅を供え、鏡開を行っていました。ところが三代将軍の家光がその日に亡くなったため、翌年から具足祝は十一日に変更され今日に至るのです。

具足祝

この武家の「具足祝」の風習が一体いつ頃からあるのか、江戸時代でもわかっていなかったようです。江戸中期の『倭訓栞』（谷川士清）には「刃柄(はつか)」にかけて二十日にしたという洒落のような起源説も記されています。同じ江戸中期の『湯土問答』（湯浅常山）では「鎧ノ餅ノ古クハ聞エザルコト。サレドモ

文献

『河海抄』
「歯固事　見掌中暦六本為一前。一本煮塩・鮨鮎・押鮎火干、皆上置鮎串差。一本鯉・鳥・鹿・猪皆随盛物串差置上、但貫之。一本瓜漬・茄漬・蕪・大根。一本屠蘇・白散・窪坏空盞。一本酒盞窪坏四口。一本鏡・相具・鮎・大根・橘。」

『本朝食鑑』（人見必大・一六九七年）
「正月朔旦必以鏡餅供于諸神。及家長幼団欒同薦鏡餅以賀新歳。或武家供于甲冑号具足餅。此謂供八幡神。」

『雍州府志』（黒川道祐・一六八六年）
「欠餅　凡倭俗新年所用之餅有数品。（中略）士人供甲冑、是謂具足餅。（中略）其所供之鏡餅。以刀截食之。是称開鏡。又謂祝鏡。至甲冑忌斬殺之詞、故以手破餅。欠一片食之、故是謂欠餅。於今一切称欠餅。」

『厳有院殿御実紀』
（徳川実記・徳川家綱）
「承応元年正月十一日、具足の御祝あり。（中略）御代々この廿日に具足御祝ありといへども、先代の御忌辰なるにより、今より後は十一日を永例と定らる、となり。」

御当家太平ノ代ヨリ先、織田豊臣ノ世ニ始リシコトニヤ。羅山文集ニ鎧餅其起ヲ未知トアリ」と、よくわかっていないという結論です。

なお鏡開は、餅を「切る」という言葉は縁起が悪いと避けて「開く」とし、切った餅は「欠き餅」と称しました。

御鏡開(『千代田之御表』＊)

二十日御祝(はつかおいわい)

具足祝の日程が変わった後も、一月二十日は「鏡台祝(きょうだいいわい)」として女性たちが祝いました。これは「二十日御祝」を「初顔祝」にかけたものだと、江戸前期の『日本歳時記』(貝原好古)に記されます。またこの日は、団子や小豆餅、赤飯などの小豆関連食品を食べる風習もあったようです。これが現代、鏡開にお汁粉やぜんざいを食べる風習につながっているのでしょう。

もともとは宋代末の『眉公秘笈』に登場する「補天」という、赤いもので餅をつないで屋根に投げる、という風習から来たものともいわれます。さらにこの日、「二十日正月」と称して祝うこともありました。

ぜんざい

『日本歳時記』(貝原好古・一六八八年)
「正月廿日、今日女人の鏡台の祝とて、それに供たりし鏡餻を煮食ふ事あり。これ武士の鎧の餻をいはふとひとしき事なり。廿日をもちゆるは、廿日をいはふと、初顔祝と詞おなじきゆへに、これを縁にとれるよし、他にいひならはせり。」

『倭訓栞』(谷川士清・江戸中期)
「かゞみびらき　正月の糕鏡を武家は甲冑にそなへ、是を廿日に開く。刄柄(ハツカ)を祝ふ義也。承応壬辰年より、十一日に改めらる、とぞ。婦人鏡台に供へたるをも廿日を用う。初顔祝ふの義也といへり。」

『日次紀事』(黒川道祐・一六七六年)
「正月二十日　団子　今日地下人諸人各遊楽。謂二十日正月。食団子是称二十日団子。」

『和漢三才図会』(寺島良安・江戸中期)
「廿日正月　陳眉公秘笈云、池湯以正月二十日為天穿、以紅縷繋餅餌、擲之屋上、謂之補天。按、京都俗、正月廿日、毎家食赤豆餅餌、蓋小豆赤色以准紅縷乎。但不祭天祭口而已。其他幾内民俗、此日糯糲和赤小豆蒸之為強飯食之。其品異而趣一也。以此日称廿日正月嘉祝。」

十五 七種御粥

ななくさのおかゆ　年　武

［小豆粥］

年中行事にはさまざまな行事食がつきものですが、宮中に節供の行事食を導入したのは宇多天皇のようです。『宇多天皇御記』の寛平二年（八九〇）の記事に「正月十五日七種粥、三月三日桃花餅、五月五日五色粽、七月七日索麪、十月初亥餅等。俗間行来以為歳事。自今以後毎色弁調宜供奉之」とあります。

民間で食べられていた節供の行事食が、このときに宮中に導入され、作られるようになったというのです。

しかし『小野宮年中行事』には「弘仁主水式云（中略）早朝主水司供七種御粥」とあります。『弘仁式』（主水）は弘仁十一年（八二〇）に成立していますから、これが正しければ、宇多天皇が創始者、ということではなくなってしまいます。

ともあれ、九世紀には宮中での七種粥の風習が定着していたことになります。

七種粥

「七種粥」の「七種」は菜っ葉ではなく七種の穀物を指します。『延喜式』（主水）に「正月十五日供御七種粥料〈中宮亦同〉米一斗五升・粟・黍子・稗・葟子・胡麻子・小豆各五升、塩四升」とある通り、この七種を使用した雑穀粥でした。ただし室町後期の『公事根源』では「白穀・小豆・大豆・粟・栗・柿・大角豆などなりと、九条右丞相の御記に見えたり」とあり、江戸前期の『本朝食鑑』では「米・小豆・大角豆・黍、粟・葟子・薯蕷」と変化しています。

いずれにせよ雑穀粥で、健康のため白米以外のものを摂取しようという意味があったのかもしれません。『西宮記』には「大嘗会事（中略）寛平九年、辰日、主水司供御手水、次供七種粥」とあって、秋にも食べられています。

七種粥

文献

『延喜式』（主水）
「正月十五日供御七種粥料〈中宮亦同〉米一斗五升。粟・黍子・稗子・葟子・胡麻子・小豆各五升。塩四升。土盤七口。鋺形五口。片盤十口。阿世利盤三口。盆。堝各七口。陶洗盤。麻笥盤各二口。臼一口。匏八柄。柏廿把。炭二石。」
「同日雑給粥料　検薪諸司、及大舎人並内侍、内教坊女等料。米一石。小豆五斗。塩八升。柏廿把。薪三百六十斤。」

『西宮記』
「御粥　十五日、主水司献御粥事〈七種付女房供之。御器納所当日請之〉。」

『執政所抄』
「十五日（中略）所々粥 蔵人所 粥二桶〈白・小豆、杓二柄〉（中略）已上各白粥一桶、小豆粥一桶、杓一柄、菜三種。件粥等早旦所課、家司調進之。使以例文分行之。」

『世諺問答』
「問て云。十五日にかゆを食するは。何のいはれのはべるぞや。答。人の国のむかし。黄帝。蚩尤を正月十五日にたいらげ給ひしに。魂は天狗となり。身は蛇霊となり。人民をなやましければ。時に黄帝。天にいのりしかば。天つげてのたまはく。魂魄をば祟。弊身をばめつせよとありしによりて。月毎にそのこんぱくに

簡略版が小豆粥

この七種粥は天皇用で、一般向けには小豆のみの簡易な粥が食されていました。『延喜式』（主水）に「同日雑給粥料（中略）米一石。小豆五斗。塩八升。」とあり、米と小豆を塩で味つけしただけの小豆粥です。『土佐日記』にも「十五日、今日小豆粥煮ず」とありますから、一月十五日に小豆粥を食べる習慣は当たり前になっていたのでしょう。簡易版ともいえるこの小豆粥が世間に広まって今日に受け継がれています。

一月十五日 七種御粥

小豆粥

やはり中国由来

なぜ正月十五日に粥を食べるかについては、由緒説につきものの、古代中国の説話がもとになったとされます。

鎌倉前期の『年中行事秘抄』には、暴悪な高辛氏の女が一月十五日に死んだけれども化けて出て、人々にとりついて悪さをする。その女は粥が好きだったので、これを祭って害を防いだ、と記されます。また『世諺問答』には、黄帝が蚩尤を一月十五日に倒したが、その魂は天狗となり身は蛇霊となり、人々を悩ませたので黄帝が天に祈ったところ託宣があった。以来、小豆の粥を煮て、庭で天狗を祀り、東に向かって食べれば一年間の疫病を除く、という説話が載ります。やはり中国の悪霊退散のおまじないだったようです。

江戸時代の小豆粥

正月十五日に小豆粥を食べる風習は江戸時代も継承されていました。江戸前期の『日次紀事』には、疫病除けに鏡餅入りの小豆粥を食べるとあります。また江戸後期の『守貞謾稿』には、上方では古式の塩味、江戸では塩粥を食べつけないので砂糖をかけて食べたとあります。

なお『幕末の宮廷』には「二十日の小豆粥」と題して「朝廷では、小豆の粥と申しますのは、二十日でございまして、この日に餅を入れまして、お粥を召し上がる例でございます」とあり、幕末の宮中での小豆粥はいわゆる「二十日正月」の行事に変わっていたようです。

幣をたてまつり給ひし。それによりて今の代にいたるまで。正月十五日の亥のとき。あづきのかゆをにて。庭中に天狗をまつりて。東に向ひ再拝して。ひざまづきてこれを食すれば。年中の疫気をのぞくとうけたまはりし。わたましうぶやの時。かゆを四方にそゝぐも。このくのふとぞおぼえ侍る。」

『倭訓栞』
「なゝくさ 七種の粥は、延喜主水司式、正月十五日供御七種粥料、米、粟、黍子、葟子、薭子、胡麻子、小豆と見えたり。拾芥抄には、大角豆、菫子（セリ）、署預ありて、薭子、葟子胡麻子なし。公事根源に、大豆、粟、柿、豇豆（サヽケ）あり、黍、薭、葟、胡麻なし。」

『守貞謾稿』（喜田川守貞・一八五三年）
「三都トモニ今朝赤小豆粥ヲ食ス。京坂ハ此カユニ聊カ塩ヲ加フ。江戸ハ平日カユヲ不食、故ニ粥ヲ不好者多ク、今朝ノカユニ専ラ白砂糖ヲカケテ食ス也、塩ハ加ヘズ。」

『年中行事秘抄』
「十五日主水司献御粥事 十節云、高辛氏之女、心性甚暴悪、正月十五日巷中死。其霊為悪神。於道路憂吟、過路人相逢即失神、人人令盗火。此人性好粥。故以此祭其霊無咎害。」

一 二 三 四 五 六 七 八 九 十 十一 十二 通過儀礼

十五 三毬打（さぎちょう） 江武

現代でもお正月の松飾りなどを焚き上げる行事は「左義長（さぎちょう）」や「とんど焼」などと呼ばれますが、その原形となるのが「三毬打」です。これは北宋の王安石の詩『元日』に「爆竹声中一歳除、春風送暖入屠蘇」とあるように、中国での新年爆竹（竹を焚いて中の空気を破裂させる）からの影響であるとされます。

毬打を焚く儀式

日本では遅くとも鎌倉時代には存在した風習です。『弁内侍日記』の建長三年（一二五一）正月十六日の記事に「さぎ丁やかれしに、たれたれもまゐりしかども」とあり、『徒然草』にも「さぎちやうは、正月に打ちたる毬杖を、真言院より神泉苑へ出して、焼き上ぐるなり」と記されます。この『徒然草』の記事から、「さぎちょう」は正月に遊んだ「毬杖（ぎっちょう）」を焚き上げる行事「三毬打」から来た名称とわかります。

毬打は平安時代に大変流行したゲームで、二チームが向かい合って、スティックで球を打ち合うゲームです。湾曲したゲートボールスティックのようなもので球を打ち合うのですが、非常に激しいもので、『年中行事絵巻』では高速で飛ぶ玉が効果線で示されていますし、球が当たってコブを作っている人も描かれているほどです。そのスティックを焚き上げたのです。

なぜ正月十五日かは定かではありませんが、平安の『年中行事障子』では諸官庁や畿内の国司から宮中に薪を納める「進御薪」の日に指定されていましたので、それに関係しているのでしょうか。

吉書の三毬杖（『宮中御儀式絵巻物』）＊

宮中の三毬打

室町時代になると、宮中での

毬杖（『年中行事絵巻』）＊

文献

『二水記』（鷲尾隆康・室町後期）
「大永八年（一五二八）正月十五日、入夜参内。御盃儀如恒。於東庭小三毬打拍也。十八日、入夜参外様番衆所。三毬打令見物。聖門師拍之如恒。」

『後水尾院当時年中行事』
「十五日（中略）清涼殿の東庭にて御吉書之三毬打あり。〈三毬打は近年山科しん上す、御領の御代官をせし時よりしん上して、其例をうしなはで、今は御代官ならねど、しん上するなり〉。（中略）勾

一月十五日　三毬打

左義長羽子板

「年中行事」としての性格が強まりました。そして「三毬打」は十五日の「御吉書の三毬打」と十八日の「三毬打」に分割されます。『二水記』の大永八年（一五二八）正月十五日の記事には「於東庭小三毬打拍也」とされ、十八日には「三毬打令見物。聖門師拍之如恒」とあり、二回の三毬打があったことがわかります。

十五日の三毬打は、天皇の御書初めの吉書などを竹に結んで焚き上げるもので、内蔵頭・山科家が献じた深草の竹（一尺二寸ほど）を組んで用意します。

一方、十八日の三毬打は天皇が前年使用した扇などを焚き上げ、その間に陰陽師・大黒松大夫たちが鬼面をつけ赤熊髪を被って舞うことになっていました。演目は「かっこ」「棒ふり」「かくし太鼓」などが選ばれ、新年のお楽しみ会であったことがわかります。

江戸時代の『禁中恒例年中行事』には「三毬打が燃え上れば、牛飼童が『とうどや』と囃し、それから多数の仕丁が十徳を着て、扇を手に持って三毬打を廻って『とうどや』と囃す」とあります。この「尊や」という囃し言葉が「とんど焼」の語源でしょう。

左義長羽子板

江戸時代、上流階級で年始の贈答品などとして用いられた美しい羽子板は「左義長羽子板」と呼ばれます。片面には宮中の正月風景、片面には「御吉書の三毬打」のまわりで、扇を手にした仕丁たちが舞う姿が素朴なタッチで描かれています。まさに『後水尾院当時年中行事』に「三毬打のもとにゆきて火をつく。牛飼仕丁等声をあげてはやす也」とある光景そのもの。三毬打が宮中の特徴的な新年行事という認識で描かれたのでしょう。

棒ふり（『宮中御儀式絵巻物』＊）

当内侍もちたる御吉書をとりて、同庇の南第一の間の簾のしたよりさし出せば、蔵人さしよりて、御吉書をうけとりて、東階にのぞむ。修理職の者〈慶長のころまでは、すあをを著す、近年布衣を著す〉、階にすゝみて、御吉書を給はりて、三毬打のもとにあゆみより、御吉書を入て帰り参る。蔵人階の南にある燭だいのろうそくをとりて、しゆりしきの者にあたふ、又三毬打のもとにゆきて火をつく。牛飼仕丁〈じつとくを著す〉等声をあげてはやす也。事はて丶をはりて、三毬打の竹二本を、御吉書のすわりたる硯のふたにすゑて、しゆりしきのものもて参る。蔵人これをとりて、御吉書いだしたるすだれの下へ入べし。内侍とり御前にもて参〈ル〉。のち還御。」

「十八日（中略）三毬打あり。亦暁より催したつ。弓場代にて此事あり。朝餉にて御覧あり。女中だいばん所に候す。公卿侍臣どもすのこに候す。大こく役者を召具して参る〈陽陰師大黒囃之、松大夫と云ふ〉。かつこ、棒ふり、かくし太鼓等の事あり。ことはて、常の御所にて一献〈こぶあは〉参る。うちうちには、例のひし花平にて御祝あり。」

十六 踏歌節会

とうかのせちえ　年 養 延 小儀

「踏歌」は歌いながら足を踏みならす舞です。『日本書紀』の持統七年（六九三）正月十六日の記事に「漢人等奏踏歌」とあるほど古くからのものです。

本来は正月十五日に「男踏歌」、十六日に「女踏歌」があったようで、『源氏物語』（末摘花）には「今年、男踏歌あるべければ」、また（初音）にも「今年は男踏歌あり」と記されますが、これは物語世界が「昔のこと」を演出する工夫で、実際には男踏歌は永観元年（九八三）を最後に廃絶。十六日の女踏歌だけが残りました。

華やかな女踏歌

節会としての内容は元日節会と同様の形式ですが、踏歌節会では三献終了後に侍従に率いられた「舞妓（ぶき）」が登場。内教坊（宮中の歌舞教習所）の舞妓四十人、中宮・東宮が供進した舞妓四〜六人が踏歌をしながら紫宸殿（ししんでん）の前庭を三周します。その後は校書殿（きょうしょでん）東庭で「明々聖主億千齢」から始まる、天皇弥栄（いやさか）を祈る漢詩を歌唱し、退出します。

後世、室町時代の混乱期に立ち消えになるなどの紆余曲折もありましたが細々と受け継がれ、女踏歌は江戸時代にも行われていました。

女踏歌（『年中行事絵巻』＊）

なぜ「踏む」？

踏歌は『江家次第』には「事起無所見」とあるように、不明なところが多いものです。しかし相撲の「四股（しこ）」がそうであるように、足で大地を踏みならす所作は、地中の神を鎮めるというような、特別な呪術的意味があるとされたようです。陰陽師が行う「反閇（へんばい）」（大地を踏みしめて鎮め、邪気を祓って安泰を祈る歩行動作）との関連も考えられるでしょう。

文献

『西宮記』
「十六日踏歌式。早旦天皇御豊楽殿賜宴次侍従以上〈有蕃客者、侍従及六位以下皆召〉。供設・儀式一同元日会〈内膳服色亦同〉。但不構舞台一盃之後、吉野国栖於儀鸞門外奏歌笛献御贄及大歌・立歌人等参入。」

『建武年中行事』
「踏歌節会。十六日踏歌節会。三献まては元日にことならず。楽はてゝ舞妓南庭をめぐる。遅ければ。内弁御後に職事や候。ぶぎとうといふ。舞妓殿上の小庭より出て。校書殿にならびゐる。掃部寮南庭に筵道をしく。二行にまろくしく也。楽前大夫と云者二人帯劒してこれをみちびく。橘の南ざまにてとゞまる。舞妓庭をめぐること三反。内教坊しりにあり。舞妓は典侍御めのと后宮などよりいださる。」

『公事根源』
「踏歌といふは、正月十五日の男踏歌の事にて侍るべし。近比行はれ侍るは、女踏歌なり。それは十六日なり。光源氏物語などにも、多くは男踏歌の事を申し侍るにや。大かた正月十五六日は月の比なれば、京中の男女の、声よく物うたふを召し集へて、年始の祝詞を作りて、舞をまはせなどせられ侍りし故に、踏歌とは申すなめり。」

庚申

初庚申（はつこうしん） 私

その年最初の「庚申（かのえさる）」の日のことで、由来は古代中国の「守庚申（しゅこうしん）」という風習です。

それによれば六十日に一回訪れる「庚申」の日の夜、人間の体内に棲むとされた「三尸虫（さんし）」が、人が眠っている間に体内から出て天に上り、天帝にその人間の悪行を告げ口をします。報告を受けた天帝は悪行の度合いによってその人の寿命を減らす、というのです。

寛政二年の庚申塔（東京都八王子市）

そこで「三尸虫」を体外に出さないようにするために、庚申の夜は一晩中眠らずに過ごしました。背景には、別のいろいろな宗教が絡んでいたようですが、平安中期までにはそういう解釈が成り立っていました。

眠ってはいけない日

ただ寝ないで夜を過ごす、というのでは間が持てません。そこでさまざまな余興を行って時間をつぶし、眠気と戦いました。これを後年、「庚申待ち」と呼びます。余興の内容は管絃の演奏「御遊」や歌会、囲碁の勝負などがありました。

『今昔物語』に「俊平の入道の弟、算の術を習ひし語」という面白い話があります。算道の達人が算木を使って魔法のように女房たちを笑い転げさせる秘術を見せる話ですが、なぜそんなことをしたかといえば、守庚申で退屈だったからです。

宮中の庚申

江戸時代の宮中でもこの風習は守られたようです。『禁裏御膳式目』によれば、正月の最初の庚申の日の夜には、御所では「音曲乱舞」があり、三味線浄瑠璃瞽女（ごぜ）舞妓が参上したとあります。料理は葛あん・胡麻味噌の二種類の豆腐田楽が二百丁、錫（すず）の大鉢で提供されました。徹夜のお楽しみの夜食ということでしょうか。

民間の庚申信仰

民間でも守庚申の風習は色濃く残りました。全国（特に関東地方）には江戸時代の庚申塔や庚申塚がたくさん残っています。

庚申塔には本尊とされる青面（しょうめん）金剛像が彫られることが多く、「申」にからめて「見ざる・言わざる・聞かざる」の三猿が彫られているものも多く見られます。この民間の守庚申、実際には六十日に一度、公認の酒宴を楽しんだという側面も多かったようです。

文献

『西宮記』
「御庚申御遊　延喜十八年（九一八）八月廿日、御庚申。（中略）内蔵寮調酒肴〈侍臣〉。又進碁手銭十三貫〈一貫御料、九貫男房、三貫女房〉。亥時侍臣提賭物参上。供天酒給侍臣等、奏歌絃倭歌。」

『枕草子』（清少納言・平安中期）
「庚申せさせ給ふとて、内大殿いみじう心まうけせさせ給へり。夜うち更くるほどに、題出だして女房も歌よませ給ふ。」

十七 射礼

じゃらい 年

平安時代、最も重んじられた武技は「弓」でした。そこで飛鳥時代の昔から年間何度も宮中において公卿や武官たちの弓技大会が開催されました。その中でも射礼は天皇臨席の御前試合で、「大射」とも呼ばれるほどの重要な儀礼でした。

全員参加の弓技大会

腕に覚えのある者は、身分を問わず全員が射礼に参加しました。親王以下五位以上の中から兵部省での「手結」（実技試験）で二十人を選抜。加えて六衛府の官人から各府ごとの手結で選抜された精鋭が射礼に臨みました。衛府の下級官人は「手結」の結果を「本府各簡定造簿移省」つまり各衛府で成績名簿を作って兵部省に送る、と規則にあります。射礼は人事考課のひとつであったわけです。ただし、五位以上の選手はかすっても当たりとみなす、六位以下は実力重視なのでおまけなし、などという便宜的なルールもありました。

命中した場所により「禄」の布を賜ります。『延喜式』（大蔵）によれば、たとえば一品親王は一矢あたり「内規（最も中心に近い輪）」で三十五端、「中規」三十端、「外規」二十五端。五位は「内規」十六端、「中規」十二端、「外規」六端でした。

射遺（『年中行事絵巻』＊）

武官の考課

武官は一月十七日の射礼、五月五日の騎射、七月二十五日の相撲と、年に三回の勤務成績点検があったようです。この日に欠席した人間は、五位以上の場合、新嘗会出席停止の罰則。六位以下は季禄（ボーナス）没収と、なかなか厳しいものでした。

そのため衛府の武官が当日欠席した場合、翌日に「射遺」として改めて射る機会が設けられていました。

文献

『延喜式』（兵部）
「十七日大射。前月廿日。省点親王以下五位以上卅人。前二日簡定能射者廿人。若不足者。通取六位已下。於省南門射場令調習。其諸衛射手。本府各簡定造簿移省。其数見衛府式。」

『延喜式』（太政）
「凡正月十七日大射。所司預設御座。弁備庶事。大臣侍殿上如常儀。若諸衛不射畢。十八日遣参議一人行事〈事見儀式〉。」

『江家次第』
「兵部手番〈正月十五日〉 兵部省者、掌兵士兵器儀仗等之職也。此手番者、為十七日射礼。当前二日、於省簡定能者廿人、令習芸者也。手番謂前後合手也。兵部録書分之者也。」
「左右衛門府手結事〈射礼之前行之也。近衛府賭弓前、有真手結荒手結等。次将於左近庁行之〉。射礼之前行之。荒手結、正佐或丸緒、権佐平緒、真手結日共平緒、著左近府庁行之。先坏酌、尉勧坏、二献、居飯汁物。」

十八 賭弓

のりゆみ 年 延 小儀

「賭弓」は、「射遺(いのこし)」の後に行われる「賭弓」は、弓場殿(ゆばどの)に天皇が青色袍(ほう)を着て臨席します。『九暦』によれば天皇自ら弓を射ることもありました。これは『礼記』(月令)に「是月(仲春)也。(中略)乃礼天子所御、帯以弓韣、授以弓矢、于高禖之前」とあることにちなみます。

楽しい弓技大会

人事考課の意味もあった前日の「射礼」とは異なり、賭弓は楽しい競技会で、近衛府・兵衛府がそれぞれ左右に分かれて命中数を競います。射席から的までは三十六歩(約二十メートル)、的は二尺五寸(約七十五センチメートル)。一回射るごとに勝方には賭物(のりもの)として布を賜り、負方は大将・督以下が罰酒を飲まされます。さらに勝方は大将・督(かみ)の自宅での宴会「還り饗(かえりあるじ)」の饗応を受けることができます。まさに「賭」の弓技大会でした。

柳の葉を射る舎人(とねり)

『源氏物語』(若菜下)には「殿上の賭弓」について書かれています。そこには「小弓とのたまひしかど、歩弓のすぐれたる上手どもありければ、召し出でて射させたまふ。(中略)艶なる賭物ども、こなたかなた人びとの御心見えぬべきを。柳の葉を百度当てつべき舎人どもの、うけばりて射取る」とあります。

「艶なる」賞品とはどのようなものだったのでしょう。『吏部王記』の延長四年(九二六)の「殿上賭弓」の記事に、「其儀如正月賭射(中略)蔵人俊執懸物出。従侍結付射堂東南柱。女装束一襲懸木枝」とあります。五位以上には「女装束」一襲、柱に結びつけて豪華賞品をアピールしました。

賭弓(『年中行事絵巻』*)

文献

『九暦』(藤原師輔・平安中期)
「天暦二年正月十八日、賭弓儀〈有儀〉。勝饗儲西宮家事〈有儀〉。」

『吏部王記』
「延長四年(九二六)三月六日。殿上賭弓。其儀如正月賭射。(中略)蔵人俊執懸物出。従侍結付射堂東南柱。女装束一襲懸木枝。」

『北山抄』
「次四府三射。勝方大将督、以罰酒唱平、行負方親王以下出居的付等(中略)毎度勝、其方将曹・志、令持禄布、置籌刺座前。」

『西宮記』
「正月十八日賭弓(中略)天皇位服青色通用。王卿執弓矢〈付決拾〉、候御前廊下。近衛兵衛将督佐、縫腋袍、持弓矢〈付決拾〉。射手官人位袍、五位判官〈平装束、糸鞋、如六位〉、射手舎人、中儀、左鷲羽、右粛慎羽、簶、糸鞋。取矢、黄袍、糸鞋、不着簶。」

十九 鶴庖丁（つるのほうちょう）［靍の庖丁］ 江

江戸時代、徳川将軍家から献上された鶴を天皇の御前でさばく「鶴庖丁」という儀式が年中行事化しました。

公家が元気活発になることを好まなかった徳川幕府は、慶長十七年（一六一二）六月、公家の鷹狩りを禁じ、そのかわりに将軍家が鷹狩で得た鶴を献上することになったのです。

この行事はいわば「鶴の解体ショー」。清涼殿（せいりょうでん）東庭（江戸後期は小御所東庭）で実際の調理を担当するのは、内膳司御厨子所（みずしどころ）の「預」（あずかり）高橋氏と、「小預」の大隅氏が隔年で勤めました。包丁と「真魚箸」（まなばし）を用い、素材に手を触れずに調理します。

鶴の調理法

鶴のさばき方はショーになるほど難しいもの。江戸後期の『諸国図会年中行事大成』によれば、鶴は塩漬けの鶴。タンチョウ（ヅル）ではなく、マナヅルかナベヅルを用いるのが原則でした。まな板に載せ、真魚箸で両羽をしごきます。次に両翼を切り、まな板に互い違いに置き十字の形を作ります。次に両足を切って、まな板の下にかき落とします。次に頭を切って両翼十字の上に置いて、千の字を作ります。そして肉を二段におろして終了です。なお、左半身を料理に使い、右半身は将軍家に戻したそうです。

鶴庖丁（『宮中御儀式絵巻物』＊）

味噌味の鶴汁

鶴庖丁でさばいた鶴肉は「鶴汁」として食べられました。室町後期の『大草家料理書』によれば古味噌を濃くして煮る、夏菜・うどなど季節の野菜を加えるとあります。また身が固いために筋を何本かつけておくとあります。いずれにせよ鶴は臭いもあって食べにくかったようです。『禁裏御膳式目』では鶴肉・蕪・白髪葱・牛蒡を入れたとあります。

鶴汁（雉肉で代用）

文献

『言経卿記』（山科言経・江戸初期）
「禁中東庭ニテ鶴庖丁有之。大隅〈信守〉奉仕之。次御劒拝領。階ニテ右大弁宰相被渡了。」

『お湯殿上日記』（宮中女官の日記）
「慶長十四年十一月十二日　前しやうくん（家康）よりたかのつるしん上あり」

『泰重卿記』（土御門泰重・江戸前期）
「晩於禁中舞御覧。鶴之庖丁ハ大隅〈信守〉、白鳥ハ高橋〈宗好〉庖丁也。」

十九 舞御覧

まいごらん 私

「鶴庖丁」の後、巳の刻（午前十時頃）から申の刻（午後四時頃）まで繰り広げられる大きなイベントです。江戸中期までは十七日に清涼殿東庭で開催されていましたが、光格天皇が寛政三年（一七九一）正月十九日に紫宸殿南庭で開催されて以降、その例にならいました。

舞楽と宴会

紫宸殿南庭に設けられた舞台で舞い、承明門両脇廻廊で笙・篳篥・笛の演奏。紫宸殿の御簾の内から天皇・摂関・親王・大臣、高級女官たちが見物しました。その後は宴会です。五摂家・四親王家・大臣には「鶴汁」の他、いつにないごちそうが供せられます。

公家の家臣である諸大夫や地下の官人は烏帽子狩衣を着用して日華門から入り、紫宸殿中央の天皇に拝礼して舞を見物しました。

天皇が舞楽を見る例は古くから数多くの記録があり、平安末期の『残夜抄』にも「第二舞楽、これゆゆしく事こたい也（中略）これも品々あり（中略）朝覲行幸、内裏舞御覧」などとあります。しかし江戸時代の「舞御覧」は遊楽目的よりも儀礼目的の年中行事となりました。

一般公開されたイベント

光格天皇が紫宸殿前庭に会場を移してからは、一般人にも「舞御覧」の拝観が許されました。『幕末の宮廷』によれば、裃を持っていない庶民のために、御所当局が裃のレンタルまでするという心憎い配慮がありました。しかし貸すのは裃の上衣「肩衣」だけで袴はなし。なんとも珍妙な姿だったようです。

高下駄だと音がうるさいので、藁草履も貸したとか。承明門の外から紫宸殿を拝礼し、そのまま夕方まで御所内で遊んでいるのも勝手次第だったそうで、たくさんの市民が楽しんだイベントだったのです。

舞御覧（『宮中御儀式絵巻物』＊）

文献

『後水尾院当時年中行事』
「十七日。（中略）楽所奉行奉り二人舞の目六を持て東階に望む。左右の楽人二人、階下に進みて目六を給りて退く。振舞三折等、常のことし。宮門跡、摂家方見物に参る。」

『楽家録』（安倍季尚・一六九〇年）
「例年舞御覧正月十七日也〈此舞楽昨夜踏歌節会残曲也〉。於清涼殿之前奏之。凡其定式舞台隔御殿東階之前三間許構之〈西面此処号桜庭、大率用敷舞台也。用高舞台、図在舞巻。舞初而雨降則構舞台於軒廊奏之。自朝雨気則延引、重仰日限〉。」

『大江俊矩公私雑日記』
（北大路俊矩・江戸中期）
「寛政十年正月十九日甲申。舞御覧也。辰刻参勤。一臈二臈卯半刻参勤〈著束帯依有所役也〉。四臈依便宜同刻参入。一臈二臈参仕届議奏。」

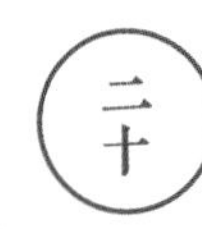

内宴
ないえん 年

一月は一年間で最も行事が多い月です。数々の正月行事が無事に終了し、天皇が公家たちの労をねぎらうために催した宴会が「内宴」です。

二十一〜二十三日の中の「子（ね）」の日、もしもこの三日間に子の日がなければ二十日に開催されました。弘仁三年（八一二）、嵯峨天皇が唐で行われていた内宴を日本にも導入し、神泉苑で花を見て文人たちに詩を詠ませたのが最初の例とされます。お気に召したようで翌年にも開催された記録が『日本後紀』に見られます。

詩歌管絃の遊び

平安中期には年中行事として確立し、仁寿殿（じじゅうでん）に公卿以下の侍臣や詩歌に堪能な文人が召され、詩歌管絃の遊びを行い、また盛大な酒宴を催しました。このとき着る袍（ほう）（上着）は通常の位階（いかい）に相当する色彩ではなく、天皇と第一上卿（トップの大臣）が「赤色」、侍臣は「青色」を用いるところが、他の儀式には見られない慰労会らしい配慮です。

華やかな女舞

仁寿殿東庭での「謝座謝酒」からスタート。これは当日の参加者がお招きくださった天皇に感謝する挨拶拝礼です。次に昇殿して酒宴が開始され、内教坊妓女（ぎじょ）による女舞を鑑賞します。

このときの舞妓たちはきらびやかな正装をします。頭には金

内宴［詩歌の遊び］(『年中行事絵巻』＊)

属製の「宝髻」をつけ、領巾をまとい、裳は古式の纐纈染のものを用います。さらに足には舄をはくというこの姿は「物具姿」と呼ばれ、奈良時代以来の正装を受け継いだもの。平安中期以降、他の場面ではあまり見ることのできない、最も格の高い女性の服装とされました。

その後にメインイベントである「献詩披講」、最後に「御遊」（管絃の遊び）を楽しみます。まさに当時最高の文化的享楽行事であったといえるでしょう。

『年中行事絵巻』には内宴の各場面が描かれていて詳細がわかります。特にタペストリーのような「軟障」をめぐらせた綾綺殿東廂では、化粧をする舞妓や心配そうな介添女房の姿など、今と変わらぬ楽屋風景が見られ興味深いところです。

文献

『西宮記』
「内宴　天皇御服赤白橡、縫腋〈近代闕腋〉。皇太子王卿已下、同服麴塵闕腋。着魚袋靴等。帯劒之者着餝劒。但文人者、文官服縫腋、着魚袋靴等。」
「内宴之日、臣下皆麴塵。主上服御赤色。而第一上卿服同色之袍是又例也。有旧例之中故貞信公並小野宮大臣度々着赤色。但延喜之間、国経大納言時々着赤色。」

『小野宮年中行事』
「廿日内宴事〈廿一二三日間。若有子日便用其日〉。所司装束仁寿殿。遣使蔵人所。於親王第。令示仰明日可参之状。先例。親王一人預之。但堪属文親王有召加。例不過二人而已。又蔵人頭奉仰。差内豎令仰廻可参文人等。儒士幷文章博士索傑出者一両。但内記依例預之。仁和四年正月己未御記云。太政大臣送朕書云。内宴陪膳古跡。以采女為奉仕之。而先帝令更衣陪膳。令問古老。采女等自奏之。若無更衣。復旧用采女。」

『公事根源』
「内宴。廿一日。内宴と申すは、うちうちの節会なり。仁寿殿にて行はる。文人ども題をたまはり詩を作りて、やがて御前にて講ぜらる。廿一日廿二日廿三日の程、子の日にあたらば、其の日行はれて一二献の後、親王公卿に若菜のあつものを給ふ。」

内宴［妓女の舞］（『年中行事絵巻』＊）

一 二 三 四 五 六 七 八 九 十 十一 十二 通過儀礼

二十 団子始

だんごはじめ 江

正月料理が終わり、日常食の「御朝（おあさ）」が開始される日が正月二十日の「団子始」。そしてこの日は一般庶民も「二十日団子」と称して小豆団子を食べる日でもありました。

御所を支えた餅商

応仁の乱で荒廃した京の町を再建維持したのは「町衆」と呼ばれる民間の人々でした。特に疲弊した御所を物理的・経済的に支えたのは御所の西に住む「六丁衆」たち。その中でも有名なのは御所お出入りの餅商「川端道喜（どうき）」で、御所の土木工事や警備なども担当しました。

現在の京都御所の建礼門（けんれいもん）東側にある小さな門は、道喜たちが建設資材などを運び込むための通用門であったため「道喜門」と呼ばれます。

御朝（おあさ）

本業の餅商としては毎朝「御朝」を届けることを日課としました。「御朝」は小豆をつぶした塩餡を厚くかぶせた、おはぎのような団子です。皇室が衰微していた時代、食事にも苦労した後柏原天皇は、塩餡で素朴な味わいの道喜団子を非常に楽しみにして「御朝はまだか」と心待ちにしていたといわれます。

御朝は、素焼きの皿の上に下四個・上二個、合計六個を置きます。そこに楊箸（やなぎばし）を縦横に押しつけて筋をつけてしまいます。『幕末の宮廷』によれば、これは手でなく箸で盛った清浄なものであるというアピールだそうです。これを三宝に載せて天皇のもとに運びました。

江戸時代になると天皇は「御朝」は見るだけになっていました。その頃には皇室の経済も改善されていましたが、苦難の時代を偲ぶ「御朝」は幕末まで毎日届けられたのです。

おあさ団子（再現）

京都御所の道喜門

文献

『禁裏御膳式目』

「御団子（上様斗寒サラシ餅粉金かん程に丸め小豆のこし粉なり）、御吸物（たひひれ）、重肴。」

『幕末の宮廷』（下橋敬長・一九二二年）

「まず『おあさ』を献上いたします。（中略）まず普通の団子くらいの大きさで、外に餡がたくさん被せてあります。それも砂糖のない時分でございますによって、塩餡でございます。（中略）これは御覧遊ばすだけで、昔のように召し上がりはいたしませぬ。召し上がりましたところが、塩辛いのでおいしいものではございませぬ。しかし、砂糖をかけますとおいしゅうございます。」

上子

小松引

こまつひき 私

子の日遊び（『小松引絵巻』＊）

正月最初の「子(ね)」の日に野山に出かけ、枝葉が出たばかりの小さな松を根こそぎ抜く「小松引」の行事がありました。『後拾遺和歌集』に「千歳へん やどの子日の松をこそ 外のためしに ひかむとすらめ」とありますが、千年の樹齢を保つと信じられた松の「根伸び」と「子の日」をかけて、千歳の長寿を願うというような意味合いの行事であったようです。

子の日遊び

『土佐日記』には「都ならば子の日といって小松がなどと言うけれども、海の上なのでそうもいかない」とあります。このように平安時代の文献ではよく見る「子の日遊び」ですが、実際にどのような形式で行われたものなのか、詳細は不明です。『源氏物語』「初音(はつね)」の帖名は「初子(はつね)」とかけたもので、「今日は子の日なりけり。げに千歳の春をかけて祝はむにことわりなる日なり」とあり、子の日の松、根のついた小松のデザインは長寿を祈るシンボルとして、後世さまざまに用いられました。

子日松の皿（後桜町上皇御料）

若菜摘みとの関連

奈良時代から平安前期、朝廷では「子日宴(ねのひのえん)」という詩歌の宴が行われていました。また、のちに七草粥に変容した「若菜摘み」も、『年中行事秘抄』に「上子日、内蔵司供若菜事」とあるように、本来は子の日の行事でした。若菜も摘み、小松も引いたのでしょうか。

現代では、京都・上賀茂神社の「燃灯祭(ねんとうさい)」（乙子の神事）に、御阿礼野(みあれの)という場所で神職が小松を引く儀式が行われています。

文献

『公事根源』

「是れは昔人々野辺に出でて、子ノ日するとて、松を引きけるなり。朱雀院、円融院、三条院などの御時にも此の御遊はありけるにや。中にも円融院の子ノ日をせさせ給ひけるは、寛和元年二月十三日の事なり。（中略）幄の屋を設け、幔を引きめぐらし、小庭となして小松をひしと植ゑられたり。籠物折敷檜破子やうの物を奉る。人々和歌を献ず其の時の序者は、平兼盛とかや。清原元輔、曽根好忠などいふ歌人どもにて侍りし。定めて彼の時の歌などは、代々の集に入りつらむ。重ねて引かむ考ふべし。」

上卯 卯杖・卯槌

うづえ・うづち　年　私

正月最初の「卯」の日に、衛府からは「卯杖」、中務省糸所からは「卯槌」が献上されました。『日本書紀』の持統三年（六八九）に「正月乙卯大学寮献杖八十枚」とあるのが最初の例です。

魔除けの杖「卯杖」

卯杖は前漢の王莽が始めた魔除けの「剛卯杖」にならったもので、曾波木・比々良木・棗・毛保許・桃・梅などの木を五尺三寸（約一・六メートル）に切って、一～三本を五色の糸で束ねたものです。衛府が作るだけあって魔除けの「武器」です。

卯杖のミニチュア「卯槌」

しかし「卯杖」は扱いが大変だったのか、その小型版として糸所が作ったのが、三寸（約一〇センチメートル）と可愛いサイズの「卯槌」でした。桃の木の直方体に縦に穴をあけ、五色の糸を通して五尺ほど垂らしたものです。季節の贈答品としてポピュラーであったことは、『枕草子』の「なまめかしきもの」「すさまじきもの」などでわかります。

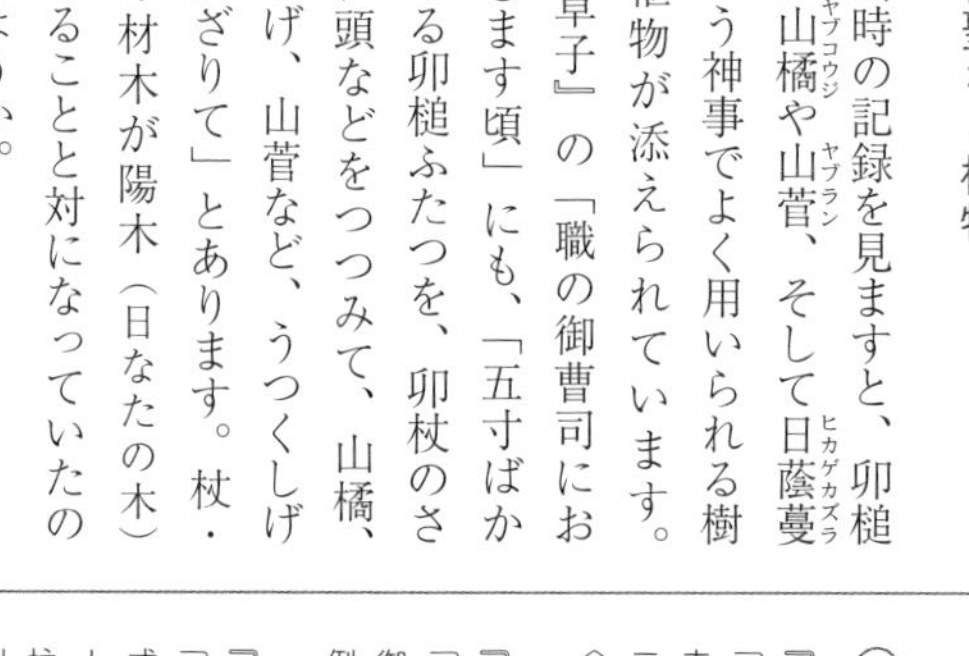

卯槌

また『源氏物語』（浮舟）に「若宮の御前にとて、卯槌まゐらせたまふ」とあり、これについて『紫明抄』の解説では「結付昼御帳懸角柱、副立細木為柱、槌末出五尺許」と、寝台である御帳の柱にかけて魔除けにしたとしています。

神聖なる植物

当時の記録を見ますと、卯槌には山橘や山菅、そして日蔭蔓という神事でよく用いられる樹陰植物が添えられています。『枕草子』の「職の御曹司におはします頃」にも、「五寸ばかりなる卯槌ふたつを、卯杖のさまに頭などをつつみて、山橘、日かげ、山菅など、うつくしげにかざりて」とあります。杖・槌の材木が陽木（日なたの木）であることと対になっていたのでしょうか。

ヒカゲノカズラ (*Lycopodium clavatum*)

文献

『貞観儀式』

「上卯日進御杖儀　其杖榠樝三束〈一株為束〉。木瓜三束、比々良木三束、牟保許三束、黒木三束、桃木三束、梅木二束〈已上二株為束〉。椿木六束〈四株為束〉」


『西宮記』

「御卯杖〈元慶元正七延喜四正七日、有御杖奏、未召群臣之前、献御杖、天慶例、雨日無奏云々〉。」


『江家次第』

「卯杖事（中略）次糸所進卯槌〈如糸所式者可居机歟〉。（中略）已上申請納殿蔵人取之、結付昼御帳、懸角柱副立細木為柱。槌末出五尺許可用桃木、又四方可削、近代丸也、失歟。」

四 祈年祭

としごいのまつり 年

「年」は「稔」に通じ、稲の実りを意味します。つまり「祈年祭」は豊年満作を祈る祭りのことです。稲作民族の日本人にとって、それは最大の願いでした。朝廷の祭祀も基本的に稲作の成功を祈るものが中心で、まず田植え前のこの時期に祈年祭を行ったのです。『類聚三代格』に載る寛平五年（八九三）の官符には「二月祈年・六月十二月月次祭・十一月新嘗祭等者、国家之大事也」とあります。

イネ（*Oryza sativa*）

全国の神様に祈る日

都の神祇官だけでなく、諸国の国司もこの祭を行いました。また伊勢の神宮はじめ『延喜式』（神祇）の「神名帳」に載る三千一百三十二座すべての神にも祈りが捧げられました。まさに「国家の大事」です。

この日は「廃務（はいむ）」（朝廷の一切の政務を停止する）とされ、神事関係者は二月二日から僧尼と接触することが憚られました。いかに大切で尊ばれた祭事であったかがわかります。

特別な供え物

特徴的なことは、お供え物として京職が白鶏を、近江国が白猪を供進すると『貞観儀式』にあること。律令以前の古代日本の祭であることを想起させられる事実です。ただし白い猪は珍しいため「調布八端」で代用した例もありました。

祈年穀奉幣（きねんこくほうへい）

「祈年」つまり豊作の祈りは最高の願いでしたから、二月と七月中の吉日を選んで、祈年祭に加えて特に選ばれた神社に対して「祈年穀奉幣」を行いました。延喜二年（九〇二）頃から始まり、最初は少数の神社対象でしたが、最終的には二十二社（伊勢・石清水・賀茂下上・松尾・平野・稲荷・春日・大原野・大神・石上・大和・広瀬・龍田・住吉・日吉・梅宮・吉田・広田・祇園・北野・丹生・貴布禰）に奉幣して豊作を祈る神事になり、それぞれに祈願の宣命使（せんみょうし）を送りました。

文献

『西宮記』
「祈年祭〈廃務、先一日少納言付内侍奏斎文、他廃務、准之〉。平旦、上卿着神祇官北門〈在門中東腋、西面、王大夫在門外、外記在西腋、史生在前〉。（中略）御巫座、西庁前牽御馬〈十一疋兼繫猪鶏〉。」

『小野宮年中行事』
「四日祈年祭事〈廃務〉。前散斎一日。少納言付内侍令奏斎文如常。月次。九月十一日奉幣。新嘗祭等同之。依穢延引停止時。於建礼門前行大祓。」

『建武年中行事』
「祈年祭。二月四日としごひのまつり。一日より御神事のよしみえたれど。白河院の仰前後斎なり。弁かねてより諸国のめし物もよほしとゝのへて。二三日かけて。神祇官に幣をつゝましむ。忌部つゝむなり。案上案下三千余座の神をまつる。」

一 二 三 四 五 六 七 八 九 十 十一 十二 通過儀礼

十二 列見選人

れっけんえりびと 年

六位以下の官人の昇進人事は、二月十一日の列見で公卿たちの面接を受け、四月に「成選人」（合格者）に与えられるべき位階を仮に定めて天皇に奏上し（擬階奏）、八月十一日の「定考」で決定しました。

人事は大事

六位以下の文官の人事は式部省が、武官の人事は兵部省が担当しました。各官庁の推薦を受けた者は太政官に集合整列すると、大臣をはじめとする公卿たちがチェックして書類に書き込みます。いったいどこを見るのかとも思いますが、現代の就職面接と同じで、容儀や雰囲気から判断したのでしょう。

平安中期の『西宮記』には「故九条大臣曰、是日官中大事也。仍故実、公卿已下帯剣之人、必着螺鈿云々」とあって、面接官の公卿たちは特に美麗な装束に身を固め、重儀用の「有文巡方」の石帯に「螺鈿劔」を帯び、冠に「挿頭華」を飾りました。

挿頭華

挿頭華は大臣＝藤、大中納言＝桜、参議＝欵冬、いずれも造花。弁少納言以下は時の花（梅）を挿します。面接を受ける者には誰が誰かわからなかったはずですから、挿頭華は名札代わりでもあったのでしょう。

釈奠と中華料理

二月と八月の両月は学問の祖・孔子を祀る儀式「釈奠」が行われる月でした。そして二月の列見、八月の定考と、それぞれ昇進人事の儀式もありました。昇進には学問が大切という意味でしょうか。

それに関連して、列見と定考では、「釈奠」と同じように中華料理が振る舞われたのです。特に興味深いのは、列見に欠かせない料理で『枕草子』にも登場する「餠餤」です。『和名類聚抄』などによると「がちょうや鴨の玉子、雑菜を餡にして餠で包み四角に切る」とあり、まるで中華料理の春巻のような感じです（一三八頁参照）。

文献

『延喜式』（式部）
「二月十一日、諸司長上成選人列見太政官 当日早朝。掃部寮設座於弁官南門内。輔已下就座。省掌預計列専当官朝集使及選人等。弁官申政。訖輔已下列立南門前。召使出召。輔称唯。丞参入就版位。」

『本朝月令』（惟宗公方・平安中期）
「凡諸司官人得考、幷応成選数者、中務式部兵部三省、二月十一日、申太政官。其成選応叙位者、式部兵部二省、各率諸司主典已上列見大臣。二省依簿引唱、若当昇降者、親自執筆点定〈事見儀式〉。」

『西宮記』
「今日官中定考也。但百官人依去年仕上日、式部兵部依考与六位已下、二月列見選成人等、四月奏成選短冊奏授位也。同月請印位記、同月召給位記、是皆一事也。」

『兵範記』（平信範・平安末期）
「保元三年（一一五八）二月十一日壬寅、依式日有列見事。巳刻参官庁（中略）此間権弁下官〈平信範〉以下向朝所。暫著饌座。令居餠餤粉熟等。且食所休息也。」

『侍中群要』（不詳・平安後期）
「餠饘事　列見定考後朝官厨家献餠饘〈入折櫃、居土高坏〉。是殿上料也。依為後懸歟。専非供御料。而不知案内之蔵人献大盤所。或奏事由云々」

一 二 三 四 五 六 七 八 九 十 十一 十二 通過儀礼

十一—十四 季御読経

きのみどっきょう 公

東大寺や興福寺などの諸寺から数多くの僧侶を朝廷に招き、三～四日にわたって除災招福・鎮護国家に御利益があるとされる『大般若波羅蜜多経』（『大般若経』）を読経させ、国家安泰を祈る仏教行事です。『大般若経』は唐代の玄奘三蔵がインドから持ち帰った膨大な経巻を整理編纂したもので、大乗仏教の教義が説かれたお経です。

奈良時代に始められ、貞観元年（八五九）に年中行事となりました。当初は四季にありましたが、やがて春季（二月）と秋季（八月）だけに行われるようになります。『大般若経』は六百巻もある大部のお経なので、経典の初・中・終の要所だけ読む「転読」が行われました。

『大般若波羅蜜多經』（＊）

最大の仏事イベント

参加する僧侶は百名に及ぶこともあり、宮中最大の法会でした。もちろん仏事ですから三日目には論義（経論の教義を明らかにする問答）などもあるのですが、最終日は他の行事と同じように、参列の公卿らに饗宴が用意され、華麗な装束を着用するなど、やがて仏事的イベントに変化します。

お茶がつきもの

特徴的なのは第二日に「引茶」（行茶とも）が振る舞われたことです。これは「団茶」（蒸した茶葉を臼で搗いて瓦のように固めたもの）を砕き、薬研で挽いて粉末にした茶を、沸騰した釜の湯に入れて煮出すというもの。『江家次第』によれば、漢方薬「厚朴」（ホオノキの樹皮・健胃剤）や生姜を入れたり、甘味料である「甘葛煎」を入れて飲んだりしたようです。

なにしろ長いお経を読んだり聞いたりするわけですから、眠気覚ましという意味もあったのでしょう。『西宮記』によれば平安時代、大内裏の「主殿寮」の東に茶園がありました。

文献

『延喜式』（太政）
「凡春秋二季、於大極殿修読経。弁史専当行事。初後両日、親王已下参議以上、就殿上座、遣近衛少将労問、臨時読経亦同。」

『西宮記』
「季御読経事（中略）先一日、定御前僧〈僧綱三四人、凡僧以上二十人、奏聞了下綱所、一大臣或於里亭定〉、仰外記催堂童子。（中略）召内蔵寮生薑折櫃土器九百口、召典薬厚朴為引茶料（中略）春夏蔵人所引茶〈初後日不引〉、御前殿上人引。」

『江家次第』
「季御読経事。上卿一人著二南殿一例〈天喜四年、三ケ日毎夕座侍臣施煎茶、衆僧相加甘葛煎、亦厚朴・生薑等随要施之〉。」

『河海抄』
「季御読経とは春秋に内裏にて大般若を講読せらるゝ也。引茶とて僧に茶をひかるゝ也。」

『公事根源』
「季御読経 二月八日に大般若経を百數にて講ぜらる。四ケ日の事にて、第二日には、引茶とて僧に茶を給ふ事あり。天平元年四月八日に始めらる。貞観の比ほひは、毎季行はれけるとかや。」

一 二 三 四 五 六 七 八 九 十 十一 十二 通過儀礼

二月

上丁　釈奠（せきてん）　年

先聖先師への拝礼（『釈奠図』＊）

奈良・平安時代の学問の根幹は儒教であり、儒教の祖である孔子を祀る祭典「釈奠」は重要視されました。『養老令』（学令）では「大学」の第一の仕事として釈奠の執行を挙げています。学問を重んじ、文治主義を大切にした朝廷では重要な儀式という位置づけでした。ただし十干による「最初の丁の日」という開催日程でしたので、祈年祭など他の神事と重複した場合は開催されないことになっていました。儀式の優先順位は、まず神事、次いで仏事、そして儒教行事の順でした。

中華風の儀式

儀式の内容については『貞観儀式』のほか、藤原定家の『釈奠次第』などに詳しく書かれています。

参加者は手を清める斎戒の後、「先聖先師」つまり孔子と孔子十哲の画像に酒饌を供えて拝礼。大学頭が祭文を読みます。この儀礼の後、学問上の議論が始まりますが、孔子の故郷である中国のイメージを高めるために博士や音博士たちは、即位礼で用いられる中国風の「礼服」を着用しました。

礼服（『礼服着用図』）

文献

『延喜式』（大学）

「頭再拝受爵。跪祭酒啐酒。奠爵俛伏興。大祝帥斎郎進俎。跪減先聖及先師首坐前三牲胙肉。皆取前脚第二骨。加於俎。又以籩取黍稷飯。興以胙肉各共置一俎上。又以飯共置一籩。大祝先以飯籩授頭。」

『延喜式』（大学）

「三牲。大鹿。小鹿。豕各加五臓。菟。醢料。右六衛府別大鹿。小鹿。豕各一頭。先祭一日進之。以充牲。其菟一頭。先　祭三月致大膳職。乾曝造醢。祭日弁貢。其貢進之次。以左近為一番。諸衛輪転。終而更始。凡諸衛所進之牲。若致腐臭。早従返却。令換進之。」

『延喜式』（太政）

「凡春秋二仲月上丁。釈奠先聖先師。親王以下群官就大学寮。親講経。少納言弁外記史率左右史生官掌等。同向検校。講畢給酒食〈事見儀式〉。」

『延喜式』（式部）

「釈奠　毎年春秋二仲之月上丁。釈奠先聖文宣王。先師顔子。幷九哲於大学。預享諸司依例弁備。其日未明。有司行事。斎享如式。享畢寮属就省版位申享畢。録亦申官。其後設輔已下座於便処。皇太子入都堂就座。省率諸大夫及六位已下。列立南門外。参議已上入自東掖門。著座後。召使出自南門召省。于時輔称唯丞代

そして博士たちが題を読み上げ、『孝経』『礼記』など七経の中から選定した議論『七経輪転講読』を行いました。ここまでは厳粛な学問の世界。この後は饗宴ですが、饗宴にも大きな意味と特色がありました。

肉食の祭典

中国人である孔子の祭典ということで、中華料理が作られました。特殊な料理なので大膳職は専門料理人を一名置いて監督に当たらせています。

釈奠は中国直輸入の儀式でしたから、本来は「三牲（さんせい）」（牛・羊・豕（ぶた））を用いるのですが、日本では農耕用の牛は食べず、羊もいなかったので、『延喜式』（大学）によれば大鹿・小鹿・猪とそのモツ、そして兎肉の塩辛などを用いました。『延喜式』（大膳）には、鹿脯・鹿醢・兎醢・豚舶・鹿五蔵、羊脯は鹿脯で代用とあります。「脯（ほじし）」は干し肉、「醢（ひしお）」は塩辛のことです。

肉から魚へ

『日本書紀』によれば、天武天皇四年（六七五）四月に「牛馬犬猿鶏の肉」を食べることが禁じられます。しかし「以外不在禁例」とあって、他の動物の肉食は禁じられませんでした。

鹿と猪の脯

奈良時代でも『続日本紀』天平十三年（七四一）二月の禁令として役畜の牛馬を殺してはならないとありますが、野生動物を食べることは禁じられていません。

そういうわけで、それまでは鹿や猪などの獣肉を普通に食べていた日本人でしたが、平安後期頃から獣肉の食用は避けられるようになり、代わりに魚や鳥が用いられるようになります。

『延喜式』（大学）には「園韓神・春日・大原野等の祭の前、当日であれば三牲・兎をやめて鯉・鮒で代用する」とも定めています。そして『百錬抄』によれば、大治二年（一一二七）八月の釈奠で「殺生禁断により生臭物は供えない」とされ、それ以降は本来の獣肉の三牲は取りやめになりました。

入。丞奉上宣出命録。録命省掌。」

『延喜式』（弾正）
「凡春秋釈奠。検察祭儀。」

『延喜式』（大炊）
「釈奠料〈春秋亦同〉。稲米粱米各一升四合〈並先聖先師二座料〉。稷米六升六合。黍米七升七合。先聖先師九哲十一座料。」

『延喜式』（大膳）
「釈奠祭料　石塩十顆。乾魚二升。鹿脯卅斤。鹿醢一升。魚醢一升。兎醢一升。豚舶一升。鹿五蔵一升。脾折葅一升。羊脯十三斤八両。代用鹿脯。糯米四升。大豆。胡麻子。乾棗子各二升。黍子四升。栗黄一斗一升。（中略）三牲宍各一頭。鹿一斗五升〈大羹料〉。鹿一斗〈醢料〉。」
「凡釈奠祭。始自歳首差充執当官一人。在前儲備享物。官人各申官。官即下知大学寮。若有奠祭不法之事。随即科責。」

『小野宮年中行事』
「上丁釈奠事。貞観大学式云。若当祇年祭及日蝕。用中丁。同式云。其諒闇年。雖従吉服享停。今案。旧例当園韓神祭。同日共行。」

『釈奠次第』（藤原定家・鎌倉前期）
「次賛者率座主及音博士〈各着礼服。取巻座主率弟子〉昇都堂後南階。」

初午

はつうま

上午

私 武

伏見稲荷大社

現在も関西屈指の参拝者数を誇る伏見稲荷大社。二月最初の「午」の日に稲荷神社に参詣するという「初午」の風習は現在も残っています。

社伝では和銅四年（七一一）二月七日の上午の日、秦伊呂巨によって稲荷明神が稲荷山に鎮座したとされており、そこから初午参りが始まったのです。

清少納言も初午詣

京の都から比較的近い伏見稲荷大社は、平安時代も参拝者が引きも切らないほどでした。『枕草子』にも「稲荷に思ひおこしてまうでたるに（中略）二月午の日の暁に急ぎしかど」と、伏見稲荷に初午詣する光景が描かれ、七回も参拝しているという熱心な女性も登場します。

また『大鏡』に「二月の三日、初午といへど甲午の最吉日、常よりも世こぞりて、稲荷詣にのしりしかば」とあり、さらに『今昔物語』にも「きさらぎノ始午ノ日ハ、昔ヨリ京中ニ上中下ノ人、稲荷詣トテ参リ集ルノ日也」と見え、平安時代における初午の伏見稲荷の賑わいが想像できます。

初午祭の料理

現在、伏見稲荷の門前では稲荷寿司が名物になっていますが、江戸後期の『守貞謾稿』によれば、稲荷寿司は幕末の江戸発祥のものです。

『禁裏御膳式目』によれば、宮中では初午祭に「御祝式」として、御膾（大こん・たい・金かん）、御汁（長いも・青み）、御吸物（鯛ひれ）、御煮物（あけどうふ・菜）、御焼物（若菜・小たい）、御飯（小豆粒入高盛）、御重肴（あわひ・酒・ふ）、御引物

文献

『公事根源』
「稲荷祭　四月上卯日　此の神社建立の縁起、又祭の濫觴など、所見たしかならず。彼の社の禰宜祝の説には、和銅年中に、始めて伊奈利山にあらはれ給ひけるとかや。或は弘法大師の、東寺の門前にて、稲を負ひたる老翁にあひ給ひけるを、東寺の鎮守に勧請申されたると、申す説も侍るなり。さて稲荷とは稲を荷ふとかきたるとかや。」

『世諺問答』
「問て云。此月の午の日いなりにまいるは何のいはれにか侍らん。答。弘法大師。東寺の門前にて稲おひたる老翁に二月の午の日あひ給ひて、則東寺の鎮守に勧請申されたりしかば、此寺はんじやうせしより、此日をもて縁日とや申べからむ。」

『師元年中行事』（中原師元・平安後期）
「四月上卯日稲荷祭〈有三卯用中卯〉。」

『年中行事秘抄』
「上卯日稲荷祭事。二宮使立事〈春宮使、必用六位進六位属〉。」

『山槐記』（中山忠親・鎌倉後期）
「永暦二年四月一三日乙卯。稲荷祭如例云々。院於三河守定隆朝臣宅〈七条北、東洞院東角〉有御見物。」

一 二 三 四 五 六 七 八 九 十 十一 十二 通過儀礼

（水菜辛味噌）を召し上がったということです。

この中では煮物に入る「揚げ豆腐」に初午感があります。稲荷神の使いとされる狐は、油揚げが好物と言われているのです。

稲荷祭

この初午詣とは別に「稲荷祭」も盛んでした。これは三月「中午」の日に神幸祭、四月「上卯」の日に還幸祭が行われる神事です。

どのような経緯でこの日程になったのか不明ですが、平安時代には勅使が派遣されるようにもなり、賽銭を投げる人々の数が非常に多かったと言われます。

祭の賑わいが最も盛んとなる七条大路では、人々が群がって派手な神幸を楽しんでいる姿が『年中行事絵巻』に描かれています。

二月上午　初午

稲荷祭の神輿渡御［右］
稲荷祭の神輿渡御獅子舞［下］
（『年中行事絵巻』＊）

上申 春日祭

かすがのまつり 年

春日大社（『春日権現験記』＊）

春日祭は、賀茂祭・石清水祭とならび「三勅祭」と呼ばれた国家的な祭祀です。嘉祥三年（八五〇）仁明天皇の御代に始まり、貞観元年（八五九）に庚申の夜に執行されてからは、二月と十一月の最初の「申」の日が祭日と定められました。

藤原氏とのつながり

奈良の春日大社は藤原氏の守護神である武甕槌命と経津主命、祖神である天児屋根と比売神を祀る、藤原氏の氏神社です。社伝では、神護景雲二年（七六八）に創建されました。武甕槌命は鹿に乗って常陸国鹿島から遷ってこられたという伝承から、春日大社のお使いは鹿。今も奈良の街で愛されているのはご存じのとおりです。

よって藤原氏の人々にとって春日祭は特別な祭であり、『延喜式』（太政）には、春日祭と薬師寺最勝会、興福寺維摩会については、藤原氏の人々は往復四日は休暇扱いと定められています。国家的な祭祀として栄えたのも、藤原氏の政治的隆盛が背景にあったからなのです。

沿道を飾る勅使一行

まず前日の「未」の日、近衛次将が勤める使が京都を出発し奈良に向かいます。春日祭使は袍（上着）の裾から下衣を見せるお洒落をして着飾り、随行する警固の「随身」は行列の花形という側面もあるため、着ている褐衣には派手な「蛮絵」を摺

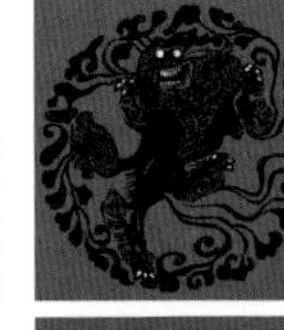

獅子の蛮絵

熊の蛮絵

文献

『貞観儀式』

「祭日平旦、神祇官人率物忌童女、掃除神殿内。神部等装飾神殿、以神宝立殿頭及垣辺、所司供張如常。訖大臣以下入自西方南門、就外院座。六位以下藤原氏人依次就座、名字書札〈札及筆・硯弁官掌預前備之〉。」「幣帛使及内侍参進〈幣帛置御垣外棚候〉、内侍・命婦入自南方西門就座、幣帛使□幣帛参入、奉置瑞垣前棚、再拝両段退出〈謂内裏幷中宮・東宮幣帛〉、次氏人幷諸家使各執幣帛参入、奉置幣棚、再拝如前。」

『延喜式』（太政）

「凡春日祭。二月。十一月上申「日」参議以上参会〈事見儀式〉。」「凡参春日祭幷薬師寺最勝会及興福寺維摩会、王氏・藤原氏五位已上六位已下。見役之外給往還上日四箇日。」

『小野宮年中行事』

「上申日春日祭事〈未日使立〉。貞観太政官式云。参春日祭。藤氏五位已上六位以下。見役之外。給往還上日四箇日。貞信公延喜廿年二月三日丙申日御記云。不奉幣帛。依有妊者也者。近代幸家説云。氏人雖有妊者猶奉幣者。思事理不可然。仍所尋記也。後人可為鑑戒歟。」

『建武年中行事』

「上のひつじのひ春日祭の使たつ。近衛

り出しました。左近衛府は獅子、右近衛府は熊の蛮絵です。こうした勅使一行の華やかさは沿道の人々を楽しませました。

近衛使は献ずる四頭の神馬を率います。このほかに走らせるための馬十二頭、馬医一人・馬部八人が付き添います。馬寮官人に牽かれた神馬はお社を八度廻り、その後は牧場に帰されました。

また他の勅祭と同じように、天皇から幣帛(へいはく)が献納されます。中宮・東宮（皇太子）・院（上皇）からも同様に幣帛が献納（御棚(みたな)奉奠(ほうてん)）されます。幣物は『延喜式』（中宮）によれば「五色絁各一丈」です。絁(あしぎぬ)は平織の絹で、ほとんどの勅祭で等しく納められた幣物でした。現代においても天皇から勅祭社に対して「五色絁(ごしきのあしぎぬ)」が奉幣されています。

宮中より奉幣の五色絁
二月上申　春日祭

豪華な食膳

すべてが華麗であった春日祭の食膳もまた豪華でした。『延喜式』（大膳）を見ますと、各種の鮑(あわび)、鰹・なまこ・蛸・烏賊・鮭・鯖といった魚介類や鮨、各種の海藻、葱や大根、ちしゃ（レタス）・せりといった野菜類。文字通りの山海の食材がふんだんに用意されています。そして興味深いことは、『延喜式』（大炊）では通常の米の他にもち米や小豆も規定されており、赤飯を炊いていたことがわかります。これは他の平野祭や大原野祭、松尾祭には見られないことで、赤飯は春日祭独特のものだったのでしょう。

褐衣を着た右近衛府の随身（『春日権現験記』＊）

の中少将つとむ。昔は賀茂のまつりのごとし。いまは蛮絵の随身など許ぞ見ゆめる。府の官人すりばかまきて舞人つとむ。かも祭のごとし」

『公事根源』
「春日祭。上申日。是れも二月十一日に行はる。まづ未の日使たつ。近衛の中少将つとむ。よろづ賀茂の祭の如し。府の官人摺袴着て舞人つとむ。使元名門の前に参りて、事の由を奏す。舞人ものゝ音いだす。当日の暁、内侍むかふ。蔵人出車奉る。上卿弁もけふ同じくむかふ。清和天皇貞観元年十一月九日、此の祭は始まる。春日四所大明神と申し奉るは、第一の御殿は武甕槌命、第二の御殿は斎主命、第三の御殿は天津児屋根命、第四の御殿は姫大神是れなり。神護慶雲元年六月廿一日、武いかつちの命、常陸の国鹿島より、御すみ所尋ねに出で給ふ。御乗物は鹿にて、柳の木の枝を御むちに持たせ給ふ。伊賀の国名張の郡につかせ給ふ。御供には、中臣の連時風秀行といふ人なり。」

『年中諸公事装束要抄』
（花山院忠定・室町前期）
「春日祭。（中略）随身蛮絵袍。左獅子、右熊丸。下重。半比。袴。左蘇芳裾濃。右朽葉裾濃。」

上卯 大原野祭

おおはらののまつり　年

二月と十一月、「申（さる）」の日の春日祭とセットになっているのが「卯（う）」の日の大原野祭です。それもそのはず大原野神社は、桓武天皇が奈良から遷都したとき、皇后・藤原乙牟漏（おとむろ）が藤原氏の氏神・春日大社の御分霊を祀るために創建された神社です。

大原野神社

女性にとって奈良の春日大社まで参拝に出かけるのは苦労が多かったため、分祀社が必要だったのです。桓武天皇はまず長岡京に遷都したので、分祀社は長岡京近くに創建されました。嘉祥三年（八五〇）、文徳天皇により現在の京都市西京区に社殿が造営されています。

藤原氏皇后のために

藤原氏一族は女子誕生に際して、将来、皇后になれるように大原野神社に祈願に訪れることが習慣となり、やがて見事に皇后になると、盛大な行列で礼参するようになりました。

『延喜式』（太政）では参加する藤原氏の人には二日間の休暇が与えられるとしています。また『九条年中行事』の「卯日大原野祭事」では、着座の順番などで明らかに藤原氏の人々が他氏の人よりも優先されています。

さらに参加者への引出物は藤原氏出身の皇后が出し、藤原氏の皇后がいないときは、藤原氏の氏長者が出す、としています。完全に藤原氏による藤原氏のためのお祭りであることがわかります。

行楽地大原野

遷都前から桓武天皇はたびたび狩猟のために大原野を訪れていました。最初の遷都地を長岡京に選んだのも、行き慣れた大原野の近くだったからかもしれません。

平安時代、現在の京都市西京区にある大原野は格好の行楽地とされ、花見や紅葉狩り、鷹狩りなど、さまざまな遊興に天皇・皇后はじめ、貴族たちが訪れました。

皇后の神社参拝「大原野行啓」は楽しい行楽の旅という意味も持ち、必ず参加とされた参議以上の公卿たちは特に華やかな装束で着飾りました。

文献

『延喜式』（太政）

「凡大原野祭。春二月上卯。冬十一月中子。参議以上参〈事見儀式〉。」「参大原野祭藤原氏。給上日二箇日。其散位五位以上。外記録見参歴名。下式部省。」

『九条年中行事』（藤原師輔・平安中期）

「卯日大原野祭事。〈仁寿元年（八五一）二月二日。右大臣宣。拠春日祭式。以平野梅宮祭式。弥縫而行之〉。祭日平旦。神祇官装束神殿。并諸司供備如常儀。上官着外候座〈神殿南垣之外候。殿西向設大臣座。南北相対。五位以上座。幣帛使并近衛将監等同就是座之末〉。藤氏六位以下次第着到〈着到之座設五位已上座之西也。東面北上。飲食之時亦同預之。着到簡。筆并研。弁官設〉。（中略）次藤氏并朝使参入着座。（中略）他氏五位以上参入侍座。」

春分

彼岸会（ひがんえ）　武

　彼岸会は『日本後紀』の大同元年（八〇六）三月十七日、「奉為崇道天皇。令諸国国分寺僧春秋二仲月別七日。読金剛般若経」が最初だといわれます。これは先祖供養ではなく、崇道天皇（早良親王）の怨霊を恐れた桓武天皇が始めた行事です。

　その後、国の行事として『金剛般若波羅蜜多経（こんごうはんにゃはらみったきょう）』（金剛般若経）を読経する行事として定着しました。『金剛般若経』は人間としての正しい生き方と成仏などを説いたお経です。「波羅蜜」とは「到彼岸」つまり生死に迷う此岸から、彼岸である悟りの世界「涅槃（ねはん）」に到ることを意味します。

日本独特の仏事

　仏事としての「彼岸会」を催し、先祖供養するような風習は日本独特のもので、他の仏教国では見られないものです。西方浄土とされた真西に日没する日を特別に思ったのでしょうか。西の空に沈む太陽を見て極楽浄土を観想する、いわゆる「日想観」です。

　浄土思想が広まった平安中期以降、彼岸に罪障の懺悔（ざんげ）を願う法会を行った記録が増えます。また早い段階から『彼岸功徳成就経』や『彼岸斎法成道経』などの「偽経」が作られ、彼岸の日の潔斎が主張されるようになりました。江戸後期の『善庵随筆』では、真西に日が沈む日は「日想観」によって西方浄土を知らしめるために最適として、この日に彼岸会を始めたと書かれています。

彼岸の法会（『彼岸記』＊）

文献

『台記』（藤原頼長・平安後期）
「久安六年二月十九日丙寅。自今日七ケ日〈彼岸〉潔斎〈夜前沐浴後、服浄衣居浄莚〉。於二不動尊銀三寸像〈件像、去十二日鋳〉。」

『兵範記』
「仁平三年二月廿三日壬午、彼岸初也。高陽院於北川御所被行恒例御懺法。」

『善庵随筆』（朝川善庵・江戸後期）
「春秋ノ二分ハ、日正東ニ出デテ、正西ニ没スル故ニ、天竺ノ俗、コレヲ時正トイフ由ナレドモ、此時ニ彼岸会ヲ修スルコトハ、仏経ニ所見ナシ。（中略）日想観ハ必シモ時正ニ限ルコトニハアラザレドモ、浄家ニテ、時正ハ日正東ニ出デテ、正西ニ没スレバ、日想観ノ時節トセルヨリ、其徒コノ時ニ乗ジテ、一七日ノ法莚ヲ開キ、談義説法シ、没日ヲ観念スルヨリ、西方浄土ヲ識知セシムルノ因ヲ以テ、彼岸会トハ名ヅケシ。」

『日次紀事』
「〈二月〉凡京師俗、彼岸中偶逢親戚之忌日、則供茶菓而祭之。以其祭余之菓互相贈。或請親戚朋友而饗茶菓。彼岸中称菓子曰茶子。点茶曰立茶、食麩焼曰読経。」

お彼岸はよき日

春の彼岸は、春分の日をはさんで前後三日、合計七日間。「お彼岸」というと仏事の色が強いイメージがありますが、春分を挟むこの時期は平安時代、「よき日」という扱いでした。

『源氏物語』（行幸）に、玉鬘の裳着（成人式）の日程を選ぶに際して「かくのたまふは、二月朔日ころなりけり。十六日、彼岸の初めにて、いと吉き日なりけり。近うまた吉き日なしと勘へ申しけるうちに、宮よろしうおはしませば……」としています。彼岸の入りが縁起の良い日と扱われていたわけです。

また同じ『源氏物語』（総角）にも「二十八日の、彼岸の果てにて吉き日なりければ」とあり、こちらでは、（秋の）彼岸の明けを「吉き日」としています。『宇津保物語』（国譲下）にも「彼岸の程によき日を取りて」とあります。

こうしたことから平安時代の「お彼岸」は縁起の良い時期であったことが明らかなのです。

麩の焼

牡丹餅

牡丹餅

お彼岸の食べ物としては何と言っても「おはぎ」ですが、春は牡丹の花が美しいことから「牡丹餅」と呼ばれます。江戸前期はクレープを丸めて経巻のようにした「麩の焼」を食べ、食べることを「読経」と呼んだ、と『日次紀事』にあります。

これが江戸中期の『和漢三才図絵』には「牡丹餅以粳糯米相襍炊柔飯。以擂盆略擂擣之。摸手為円餅。糝炒豆粉為黄、或糝赤小豆泥為紫色。所謂牡丹餅及萩花者以形色名之」とあり、きな粉と小豆餡の牡丹餅に変化したことがわかります。

ボタン（*Paeonia suffruticosa*）

文献

『物類称呼』（越谷吾山・一七七五年）
「牡丹餅　ぼたもち〈又はぎのはな、又おはぎといふは女の詞なり〉（中略）今按に、ぼた餅とは、牡丹に似たるの名にして、中略なりとぞ、萩のはなは、其制煮たる小豆を、粒のまゝ散しかけたるものなれば、萩のはなの咲みだれたるが如しと也、よつて名とす。」

『守貞謾稿』
「牡丹餅、世事談ニハ賤品トシテ折詰ニナラズト云ヘリ。今ハ却テ此精製アリテ折詰ニモスルコトアリ。名賤ク製美ナルヲ興トスル、是モ奢侈ノ一ツ也。又今江戸ニテ彼岸等ニハ、市民各互ニ是ヲ自製シテ、近隣音物トスル也。蓋是ハ凡製ノミ。」

一　粉熟始

ふずくはじめ　公

「粉熟」は夏のスイーツで、天皇の食膳を調える「内膳司」が、三月一日から八月末日まで作りました。『延喜式』（内膳）によれば白米と大角豆が材料とされています。

夏のスイーツ

平安時代のスイーツとして「粉熟」はポピュラーであったようで、さまざまな文献に登場します。平安中期の『西宮記』では、八月の人事関連儀式「定考」の折に登場しますし、『源氏物語』（宿木）では、新生児の健康な成長を願う「産養」の饗膳に出されます。

しかし平安時代の粉熟がどのようなものであったかは、よくわかっていません。平安中期の『和名類聚抄』や、鎌倉初期の『厨事類記』では、「粉熟は粉粥である。もち米の干飯を粉にして作る」とあるだけです。

具体的な作り方がわかるのは、室町前期の『原中最秘抄』の記載です。「稲・腅麦・大豆・小麦・胡麻の五穀を粉にしてから餅にし、茹でて甘葛をかけてこね合わせて、細い竹筒の中に押し入れ、しばらくしてから突き出して、双六の駒のように切る」とあります。これを考えると現代の「ういろう」を丸く切ったようなものでしょうか。

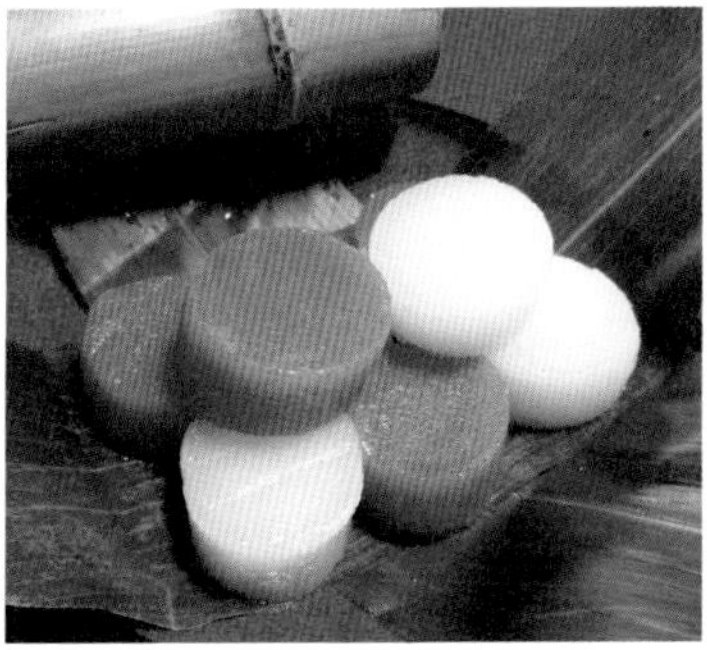

青はハハコグサ、黄は苅安やクチナシ、赤は小豆、白は米、黒は胡麻で五色に染めて、甘味料の「甘葛煎」をかけて食べるとあります。しかし『延喜式』を見れば、平安時代は白米の白と大角豆の赤だけだったようです。

粉熟（再現）

餺飥との混同？

平安後期の『執政所抄』には正月料理の膳に粉熟が出ており、そこには「小角豆汁」が添えられています。しかしこの食べ方は、同じ中国由来の料理ではあっても餺飥のものです。

普段見ることのない中華系の料理はよくわからないところが多かったようで、平安中期の『吏部王記』には「これは餛飩か？ 粉熟か？」と質問し「索餅です」と答えられたと記されるほど混同されていたようです。

文献

『延喜式』（内膳）

「造粉熟料　白米四石。大角豆一石八斗。漉粉薄絹袋。水篩各二口。袋各長六尺。篩各一尺五寸。干粉暴布帳一条。長三丈。帊水瓶暴布一条。長四尺。挙粉暴布袋二口。各長六尺。水瓶麻笥一口。酒槽一隻。由加二口。杓一柄。席二枚。簀二枚。薪日別卅斤。右起三月一日。尽八月卅日供之。」

『西宮記』

「〈八月〉定考　上卿已下著朝所。（中略）三献之後居粉熟飯〈近年献居粉熟、三献居飯、（中略）〉数巡後居餠餤。」

『和名類聚抄』（源順・平安中期）

「粉熟　弁色立成云、粉粥〈以米為之、今案粉粥即粉熟也〉。」

一 二 三 四 五 六 七 八 九 十 十一 十二 通過儀礼

一 差造茶使

ぞうちゃのつかいのさ　公

平安時代、大内裏の主殿寮（とのもりづかさ）の東に茶園がありました。『西宮記』には「三月一日に蔵人所所属の『造茶使』が内蔵寮（くらりょう）官人、侍医と共に差遣されて、校書殿（きょうしょでん）（蔵人所）使が茶を摘み、薬殿生（くすどのしょう）が計量する」と書かれています。

お茶と仏教

お茶は「季御読経（きのみどきょう）」の折に必ず出されたほか、さまざまな仏教儀式にも登場します。長いお経の眠気覚ましの意味であったのかもしれません。

日本のお茶の最古の記録は『日本後紀』の弘仁六年（八一五）、「大僧都・永忠が嵯峨天皇に茶を煎じて奉った」というものです。中国崇拝者であった嵯峨天皇は、この唐の飲料がお気に召したようで、約一カ月後に近江・丹波・播磨の国に栽培を命じています。さらに正月に天皇が僧侶を謁見する際にも喫茶しています。このように茶は最初から仏教・僧侶との関係が深い飲み物だったのです。

チャノキ（*Camellia sinensis*）

健康飲料

『小右記』には、糖尿病に苦しむ藤原道長が「昼夜多く水を飲む。口が乾き力がない。ただ食欲はある。丹薬は飲まず、豆汁・大豆煎・蘇蜜（そみつ）煎・訶梨勒丸（かりろくがん）などをいつも服用していた。今日からは茶を飲む。」という記録があり、お茶が健康飲料としても飲まれていたことがわかります。

栄西禅師の『喫茶養生記』も、健康飲料としての茶と桑の効用を説いたものです。ここには「飲水病」の項目があり、もし桑粥を用いれば三〜五日で必ず効果が現れるとしています。実際に桑の葉には血糖値を下げる成分があるとか。飲水病（糖尿病）治療として茶を飲んだ藤原道長は、桑粥は試したのでしょうか。

文献

『日本後紀』（藤原緒嗣ら・平安初期）
「弘仁六年四月癸亥《廿二》。幸近江国滋賀韓埼。便過崇福寺。大僧都永忠・護命法師等、率衆僧奉迎於門外。皇帝降輿、升堂礼仏。更過梵釈寺。停輿賦詩。皇太弟及群臣奉和者衆。大僧都永忠手自煎茶奉御。」
「弘仁六年六月壬寅《三》。令畿内幷近江・丹波・播磨等国殖茶。毎年献之。」

『醍醐天皇御記』
「延喜七年正月三日。参御寺。著靴把笏拝了退。使律師観賢召之。参入御語良久。更召左大臣（時平）。仰令給朕茶。律師如無供法皇御茶。」

『貞信公記』（藤原忠平・平安中期）
「天慶二年三月廿日。仁学律師写経・誦経等令修願文将来。仍勧茶、施禄白褂一重。」

『西宮記』
「差造茶使事　所承和例云、三月一日、差造茶使、粮並雑物、行内蔵寮者使一人、侍医校書殿執事一人、共造之、校書殿使摘茶進所、薬殿生以升量請、造法見例文也」

『小右記』
「天元五年三月廿七日、己未。今日有論義事。（中略）引茶之後御論義事。」

三

御灯（ごとう）　年

「御灯」は三月三日と九月三日に、天皇が「北辰（ほくしん）」に灯明を奉る儀式です。北山（きたやま）の霊巌寺（れいがんじ）の高峯で灯りがともされます。

霊巌寺は承和六年（八三九）、唐から帰国した円行が妙見大菩薩を祀るために創建されたと伝えられた寺院で、まさに御灯にふさわしい場所でした。

北辰信仰

平安時代は神道・仏教とならび、陰陽道（おんみょうどう）や道教的思想も重要な位置を占め、日常を支配していました。中でも北極星を天帝として崇敬するのが「北辰信仰」で、元日の「四方拝」もそうした考え方から生まれた儀式です。天を廻る星々の中で、不動不変の北極星が特別な存在であると考えるのは無理もありません。

もとは民間信仰

「御灯」は元々は民間の信仰であったものが、平安初期、いつの頃からか宮中にも入り込み普及したとされます。『延喜式』（斎宮）に「伊勢斎王が大神宮に入るとき、九月一日から末日までは畿内・伊勢・近江国は御灯を禁ずる」とあるように、一定の規制はありました。また夜間に大勢の男女が外出することでの風紀の乱れも嫌われたようです。

御燈（『年中行事絵巻』＊）

儀式としては、三月一日に神祇官の卜部（うらべ）の長である「宮主（みやじ）」によって穢れの有無が占われ、当日は内蔵寮（くらりょう）から北山の霊巌寺へ御灯が奉納されます。穢気があるという占の結果が出れば御灯奉納は取りやめになり、三日は天皇が禊をするだけです。

平安後期の『江家次第』には「近年は必ず宮主が『穢気有り』というので御灯はしない」とあり、形骸化していたようです。後醍醐天皇もそのことを「いよ心得難し」と嘆いています。

文献

『延喜式』（斎宮）
「凡斎王将入太神宮之時。自九月一日迄卅日。京畿内・伊勢・近江等国、不得奉灯北辰。及挙哀改葬。」

『小野宮年中行事』
「三日御灯事。起一日迄三日潔斎。但廃務。昨日。宮主卜申御灯奉否。付蔵人奏之。朔日若当子日。二月晦日卜之。他御卜又准之。起一日迄今日斎。若止御灯尚有斎。又供御浄食有御禊事。内蔵寮使還参申奉御灯了之由。即以奏之。於北山霊巌寺辺奉之。其後解斎。九月准之。」

『江家次第』
「近例絶不被奉御灯。是宮主必卜申有穢気由也。然而其由御禊後供魚味也。」

『禁秘抄』（順徳天皇・鎌倉前期）
「二季御灯。三九月三日。近代由禊也〈へ〉。自一日精進。不供魚味。僧尼服等同他神事。御禊後ハ供魚味。憚人参。已上。北辰御精進。子細大略同神事〉。」

『建武年中行事』
「三月三日御灯を北辰に奉らる。むかしは霊巌寺などへ奉らるゝよし。一条院御記に見えたり。一日宮主御とうたてまつるやいなやの御卜たてまつる。穢気あればある由を申す。今はさだまれる事に成にたる。いよ心えがたし。」

③ 上巳節会

じょうしのせちえ　養 公 五 武

［弥生節供］

江戸末期の古今雛

三月三日、桃の節供（せっく）です。その名に「上巳」（その月最初の巳の日）とあるからには、この行事は日付行事ではなく干支行事だったはずです。しかし五世紀末の中国の『宋書』には「自魏以後、但用三日不以巳也」とあり、魏の時代以降に日付行事になったと書かれています。

ですから日本には最初から、三月三日の日付行事として入ってきたのでしょう。

人形（ひとがた）流し

現代では「雛祭り」とされて女の子の節供というイメージですが、本来は心身の穢れを洗い流す儀式の日でした。紙で人形（ひとがた）を作り、息を吹きかけて流します。『源氏物語』（須磨）には、「弥生の朔日（ついたち）に出で来たる巳の日（中略）陰陽師召して祓へせさせたまふ。舟にことことしき人形乗せて流すを見たまふに」とあります。

雛遊び

『源氏物語』（若紫）には「雛遊びにも、絵描いたまふにも、『源氏の君』と作り出でて、きよらなる衣着せ、かしづきたまふ」と、まだ幼い若紫が雛遊びに興じている姿が描かれます。

『源氏物語』（紅葉賀）では「三尺の御厨子一具に、品々しつらひ据ゑて、また小さき屋ども作り集めて」と、雛道具も登場。このように、雛遊びは平安時代の女児にも楽しまれていました。

これがお祓いの人形流しと結びついたのが、三月三日の雛祭りなのでしょう。江戸後期の『古今要覧稿』には「かならず三月三日にをこなふこと、なりしは、上巳の祓の人形と、ひなあそびと混ぜしなるべしといへり」と断言しています。上巳の節供に雛人形を飾るのは、江戸前期の元禄時代以降の風習といえるでしょう。

貝道具と犬筥（いぬばこ）

江戸時代、雛人形と共に飾られたのが「貝道具」と「犬筥」です。貝道具はトランプの神経衰弱のようなゲーム「貝覆い」

文献

『皇大神宮儀式帳』（大中臣真継ら・八〇四年）
「一年中行事幷月記事 三月例 三日節、新草餅作奉〈弖〉太神幷荒祭宮供奉。然後禰宜内人物忌等、集酒院、直会被給。」

『日本文徳天皇実録』（藤原基経ら・平安前期）
「嘉祥三年（八五〇）五月壬午《五》。田野有草。俗名母子草。二月始生。茎葉白脆。毎属三月三日。婦女採之。蒸擣以為餻。伝為歳事。」

『紫式部日記』（紫式部・平安中期）
「若宮の御まかなひは大納言の君、東に寄りて参り据ゑたり。小さき御台、御皿ども、御箸の台、洲浜なども、雛遊びの具と見ゆ。」

『台記』
「久安六年正月廿三日辛丑、上渡御女御盧〈御冠御衣生御袴〉有比々奈遊事、遣召左兵衛佐実定所持之作物。」

『嬉遊笑覧』（喜多村信節・江戸後期）
「又正月の餅に菱花びらとて有と云り、是今いふ菱餅なり。五節句に云、餅を押たるなり、菱にきる云々。但し昔は小さく作りしものとみゆ。似せ物語に、ひえたる餅花びらになりにけりとも有。」

犬筥

に使うもので、蛤の殻の内側に絵を描いた三六〇個セットを二つの貝桶に収納したものです。蛤の片方の殻は他の蛤の殻とは合わないということで貞節の象徴とされ、嫁入り道具に用いられました。

犬筥は安産のお守りとされ、もともとは帳台の左右に置かれていた魔除けの獅子狛犬を可愛らしくしたものと考えられます。左右が雌雄、向かって右が雄で中にお守りを入れ、左が雌で化粧道具を入れたといわれています。

白酒・草餅・引千切

上巳節供の行事食といえば、まず桃花酒。これは古代中国で薬酒とされたもので、室町時代まではポピュラーでしたが、江戸時代、神田・鎌倉河岸の「豊島屋」が「白酒」を創案してからは、白酒が上巳の飲み物になりました。そして赤飯も室町から江戸時代の上巳節供にはつきものだったようです。

ひちぎり

草餅は古代中国の伝説が発祥とされ、奈良時代の『皇大神宮儀式帳』に記録がありますが、現代のようにヨモギを搗き混ぜるのではなく、ハハコグサを使っていました。これを正月の「菱葩」のように菱形に切ったものが草餅です。そのため江戸時代までの菱餅は緑だけ、もしくは緑と白が交互に重なったもので、現在のように紅が加わったのは明治以降の工夫ということのようです。

京都ならではの雛祭りの和菓子に「引千切」というものがあります。餅を丸く伸ばしてスプーン状にし、そこにきんとんや餡を乗せたもの。江戸時代は「いただき」と呼んだようです。

『禁裏御膳式目』による江戸時代の天皇の食膳は三汁九菜、鯛鱠の吸物、重肴（巻するめ・豆くわゐ）に桃花酒、熨斗鮑七本。女官たちには赤飯と蛤の吸物と酒が出されました。

草餅（『御定式御用品雛形』川端道喜蔵）

『守貞謾稿』

「京坂ニテ初年ニハ、右ノ菱ノ餅ヲ贈リ、二年目ヨリハ、イタヾキト号テ、米ノ新粉ヲ楕円形ニ扁平シ、聊カ凹ニシテ、一方ニツマミタル形ヲ付ケ、凹ノ所ニ砂糖入リノ赤豆餡ヲ付ケ、是ヲ重箱ニ盛リ配ルヲ普通トス。江戸ニハ此物小形也、涅槃会ニ供シ、今日不用之。」

『世諺問答』

「問て云。三月三日に桃花の酒をのみ侍るは何のいはれぞや。答。人の国のことにや、太康年中に山民建山自然武陵といふ所にいたりて。桃花水にながれしをのみしより気力さかんなりしかば。いのち三百余歳にをよべり。されば今の世に桃花をもちひ侍るとかや。酒をのむ事は。周の曲水の宴に盃をながせしよりや初りけん。

問て云。けふ草餅をくふはなにのゆへにて侍るぞや。答。周の霊王のきはめてはらあしくましましければ。智臣の草餅をつねにまいらせければ。御こゝろよくなり給ひけり。それより人みなくふ事に侍りし。」

『年中行事秘抄』

「昔周幽王淫乱、群臣愁苦。于時設河上曲水宴。或人作草餅奉于王。王嘗其味為美也。王曰、此餅珍物也。可献宗廟。周世大治、遂致太平。後人相伝、以作草餅三月三日、進于祖霊。其心矣、心悦無咎。草餅之興従此始。」

三 闘鶏

とうけい 江

左右に分かれて二羽の鶏を争わせる闘鶏は『日本書紀』の雄略天皇の記事に見えるほど古い歴史があります。古代の闘鶏は、唐の玄宗皇帝が二十四節気のひとつ「清明」に闘鶏をしたという故事から、三月三日に行われていました。平安時代も三月三日に「闘鶏」（鶏合わせ）を開催していたようです。

流行した闘鶏

『栄花物語』（はつ花）には、寛弘三年（一〇〇六）三月、花山法皇が闘鶏見物をしていたとき、左ばかり負けているのに子どものように腹を立てた場面が描かれています。それだけ熱中していたのでしょう。

『年中行事絵巻』には、貴族の邸宅の庭で闘鶏をしているシーンと、庶民たちが闘鶏をして盛り上がっている場面の両方が描かれており、平安時代は身分の上下を問わず闘鶏に入れ込んでいたことがわかります。

闘鶏（『宮中御儀式絵巻物』＊）

室町時代から公式行事に

闘鶏は、当初は占いとしての側面が強かったようですが、やがて単純な遊戯になりました。『言経卿記』の慶長八年（一六〇三）三月三日の記事には「禁中闘鶏有之。」と記されます。こうして、三月三日の年中行事としての闘鶏が、宮中に定着しました。

江戸の宮中闘鶏

江戸時代の御所では、三月三日の巳の刻（午前十時頃）に参内殿の前庭で闘鶏が実施され、天皇は参内殿中段の間から観覧しました。

『幕末の宮廷』によれば一般市民も見学を許されたようで、鶏を供出すると米一升をもらえたといいます。ただし「格別好んで見るようなものではありませぬ」だったそうです。

文献

『日本紀略』（不詳・平安後期）
「寛和二年（九八六）三月七日乙亥、東宮有闘鶏事。十番。〈底本作八十番、今考外記日記、以十番為限〉。」

『和名類聚抄』
「闘鶏　玉燭宝典云。寒食之節、城市多為闘鶏戯〈闘鶏此間云、止利阿波世〉。」

『長秋記』（源師時・平安後期）
「保延元年三月三日丙子、女院有闘鶏事。左方限合之〈摸臨時祭方〉。右頭経宗、依病不参之故也。」

『長禄二年以来申次記』
（大館尚氏・室町中期）
「三月三日〈公家、大名、外様、御供衆、申次衆、番頭、節朔衆出仕也〉一御鳥合在之」

『言経卿記』
「慶長八年（一六〇三）三月三日庚申、長橋殿へ参、御礼申入了。（中略）禁中闘鶏有之。」

三　曲水宴

ごくすいのえん　私

曲水宴（『公事十二ケ月絵巻』＊）

古来、三月三日に「曲水宴」が開催されることが多くありました。曲がりくねった小川に盃を流し、自分の前に流れ着く前に漢詩を作る、和歌を詠む、といった遊びです。

中国の文人趣味

上巳節供（じょうしのせっく）は本来遊興ではなく、御祓いの儀式であったことから、「觴（しょう）」（酒盃）を流すのも御祓いの意味があり、それが後世の「曲水宴」につながったのです。

三五三年三月三日、書家として有名な王羲之（おうぎし）が開催した曲水宴は『蘭亭序』という詩で有名です。また八世紀、李白の『春夜宴桃李園序』に「羽觴（うしょう）（杯）を飛ばして月に酔う。詩が出来なければ罰酒を飲む」とあることから、平安貴族たちによって現在よく知られるルールが生み出されました。

日本最初の曲水宴

『日本書紀』の顕宗天皇元年（四八五）三月上巳に「幸後苑曲水宴」とあり、翌年、翌々年にも「めぐりみずのとよのあかり」（曲水宴）が開催されたと記されます。

『万葉集』では天平勝宝二年（七五〇）三月三日の曲水宴で大伴家持が歌に詠んだことが記されますが、これは李白の時代と大きな差はなかったことでしょう。また『宇多天皇御記』には、寛平二年（八九〇）三月三日に詩歌の宴を開き曲水宴をしたことが記されています。

道長の曲水宴

この中国文人趣味スタイルの曲水宴を藤原道長が採用して、寛弘四年（一〇〇七）三月三日に曲水会を開催しました。道長によれば「移唐家儀、衆感懐」、唐風の演出に全員感動したとあります。

文献

『春夜宴桃李園序』（李白・八世紀前半）
「夫天地者萬物之逆旅　光陰者百代之過客　会桃李之芳園　序天倫之楽事　開瓊筵以坐華　飛羽觴而酔月　不有佳作　何伸雅懐　如詩不成　罰依金谷酒数。」

『御堂関白記』
「寛弘四年三月三日庚子、有曲水会。東渡所板流東西、立草墪硯台等。東対南唐廂上達部殿上人座、南於下廊文人座。辰時許大雨下、水辺撤座之後、風雨烈、廊下座雨入。仍対内儲座間、上達部被来就座。新中納言、式部大輔両人出詩題、式部大輔出因流泛酒用之。申時許天気晴、水辺立座下土居、羽觴頻流、移唐家儀、衆感懐。」

『今鏡』（藤原為経？・平安末期）
「三月三日曲水宴といふことは、六条殿にて、この殿せさせ給ふと聞こえ侍りき。唐人のみぎはに並居て、鸚鵡の盃浮かべて、桃の花の宴とてすることを、東三条にて、御堂の大臣せさせ給ひき。」

一　二　三　四　五　六　七　八　九　十　十一　十二　通過儀礼

中午

石清水臨時祭

いわしみずのりんじのまつり　年

京都の「裏鬼門」（南西）にある石清水八幡宮は平安時代以降、朝廷の厚い尊崇を受けた神社で、元日の「四方拝」で遥拝される神社のひとつです。

創始は貞観元年（八五九）。奈良大安寺の僧・行教が、宇佐八幡宮で武神として知られる八幡神から「都に近い男山に座して国家を鎮護する」という託宣を受けて創建したといわれます。

石清水八幡宮の本祭は八月十五日の「放生会（ほうじょうえ）」ですが、天慶五年（九四二）、平将門・藤原純友の乱平定の感謝を石清水八幡宮に捧げる祭として「臨時祭」が始まりました。

冷泉天皇の御代に恒例化し、大中臣能宣はこのとき「君が代にみな底澄める石清水　流れて千代に仕へまつらむ」と詠み、その後、国家鎮護の祭祀として尊重されるようになります。

呉竹の挿頭（かざし）

石清水臨時祭の舞人は、清涼（せいりょう）殿（でん）で試楽（予行演習）をするに際して、天皇から「挿頭」という冠につける造花を賜ることになっていました。

一条天皇の御代、藤原実方は遅刻したので挿頭をもらえませんでしたが、慌てず騒がず、庭の呉竹の枝を折って挿頭の代わりにしたのです。

人々は実方の振る舞いを「優美である」と感嘆し、それ以降は試楽の挿頭には呉竹の枝を用いることになったという面白い説話が『古事談』に載っています。

室町後期の『公事根源』には「舞人すゝみ出づ。台のもとにて、竹の枝を折りてかざしにさす」とありますから、伝統になったのでしょう。

藤原実方（『前賢故実』＊）

文献

『日本紀略』
「天慶五年（九四二）四月廿七日庚辰、奉幣宇佐八幡宮、香椎廟、石清水宮。依賽東西賊徒討平之由也。」

『古事談』（源顕兼・鎌倉初期）
「一条院の御時、臨時の祭の試楽に、実方中将遅参するに依りて挿頭の花を賜はらず。遂ひて舞に加はる間、竹台の許に進み寄りて、呉竹の枝を折りて之れを挿す。優美の由満座感歎す。之れに依りて試楽の挿には永く呉竹の枝を用ゐる、と云々。」

『建武年中行事』
「三月中の午日。いはし水の臨時祭也。国忌にあたらば下のむまなり。二月許に奉行の蔵人使舞人を申さだむ。（中略）代の始にはつかひ参議。舞人四位已下なり。つねにはつかひ四位。まひ人五位六位なり。装束典侍掌侍にあつ。蔵人方よりをみの布をつかはす。すりばかま公卿にあつ。べいじうはくられう也。（中略）日次を撰て調楽あり。まひ人みなまいるべけれど。この比二三人などぞ見ゆる。（中略）前二日ばかりに試楽の事あり。ちか比はきこえぬを今の代にぞをこなはれける。まごびさしに御倚子をたてゝ。御なをし〈うちぎぬ。うちばかま〉にて。額間より出て御いしにつかせたまふ。」

一 撤冬御座供夏御座・更衣

ふゆのおざをてっし なつのおざをきょうす・ころもがえ　年

旧暦では四月から夏になります。その初日、装束は冬の厚い生地から、裏の透ける薄物に着替えました。また下に着る衣の類も、ねっとり感のある「練絹（ねりぎぬ）」の衣から、サラサラした「生絹（すずし）」の衣に着替えます。

ただし現代もそうであるように、更衣の日を過ぎても寒いときがあります。鎌倉時代の『後照念院装束抄』によれば、賀茂祭までは冬装束でも良いとされていました。

三月中午　石清水臨時祭　四月一日　撤冬御座供夏御座・更衣

綾織（あやおり）と縠織（こめおり）

束帯（そくたい）や衣冠で着る上着が「袍（ほう）」。色彩は位階によって決まっていましたので更衣の影響は受けませんが、生地と仕立てが変わります。

冬物は地厚の綾織で裏地をつける袷（あわせ）仕立て。裏地の色は黒袍・赤袍が表地と同じ色、六位以下が着る無文の縹（はなだ）袍は蘇芳（すおう）の裏地をつけました。

夏物は縠織と呼ばれる透ける薄物生地。裏地をつけない単（ひとえ）仕立てですから、下に着る衣が透けて見えます。それがまた夏らしい涼しい印象になりました。

明治以降の更衣

装束は重ね着で暑いので、明治以降の新暦の更衣のタイミングと比較して前後一カ月、合計二カ月間ほど夏服の時期が長かったことになります。

現代の装束の世界では立夏・立冬当日が衣更えの日に定められています。これならば旧暦の更衣とほぼ等しくなります。

夏の縠織の袍［右］　冬の綾織の袍［左］

文献

『西宮記』
「五位以上、六位蔵人、及新冠者皆用綾冠、更衣時幷暑月、着白下襲、着無文冠。」

『侍中群要』
「二季更衣　除儀式官衛府等、無文装束〈白下襲〉。但新蔵人、雑衛府儀式官、間着白襲文衣、後有可然事日、着改綾装束〈夏似灌仏御禊、冬射場始抔類也〉。冠二季更衣無文〈但更衣時、着有文無妨自余有文。〉」

『餝抄』（土御門通方・鎌倉時代）
「一衣。付単。自十月一日至三月晦日。尋常三領〈練単衣〉。非老者単文綾。単衣。但三月二月末。頗及暑気者。衣一領〈重綾衣歟。生単衣。平絹。以之号一重〉。又無難。」

『後照念院装束抄』（鷹司冬平・鎌倉後期）
「嘉禄三年（一二二七）四月五日、経御記曰。夏、賀茂祭以前着冬装束。冬、五節以前衣冠着夏装束。」

『御水尾院当時年中行事』
「四月朔日。毎事如例。けふより、おきすみの火鉢〈此名目いつの比よりのことにか〉を撤す。」

一 主水司始貢氷（もひとりのつかさこおりのこうはじめ） 年

今も昔も夏は氷が欲しいもの。『延喜式』（主水）によれば、天皇には四月一日から九月末日まで、諸臣には五月五日から八月末日までの期間、氷が配給されました。配給される氷は、元日節会で主水司が厚みを報告した氷を使います。

氷室（ひむろ）

夏にどこから氷を調達したのかというと「氷室」からです。冬の間に採取した天然氷を室（むろ）に蓄えて夏の利用に供したのです。『延喜式』（主水）によれば、山城・大和・河内・近江・丹波の各国に合計二十一室の氷室が置かれていました。

復元された氷室

これらの氷室に貯えられた氷が宮中や貴族たちに配給されました。天皇用の配給氷の量は多く、猛暑の六～七月は三駄（約三五〇kg）と大量です。これらの氷が「御醴酒幷盛所冷料」、つまり甘酒や食べ物を冷やすのに使われたのです。

削氷（けずりひ）

「削氷」はいわゆる「かき氷」で、甘い「甘葛煎（みせん）」をかけて食べていたことは『枕草子』の記述でも有名です。

貴族の饗宴の最後のデザートは、冬は薯（いも）粥、夏は削氷というのがお約束だったようです。『宇槐雑抄』の保延三年（一一三七）七月二十三日の記事には、姫宮誕生百日の祝宴で削氷が出たとき、削氷が配られると人々は全員が揃う前に食べ始めたとあります。平安貴族も氷には目がなかったようです。

削氷

文献

『延喜式』（主水）
「凡供御氷者。起四月一日尽九月卅日。其四九月日別一駄。以八顆為駄。准一石二斗。五「月」八月二駄四顆。六七月三駄。進物所冷料。五八月二顆。六七月四顆。御醴酒幷盛所冷料。六七月一顆。（中略）凡雑給氷者。起五月五日尽八月卅日。侍従料。五八月日別三顆。六七月五顆。」

『小野宮年中行事』
「同日主水司始貢氷事〈起今日尽九月卅日〉。供御氷者。起四月一日尽九月卅日云々。中宮東宮。起五月尽八月。斎内親王。妃夫人。尚侍相同。雑給起五月五日尽八月卅日。具在主水司式。」

『宇槐雑抄』（藤原頼長・平安後期）
「保延三年七月十七日。今日姫宮御奠日也。（中略）次三献。新中納言公教為勧盃。左中弁俊雅取瓶子。其儀如始。次居削氷。居了申事由。次食之。」

『後深草天皇御記』（後深草天皇・鎌倉後期）
「弘安元年七月□（十？）三日。（中略）爰本所内々供削氷。朕同行之。公重卿勧陪膳。此間於廊座削氷居公卿云々。」

『公事根源』
「貢氷。同日。主水司、四月一日より九月つごもりまで、是れをたてまつる。」

一 近衛兵衛進御扇

このえひょうえみおうぎをすすむ 年

檜扇

中国には団扇はありましたが、折りたたみ式の扇はなかったとされ、扇は日本で考案されたものといわれます。ヒノキの薄板を綴じて作った「檜扇」が発祥。平城京の遺跡から発掘された檜扇には文字が書かれたものもあり、携帯式の木簡のようなものであったようです。

男性の平安装束では、どういうときでも手に「笏」を持つイメージがありますが、笏は正式な束帯装束のときだけ持つもので、衣冠や直衣の場合は、笏ではなく檜扇を持ちました。檜扇は単なる冷却用の実用品ではなかったのです。

夏扇

その後、細い骨に紙を貼った「蝙蝠」と呼ばれる扇が生まれ、これが冷風を送るための夏扇とされました。『枕草子』の「中納言殿まゐり給ひて」で、藤原隆家が素晴らしい骨を手に入れたので張る紙を厳選しているという話が紹介されています。貴族たちは蝙蝠の骨にも紙にも凝ったのでしょう。軽くするために紙は片面にしか張りませんから、裏は骨が見えたままです。

夏扇（孝明天皇御料）

蝙蝠はのちに「夏扇」と呼ばれるようになり江戸時代まで用いられましたが、伝統に従って紙を片面にしか張らず、裏面は骨が見えているのが有職の夏扇の特徴です。

孟夏旬の扇は？

四月一日の儀式「孟夏旬」では近衛次将が参加の王卿に扇を配ることが定められていました。これが「四府」（左右近衛・左右兵衛）が献進した檜扇であるかは明記されていませんが、時系列的にはそのようです。

夏が始まる時期に扇が配られるとすれば、それは納涼用の蝙蝠と思いがちですが、これが木簡由来の四府献進の檜扇だとすれば、解釈を変える必要があるのかもしれません。しかしのちには女官が夏扇を配ることが一般的になったようです。

文献

『西宮記』

「四月一日。四府進檜扇〈起自四月一日尽九月。左右近衛・左右兵衛付内侍所〉。」

『遊庭秘抄』（二条為定？・南北朝時代）

「束帯直衣の時も春も冬も檜扇は輙不可持之。鞠の日ならずとも。鞠足は公卿殿上人夏の扇持侍らん事難あるべからず。晴会は必扇をさすべし。直衣にはさゝず。狩衣水干の時さす也。」

『桃花蘂葉』（一条兼良・室町後期）

「扇。十五歳以前は。杉横目の扇。絵は松鶴など祝物をかく。うらのかたは蝶小鳥を書。色々の糸にて是をとぢて。糸のあまりをあはび結びにして。梅のちり花などを結びつけて。扇にまきて持也。かなめの蝶鳥をかねにて打て用之。十六歳の時分までも宥用ふ。くるしからず。檜扇は廿五枚。若年の時は。白糸にてとぢて。糸のあまりにて藤の花を置物にして。かなめより上二三寸程持ところを残すべし。是は中納言中将。十七八歳の大納言大臣などの時持べし。宿徳の大臣などの時は。藤丸を糸にてはして。両方の面に押也。束帯の時は。夏も檜扇を持也。衣冠直衣などの時。極熱には蝙蝠の扇も子細なし。老者は猶冬の扇をもつべし。近ごろは。夏冬をいはず。蝙蝠をもつ人あり。例たるべからず。」

一 二 三 四 五 六 七 八 九 十 十一 十二 通過儀礼

一 孟夏旬

もうかのしゅん 年

柳筥

孟夏旬の扇配り（『難波鑑』＊）

平安時代、「旬政」（略して「旬」）と呼ばれる儀式がありました。「旬」とは十日間の区切りを意味します。毎月の旬の初め（一日・十一日・二十一日）と月の後半の初め（十六日）の四回、天皇が臣下から政務を聞き、宴を催す儀式でした。

しかし摂関政治の時代になると、四月（孟夏）と十月（孟冬）の一日、年二回だけになります。これをそれぞれ「孟夏旬」「孟冬旬」、まとめて「二孟旬」と呼びました。

「旬」を味わう宴会に

年に二回の開催になってしまった時代の儀式の内容は、政務報告というよりも季節の食べ物を味わう宴会が中心でした。季節の美味を指す「旬の食べ物」という表現はここから来たという説もあります。遊興といえばそれまでですが、例年通り美味しいものが当たり前に食べられることは、災害もなく政治がうまく運営されていることを実証する意味合いもあったのです。

天皇が出席しない場合もあり、そのときは「平座」と呼ばれる簡略版になります。会場も正殿である「紫宸殿」ではなく「宜陽殿」で実施され、まさに楽しい宴会になっていました。

扇配り

三献の酒を飲みますが、二献の前に扇が配られます。これが孟夏旬のメインイベントです。

神事など重要な場面で用いる「柳筥」に入れた扇を女官が用意。目で合図された近衛次将がこれを受け取って参加者に配布。立ち上がって受け取った者は扇を腰に差し、笏を持って座るという作法がありました。

文献

『九条年中行事』
「四月　二孟旬儀。
旬日□書可用出居亜将也。或書懐紙。或書扇可随身。天皇御殿。次開門。次御鎰奏。先闈司。後監物。次閉門。（中略）受索餅。此間酒番着座。又供御酒□参上□。次給臣下箸。次供御四種。次給臣下四種。次供御索餅。下器帰間供之。次給臣下索餅。次厨家御贄。次鮑御羹。次供御飯。」

『小野宮年中行事』
「同日旬事。若有次侍従欠者。未御南殿之前。喚大臣定補之。或於陣頭定申。正月一日。十六日。九月九日。及十月一日。又有此事。若無出御之時。令蔵人仰上卿侍従可給御酒之由。公卿着宜陽殿座行事。其見参幷禄目録。付蔵人奏之。左近陣例大将宣〈冬嗣〉。出居侍従満十二人。不得更昇。天長二年二月二日。今案件宣旨。出居侍従十二人已下歟。」

『北山抄』
「番奏之後二献之前、暑月給扇。其儀内侍取盛扇楊筥、出自御帳北座御屛風南妻。目出居次将。次将進取。立王卿座前給之〈片手取筥、片手取扇給也〉。給者先懐本扇把笏起座。更挿腰賜扇、又把笏復座。」

八 灌仏会（かんぶつえ） 年 武

誕生仏

四月八日はお釈迦様の誕生日とされ、それを祝って行われるのが「灌仏会」です。「灌」は液体をそそぐ意味で、現在では甘茶を小さな仏像に注ぎかけます。この仏像は「誕生仏」と呼ばれる、生まれたばかりの釈迦の像。釈迦は誕生すると両手で天と地を指し「天上天下唯我独尊」と唱えたといわれます。

またこのとき難陀（なんだ）龍王・優波（うば）難陀（なんだ）龍王らが祝福して、空から甘露の雨を降らせたという伝説があり、それにちなんで甘茶を注ぎかけるのです。

五色の香水（こうずい）

平安時代は甘茶ではなく「五色の香水」をかけました。『醍醐天皇御記』の延喜十年（九一〇）四月八日の記事に「灌仏如常」として、五色水料鉢の横に天皇用と一般用の柄杓が用意され、それで仏像に香水を注ぎかけるとあります。この「五色水」は、それぞれどういう香りがつけられていたのでしょうか。

時代は下がりますが江戸中期の『華実年浪草』によれば、青色水＝都梁香、赤色水＝鬱金香、白色水＝丘降香、黄色水＝附子香、黒色水＝安息香です。

しかし製造に手間とお金のかかる「五色水」ではなく、次第に甘茶が用いられるようになります。本来「甘露の雨」なのですからこれで良しと、江戸初期に中国から黄檗（おうばく）宗が伝えたものといわれます。

お布施（ふせ）は現金で

五色水をかける以外にも、お釈迦様に「お布施」をしました。『源氏物語』（藤裏葉）に「灌仏率てたてまつりて（中略）布施など、公ざまに変はらず、心々にしたまへり」とあります。

「公ざま（おおやけ）」なのはお布施の金額です。お布施は現金払いで『九条年中行事』によれば、寛平八年（八九六）四月八日の定法として、親王と大臣は五百文、大納言は四百文、中納言は三百文、参議は二百文、四位は百五

文献

『日本紀略』
「仁和四年四月八日乙亥、灌仏。」

『醍醐天皇御記』
「延喜十年四月八日。灌仏如常。右大臣云々等侍。以少僧都観賢為導師。訖給白袿。右大臣持給之。此日奉銭為常法。而公卿等定一部。令奉撤昼御座。下母屋御簾。南第四間立仏台。其南立散花机二脚。南北重行立之。其北立置鉢杓机二脚。南机置盛五色水鉢、北机御料幷人給杓各二柄。敷小筵等為仏台机下数云々。仏前鋪半畳為導師座。孫廂額北間鋪小筵為弟子座。出居王卿座同季御読経云々。」

『延喜式』（図書）
「御灌仏装束　金色釈迦仏像一体〈備金銅盤一枚〉。山形二基〈一基立青龍形、一基立赤龍形〉。金銅多羅一口〈受水料〉。黒漆案四脚〈一脚御料金銅杓二柄安同盤、人給料黒漆杓二柄、一脚白銅鉢一口、銀鉢四口、各加輪、竝五色水料。一脚花盤二口盛時花、金銅火爐一口加蓋、一脚散花筥五枚盛時花〉。」

『九条年中行事』
「八日灌仏事。諸司装束了。蔵人取御布施銭置仏前。件銭。其日平旦。内蔵寮奉蔵人所。入楊筥居高坏。敷二貫文。（中略）奉布施銭法。親王幷大臣五百文。太政大臣銭數無所見。而承平七年。准大

十文、五位は百文、六位は七十文と、官位によって明確に金額が決まっていました。

花を飾る

お布施は銭を紙で包んで白木の枝につけました。女房たちは

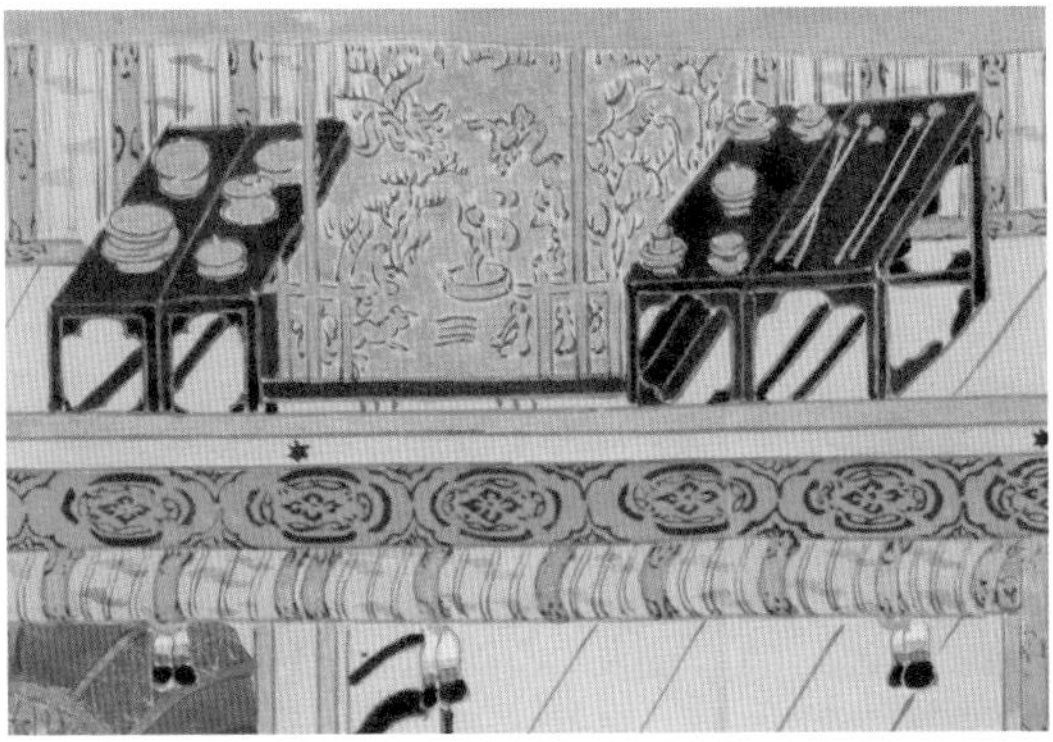

灌仏会（『公事十二ケ月絵巻』＊）

それでは華やかさに欠けると、色とりどりの花を飾ったと二条良基の『おもひのままの日記』などにあります。このように誕生仏のまわりを花で飾ることも灌仏会では大切でした。

『延喜式』（図書）を見ますと、会場には金色釈迦仏像、山形二基（青龍形一、赤龍形一）、五色水料鉢などのほか、時候の花を盛る花盤二口と散花筥五枚が用意されています。こうしたことから現代では灌仏会は「花祭り」と表現されることもあります。

風紀を乱す？

『延喜式』（弾正）には、灌仏会の四月八日と盂蘭盆会の七月十五日は、朝廷で風紀風儀の取り締まりを担当した役所である弾正台が東寺・西寺を巡回して、境内に集まる人々を取り締まると定められていました。人々が浮かれて禁色（身分により着ることが禁じられた色）違反をしたり「男女交雑」に及ぶ者がいるからという理由です。それだけ盛り上がった華やかな祭りだったのでしょう。

灌仏会（『難波鑑』＊）

臣例。被奉五百文。大納言四百文。中納言三百文。散三位并参議二百文。四位百五十文。五位百文。六位今定七十文。并小舎人五十文。寛平八年四月八日定法也。先例件銭殿上地下参議已上。雖不参猶奉。而延喜八年。地下王卿不参者不奉之。」

『中右記』（藤原宗忠・平安後期）
「寛治八年（一〇九四）四月八日戊寅、依例有御灌仏。（中略）参仕人々廿余輩、各置布施如例。次蔵人等置下不参入布施并女房布施物上。第一御導師源快率弟子僧四人、入自西中門、進御前。先礼仏散花、灌五色水。」

『建武年中行事』
「八日灌仏あり。神事にあたる年はなし。灌仏あるおりは九日より御神事也。けふは女房の布施どもぞもてはやさるゝ。色々にむすびたる花どもに付て。風流どもあるなり。ちか比は新せいにて。風流などいとみえず。御殿のもや御れんをたれて。ひの御座をてつして。その跡に山形を立たり。仏のむまれ給儀式を作ていとにて瀧をおとせり。いろいろの作物有。北の方に机をたてゝ。はち五に五色の水を入。公卿まいりあつまりて殿上にさぶらふ。女房のふせども衣ばこのふたに入て台盤所よりいだせば。蔵人とりて殿上のだいばんのうへにをく。」

中午

賀茂斎院御禊

かものさいいんごけい　年

賀茂祭の三日前、賀茂の斎王は賀茂川で禊をします。紫野の斎院御所から賀茂川に向かう行列は非常に華やかで、人々は競って見物しました。

斎宮と斎院

伊勢の神宮に奉仕する皇女が「斎王」。神話の時代に始まり、天武天皇の時代に確立されたといわれます。天皇の即位のたびに新しい斎王が選定され、伊勢まで赴任しました。そして伊勢における斎王の御所を「斎宮」と呼びました。賀茂の斎王と区別するため、伊勢の斎王を「斎宮」と呼ぶこともあります。

賀茂社に奉仕する斎王は「斎院」と呼ばれ、普段は平安京北部の紫野にある斎院御所に居住して、祭事のたびに賀茂社に赴きました。

女使の赤毛糸車（『賀茂祭絵詞』＊）

賀茂の斎王の起源は弘仁元年（八一〇）、藤原薬子にそそのかされた平城上皇が起こした反乱「薬子の変」。嵯峨天皇は反乱鎮圧と平安京の永遠を願う一環として賀茂社に戦勝祈願します。そして「もし勝たせていただけたら皇女を『阿礼乎止売』として奉仕させます」と祈りました。結果、嵯峨天皇側が勝ち、約束通り皇女・有智子内親王を斎王としたのです。この方が初代斎王（斎院）で、二十一年間も斎王を務めました。

白熱した行列見物

斎院御所から出発する華やかな行列の様子は『枕草子』でも詳しく書かれていますが、有名なのは『源氏物語』（葵）の「車争い」の場面です。もちろんフィクションですが、御禊行列がいかに都の人々の関心を集めていたかがわかります。

しかし、後鳥羽天皇皇女・礼子内親王の斎王退任以後、承久の乱の影響と資金不足により斎院制度は途絶してしまいました。その後は「女使」が斎王の代わりを務め、赤糸毛車で社頭に向かいました。現代の葵祭（賀茂祭）では、一般市民から選ばれた「斎王代」が、境内の御手洗川に両手をひたす「御禊神事」を行って、往時を偲ばせます。

文献

『延喜式』（神祇）
「斎院司　凡天皇即位。定賀茂大神斎王。仍簡内親王未嫁者卜之〈若無内親王者。依世次簡諸女王卜之〉。」

『小野宮年中行事』
「中午日斎院禊事〈有未日之例〉。前二日。斎院別当率陰陽寮及供奉諸司等到河辺。点定其地。付蔵人奏之。当日早旦。召王卿家及山城近江等国牛給彼院。先是被召仰件牛。但山城近江給所牒。祭日同用之。又御覧蔵人所陪従。其後遣彼院。」

中酉 賀茂祭

かものまつり　年

唐鞍の勅使（『賀茂祭絵詞』＊）

賀茂社は平安遷都以前からこの周辺を支配していた「賀茂県主」一族の氏神を祀る神社で、賀茂別雷神社（上賀茂神社）と賀茂御祖神社（下鴨神社）を合わせて賀茂社（賀茂神社）と呼びます。奈良時代から栄えていましたが、平安遷都後は王城鎮護の神社として皇室の篤い崇敬を受け、さらに隆盛しました。

その賀茂社の祭が賀茂祭です。平安時代、賀茂祭は石清水祭・春日祭と並んで「三勅祭」のひとつでしたが、当時ただ「まつり」といえば賀茂祭のことを意味し、内裏に最も近い勅祭として人々に愛され、楽しみにされていました。

生活に馴染んだ祭

賀茂祭の期日は装束の着用時節の基準にもなっていました。鎌倉時代の『衛府官装束抄』には、下着である「単」は練絹を糊張りして着るが、四月一日から賀茂祭までは生絹を用い、祭の後は四月末日までは単を着ないで薄衣に麻の「帷」を着る、とあります。賀茂祭は生活の基準になるほど生活に溶け込んだ年中行事だったのです。

葵

江戸時代頃から賀茂祭が「葵祭」とも呼ばれるのは、行列の一行が冠に葵（フタバアオイ）と桂の葉を飾ったからです。なぜ「葵」なのかといえば、ご祭神「賀茂別雷命」が成人式の席で天上の父のもとに戻ってしまい、再会を願う母の夢の中で「葵・桂で祀って待っていてください」と告げた、という言い伝えによります。

フタバアオイ（双葉葵、学名：*Asarum caulescens Maxim.*）は、ウマ

フタバアオイ（*Asarum caulescens*）

文献

『本朝月令』
「中酉賀茂祭事。（中略）故鴨上社号別雷神。鴨下社号御祖神也。戸上矢者松尾大明神是也。是以秦氏奉祭三所大明神。而鴨氏人為秦氏之聟也。秦氏為愛聟以鴨祭譲与之。故今鴨氏為祢宜奉祭。此其縁也。鴨祭之日。楓山之葵挿頭。当日早朝。松尾社司等令齎挿頭料。参候内蔵寮。祭使既来。置楓山葵於庭中。詔戸申使等。各挿頭出立。」

『小野宮年中行事』
「中申酉日賀茂祭事〈酉日廃務。当日使立〉。先二日。少納言付内侍奏可祭斎之文。当日早旦内記書宣命。付内侍。内侍奏之。覧訖令給内蔵寮使。又巳一刻使等参入。付内侍令奏罷向祭所由。即給例

一 二 三 四 五 六 七 八 九 十 十一 十二 通過儀礼

ノスズクサ科の植物で、アオイ科ではありません。タチアオイ（立葵、学名：*Althaea rosea*）などアオイ科の植物は、太陽に向かって花が咲くことを意味する「仰日」から「あふひ」と呼ばれるようになったとされますが、フタバアオイの花は葉の下で小さく可愛らしく咲き、「仰日」ではありません。神を饗応する日を意味する「饗ふ日」が転じた名前という説もあります。

行列と桟敷席（さじき）

祭の勅使行列がまた美麗でした。多くの京都市民の注目を浴びるわけなので、公卿たちも特に美しくきらびやかな装束を競ったのです。束帯（そくたい）で帯びる太刀にはさまざまな種類・ランクがありましたが、鎌倉時代の『餝抄』によれば四節会、大嘗会（だいじょうえ）御禊とならび、賀茂祭使となったときに最も高価で美麗、グレードの高い「餝劔（かざりたち）」を用いる、とあります。勅使の馬は銀面や宝珠などのきらびやかな中国風の唐鞍（からくら）で飾られました。

「風流（ふりゅう）」というサイケデリックな飾りもしました。「放免」と呼ばれる検非違使（けびいし）の下僚は衣服に大きく派手なコサージュのような「風流つけ物」をつけ、また大きな傘の上にさまざまな飾り、ジオラマのような装飾を施した「風流傘」も人々の目を引きました。

また、斎院御禊の行列と同じように、街頭は多くの見物人であふれました。貴族たちは「桟敷」と呼ばれる仮設見物席を設営し、そこで酒宴を開きながら行列を見物しました。酔った上でのトラブル、乱闘騒ぎも毎年のことだったようで、公家たちの日記にはそうした記録が数多く残っています。上から下まで京都中が大騒ぎするのが賀茂祭だったのです。

風流傘（『年中行事絵巻』＊）

禄。天皇御南殿〈南廂中央間立大床子為御座。御後施御屏風〉。内侍臨檻喚人。」

『餝抄』
「餝劔。　四節会、大嘗会御禊、　賀茂祭使節用此劔。　近代多用代。」

『衛府官装束抄』（源頼言・鎌倉時代）
「賀茂祭に斎院のわたらせ給時。　次第使の馬允といひて。　左右に一人ヅヽまいるなり。　束帯にて胡籙もおはず。　革緒の太刀。石のをび。　うつしにしやくの泥障をさしてのる也。」

『年中諸公事装束要抄』
「賀茂祭。　使かならず近衛司なるべし。垂纓。闕腋袍。巡方帯〈魚袋〉。飾劔。平緒。靴。随身の人数中少将によりてあるべし。必蛮絵装束なるべし。蛮絵の文左右によりてかはるべし。（中略）　諸宮使。　衛府官にあらずば縫腋袍。自余の事近衛使におなじ。　馬寮使。　垂纓。闕腋。　螺鈿野劔。　巡方帯。馬以下の具足等諸宮使におなじ。」

『世諺問答』
「問て云。賀茂祭の日あふひかくる事は何のゆへにてか侍るらん。答。まつりの日。近衛の中将を勅使にたてらるるなり。むかし夢のつげ侍りしより。けふ人々あふひかづらのあふひをかくると申つたへたり。」

五

端午節会

たんごのせちえ　年　養　延小儀　五

端午節は古代中国発祥の慣習で、『養老令』の節日に定められるほど古い歴史があります。その主旨は「疫病除け」と「尚武」で、その両方を担うものとして奈良時代から「菖蒲」がさまざまな形で用いられました。

当時は花の咲くアヤメと花の咲かないショウブを混同し、「菖蒲」と書いて「あやめ」と読んでいたようです。

疫病除け

疫病除けとして用いられたものの代表例が「菖蒲の香り」と「薬玉」です。『枕草子』には「節は五月にしく月はなし。菖蒲、蓬などの香りあひたる、いみじうをかし」とあり、内裏の御殿から庶民の家に至るまで、屋根の上に菖蒲を並べて魔除け・疫病除けとする「菖蒲葺き」をして香っている風情を褒め称えます。

また「薬玉」は「長命縷」「続命縷」などとも呼ばれ、寿命の長さを意味する五色の糸を長く垂らすことが大切でした。

これを御帳（寝台）の柱にかけ、九月九日に「茱萸袋」と取り替えるまでかけ続けます。平安時代の詳細は不明ですが、遅くとも江戸前期までには造花と香袋を組み合わせた形式がととのえられ、「真・行・草」の三種類が生まれました。

菖蒲づくし

端午節会では「菖蒲蔓」と呼

端午節会（『公事十二ヶ月絵巻』＊）

薬玉［右：真／左：行］

文献

『西宮記』
「五月五日節日 天皇服位御服、王卿着魚袋、靴等、又天皇、太子、王卿已下百僚、着菖蒲鬘、又太子已下参議以上、従御所給続命縷（クスタマ）各着之。」

『小野宮年中行事』
「五日節会事。貞観太政官式云。已進不堪状之後。若当日先一日進馬之類。竝為負馬。前十余日奏差定奏名奏毛文。大臣差定四位一人。五位一人奏之。」

『建武年中行事』
「端午節会。五月三日六府昌蒲の輿を南殿の階の東西にたつ。四日あさがれゐの庭に一これをたつ。主殿寮所々にしやうぶふく。くすりのつかさ（典薬寮）のしやうぶ。ながはしのかべのもと殿上のまへにをく。五日いと所くす玉を御帳左右の柱にむすびつく。五日の節絶て久し。」

『公事根源』
「五日節会。天皇武徳殿に出御なりて、宴会を行はれ、群臣に酒を給ふなり。内弁なども四節に同じ。人々皆あやめの鬘をかく。日蔭の鬘の如し。典薬寮あやめの御案をたてまつる。群臣に薬玉を賜ふ。五色の糸をもてひぢにかくれば、悪鬼をはらふと申す本文侍るにや。其の後、騎射の事あり。大将射手の奏をとる。左右近衛馬に乗りて弓を射る。これ

ばれる、菖蒲で作ったかぶり物を頭につける風習がありました。

室町時代、檜を薄く削った薄板で「菖蒲甲（あやめのかぶと）」が作られるようになります。これを「檜兜」「削りかけの兜」とも呼びます。江戸時代になると檜兜を飾る習慣は宮中や堂上公家の世界にも導入されて伝承されました。

檜兜

そしてこの日は「菖蒲湯」にも入ります。室町後期の『世諺問答』に「沐浴に入侍る事は本草また大戴礼月令などいふ書に侍る」とあり、やはり古代中国以来の風習のようですが、遅くとも室町後期の記録には見られ、『後水尾院当時年中行事』には「菖蒲の形は見えないが匂いがはなはだしい」とあります。五月五日の都は、一日中菖蒲の香りが漂っていたのでしょう。まさに「菖蒲、蓬などの香りあひたる、いみじうをかし」です。

さらには菖蒲枕（曲尺四寸に切ったもの十二本、三カ所を水引でくくる）、菖蒲むしろ（五寸に切って四方を水引で編んだもの）など、菖蒲づくしの行事でした。

粽（ちまき）

この日に粽を食べる歴史は古く、『宇多天皇御記』の寛平二年（八九〇）の記事に「五月五日五色粽」とあります。これは五世紀中国の『続齊諧記』にある、屈原（くつげん）の逸話に基づく「五花糸粽」からのものと考えられますが、端午粽の起源には諸説あります。

『禁裏御膳式目』によれば、この日の天皇の食膳には「乃し御粽」が出されます。菖蒲の根の方を三寸に切ったものを七本、蓬の葉の先を三寸に切ったものを七本添えました。

道喜粽（『諸品雛形』川端道喜蔵）

をうまゆみともいへり。推古天皇の御宇より始まる。今は絶えて幾代にかなりぬらむ。」

「端午節。けふ粽を食ふ事あり。昔高辛氏の悪子、五月五日に舟に乗りて海を渡りし時、暴風俄に吹きて浪に沈みけるが、水神となりて常に人を悩ます。ある人五色の糸をもて、粽をして海中に投げ入れしかば、五色の蛟龍となる。それよりして海神人をなやまさず。漕ぎ行く舟も災難にあはずと申伝へたり。又は屈原が汨羅に沈み、魚腹に葬せしを、祭りし時の供物なりと申すにや。」

『後水尾院当時年中行事』
「五月四日。さうふハ主殿寮ふくとあれと、此比ハ丹波国小野といふ所〈小野郷丹波境鷹峰より北三里、山城の内也。勧修寺殿也。去帝土こと三里平之丞、兵庫浅井浅之進とて以上三人有〉より献す。同所の者あまた参りて、御殿ことにふきわたす。あやめの枕薄やうにつゝむ一対にゆひ、御枕本にあり。薄やうハ極臈調進す。御枕ハ勾当内侍より出すなり。其やう、あやめをたけ五六寸はかりに切て、五寸廻りはかりに跡さきをかうひねりにて結ひて、両方の小口によもきをさしはさむなり。」

五　騎射

うまゆみ　年　公

端午節供（たんごのせっく）は「尚武」の行事でもあったため、五月五日をはさんだ日程でさまざまな武術大会が開催されました。代表的なのが左右近衛府の「騎射」。現代まで伝わる「流鏑馬（やぶさめ）」の源流で、馬に乗り疾走しながら的を射貫く勇壮な競技です。射手は左右近衛大将が選抜し、武官にとっては晴れ舞台で腕の見せ所でした。五月三日に左近府の荒手結（あらてつがい）（予行演習）、五日に真手結（まてつがい）（本番試合）。右近府は四日が荒手結で六日が真手結でした。

右近騎射（『年中行事絵巻』＊）

『延喜式』（近衛）によれば、騎射選手が近衛府馬場で教習するときには官人二人が「皂緌緋布衫、金画絹甲形、金画布冑形」という装束を、騎射本番では「深緑布衫、錦甲形、白布帯、横刀、弓箭、行縢、麻鞋」を身につけて、五寸的・六寸的めがけて射たとあります。

押折（おしおり）

このとき、褐衣（かちえ）の尻裾を短く巻き上げる「押折」にしました。尻裾を内側に折って、左腰で帯に下から差し込むのです。馬に乗って矢を射るという動きに即した便宜の方法ですが、この「押折」は、「ひおり」とも読んだという説があります。

『古今和歌集』に「右近の馬場のひおりの日」として、在原業平の歌が載っていますが、この「ひおりの日」というのが何を指すのか、平安時代後期にはもう何が何やらわからなくなって論争になっていました。押折のことを「ひおり」というのか、そうではなく荒手結の日のことを「ひおりの日」というのか、という論争です。

押折は騎射のときだけでなく、狩衣（かりぎぬ）姿で軽快に歩くときや、雨天で道がぬかるんでいるときなどにもなされました。内側に巻き上げて左腰に挟むのが普通で、右側に挟むのは凶事の際に限るというきまりでした。

文献

『小野宮年中行事』
「左右近衛騎射手結事。左三五日。右四六日。若有甚雨。次之日行之。又当奉幣伊勢之日延引之例。延長四。天暦二。長保二五六年。」

『和歌童蒙抄』（藤原範兼・平安後期）
「ひをりの日といふは、秦の兼久はまゆばいんとする時に、褐の尻を内様に引折て挟を云なりとぞ申ける、但何の日もかくぞすめれば、是僻事もやあらん。」

『袖中抄』（顕昭・平安末期）
「六条左京兆顕輔卿召されしは、右近馬場の捭折の日は、天下第一の難儀なり云々。（中略）五月三日は、左近荒手結なり、四日は右近荒手結なり。（中略）荒手番の日、褐の尻を女の中結たる様にはさむを、あらはにかはへ引出したれば、ひおりとはいふべからず。」

『次将装束抄』
「馬場騎射〈左近五月三日荒手結、五日真手結。右近。四日荒手結、六日真手結〉。」

『布衣記』（齋藤助成・一二九五年）
「永仁三年（一二九五）八月（中略）次押折の時。五位六位共以裾を左へ。刀之下へ引取。但衛府は不取裾。但馬上之時可取裾。下時下裾。

五

内膳司献早瓜

うちのかしわでのつかさはやうりをけんず　年

夏場の水菓子の代表が「瓜」でした。天皇も水菓子として早瓜を賞味したようで、『延喜式』（内膳）には「五月五日に山科の専用農園から早瓜を納める」とあります。年によってはまだ実っていない場合もありますが、そのときは「花と根を納める」とあるほど、心待ちにするフルーツであったわけです。

マクワウリ（*Cucumis melo var. makuwa*）

貴族社会でも広く愛されていたようで、『西宮記』には「甘瓜を賜る使者には、侍臣の中でも大酒飲みをあてる」とありますから、美味しい瓜を届けてくれた使者は大いに歓待されたのでしょうか。

真桑瓜（まくわうり）

平安時代の瓜といえば、いわゆる「真桑瓜」です。美濃国「真桑村」の名産なのでその名があるといわれますが、実際には美味しい「真瓜」をもともと「まっか」と呼んでおり、その名産地なので村の名が生まれた、という順序が正解のようです。平安時代は奈良が真桑瓜の名産地でした。

鎌倉時代の『古今著聞集』には、瓜の中にひそむ蛇を安倍晴明が見通し、源義家が退治するというおとぎ話のような説話が載っていますが、そこにも「五月一日、南都より早瓜を奉たりけるに」とあって、やはり奈良産の瓜だったようです。

瓜の食べ方

現代のテーブルマナーでもフルーツの食べ方はなかなか難しいもの。特に西瓜や瓜はどう食べれば美しく見えるか気を遣います。

平安後期の『富家語』には「果物は手で食べる。手で触った部分は必ず食べ残すこと」とあります。さらに「瓜を食べるときには、端まで食べない。大食いに見られないためである」とあり、ついついかぶりついてしまう気持ちがよく表れています。

文献

『延喜式』（内膳）
「供奉雑菜　日別一斗。韲料三升。生瓜卅顆。准三升〈自五月迄八月所進〉。」
「五月五日。山科園進早瓜一捧〈若不実者。献花根〉。」

『小野宮年中行事』
「同日内膳司献早瓜事。即差内豎奉常住寺。」

『富家語』（藤原忠実述・平安後期）
「食菓物時、多ハ手ニテ食也。其中餅カキタル栗ナト箸ニテ食スルハ見苦事也。シルタリタル物ヲ箸ニテ食也。但取手テ食スル物ハ必取所ヲハ食残ヘキナリ。」
「食瓜ニハ不食端、是為不令見多食由也。」

『執政所抄』
「菓子精進物　平田・宿院・佐保殿、已上各瓜廿駄。」

六 賀茂競馬

かものくらべうま 年

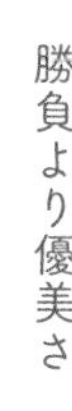

賀茂競馬

端午節供の「尚武」の一環として、武徳殿や神泉苑といった大内裏の中で競馬が行われ、天皇はそこに出かけて見物しました。『延喜式』（馬寮）には「五月六日競馬并騎射式」の項目があって、国家行事としての競馬の開催方法が詳しく載っています。

左右の馬寮が馬を出し、左右の近衛府から騎手が選ばれて、左右対決をしました。『宇多天皇御記』には「騎手が落馬しても馬が先にゴールした方が勝ち」というような記述もあり、馬の走りを見ることが大切だったようです。

勝負より優美さ

『今昔物語』に「兼時・敦行、競馬の勝負の語」があります。尾張兼時は苦手とした荒馬に乗って下野敦行に敗北しましたが、これは負け馬の引き上げ作法「万の人に極めて糸惜しと見ゆる姿」を人々に見せるために、わざと負けたといわれます。勝ち負けよりも優美な所作、儀礼が優先されたのです。

神社での開催

堀河天皇の寛治七年（一〇九三）よりは競馬は大内裏ではなく賀茂社で開催されるようになります。『古事談』によれば、このときから騎手の装束は、左方が赤系の「打毬楽」の装束、右方が青系の「狛桙」の装束という舞楽の装束を着用するようになったとあり、これが後年まで伝統として受け継がれました。

競馬は大人気でしたので、あちこちの神社でも開催されるようになります。有名なのは深草の藤森神社で、腰に菖蒲を差す「菖蒲刀」の発祥地ともいわれます。また『年中行事絵巻』には梅宮大社の競馬が描かれています。

梅宮大社の競馬（『年中行事絵巻』＊）

文献

『日本紀略』
「昌泰二年五月五日丁酉、端午節也。天皇御武徳殿、観騎射、走馬。」

『延喜式』（馬寮）
「五月六日競馬并騎射式　右当日早朝鞍細馬十疋。雖有駿馬。不載駒牽奏文莫預此列。車駕幸武徳殿。登時寮馬以御馬名簿進於御監則伝奏。寮官率近衛十人。令騎細馬。即以次度。度畢頭已下。従殿後至於馬出埒下。左右近衛中少将与寮頭助共令競走。左右寮允各一人。立馬出埒左右側奏馬名。詞云某牧若干。」

九　今宮祭

いまみやのまつり　私

かつて朝廷は由緒ある神社を選定し、祭に勅使を送って奉幣しました。祭には天下泰平・五穀豊穣、さまざまな祈りがある中で、疫病退散もまた人々の切実な願いだったのは言うまでもありません。

今宮神社

今宮祭は平安中期に創始されたもので、この祭もまさに疫病退散を祈る祭でした。

悪疫退散の祈り

正暦五年（九九四）六月、疫神を鎮める「御霊会」が行われ、船岡山に神輿が安置されました。当時、疫病は祟りで起こるとされ、怨霊を鎮めるための「御霊会」が行われたのです。

その後、「天下男女夭亡過半」とされるほど疫病が大流行した長保三年（一〇〇一）五月九日、船岡山の北、紫野の地に神輿を移して「今宮」と号しました。『後拾遺和歌集』にはこのとき藤原長能が詠んだ「今よりは荒ぶる心ましますな　花の都にやしろ定めつ」が載っています。以降、毎年五月九日に開催される今宮祭は重要な祭に位置づけられることになりました。

御霊会

身分の上下や職業を問わず、人々共通の願いだったからでしょう。現在の祇園祭もそうであるように、悪疫退散を願う祭である「御霊会」は大いに盛り上がり、多くの参拝者を集めるようになります。長保三年の「紫野御霊会」も、『日本紀略』に「京中の上下の人々がこの神社に数多く集会した」とあります。その当時から存在したという伝承のある「あぶり餅」は、現在まで往時の賑わいを偲ばせてくれます。

今宮祭（『年中行事絵巻』＊）

あぶり餅

文献

『日本紀略』

「正暦五年六月廿七日丁未、為疫神修御霊会。木工寮修理職、造神輿二基、安置北野船岡上。」

二十 細絵扇の使納

ほそえおうぎのつかいおさめ　私

旧暦の五月下旬といえば、そろそろ梅雨が明けて本格的な暑さが訪れる季節です。そこで五月二十日までは扇面の絵が細かく密に描き込まれた細絵扇を用い、二十一日からは、草花を一枝だけ描いたような、涼しげな扇面のものを用いました。

夏扇（桃園天皇女御所用）

こうしたところで清涼を演出するのは、いかにも日本的な情緒です。生活に関わる品も季節に応じて使い分け、折々の風情を楽しむ。有職故実や年中行事はまさにそれが根本です。

蝙蝠扇（かわほりおうぎ）

ここでの「扇」とは檜扇ではなく夏扇のこと。つまり紙を張った「蝙蝠」扇のことです。

なぜ「かわほり」つまりコウモリなどと呼ぶかというと、南北朝時代の『河海抄』には、ずばり「コウモリの羽を見て扇を作ったので扇の名にした」と記されています。ただコウモリも「皮張り」からといわれますし、蝙蝠は「紙張り」が変化したという説も有力です。

蝙蝠は夏場用で冬は用いないのが原則でしたが、室町後期の『桃花蘂葉』では一条兼良が「近頃は夏冬問わず蝙蝠を持つ人がいるが、真似をしてはいけない」と渋い顔をしています。

扇の骨

室町末期の『三内口訣』によれば、公家の持つ蝙蝠の骨は白木が原則です。黒塗りは凶事に用いました。逆に武家は、黒骨を平生に用いて白骨を凶事に用いるとされます。

『枕草子』には「扇の骨は朴。色は赤き、むらさき、みどり」や「小白河といふ所は（中略）朴、塗骨など、骨はかはれどただ赤き紙」とあります。平安時代は朴製の白木の骨もポピュラーであったのでしょう。

文献

『たまきはる』（健御前・平安後期）
「扇は、五月廿日までは数骨のすゞし紙の、絵こまかなる扇を持つ。暑くなりてのち、単衣襲着る程よりは、すゞし紙の絵はたゞ一枝など、清げに心あるを、細骨の六骨に張りて持つ。」

『河海抄』
「蝙蝠羽をみて扇をつくりはしめし故に扇の名を云也。」

『餝抄』
「公卿宿老之人、束帯之時不論夏冬持檜扇。直衣之時猶持之。年少之公卿、或炎天持蝙蝠。」

『桃花蘂葉』
「束帯の時は、夏も檜扇を持也。衣冠直衣などの時、極熱には蝙蝠の扇も子細なし。老者は猶冬の扇をもつべし。近ごろは、夏冬をいはず、蝙蝠をもつ人あり。例たるべからず。」

『三内口訣』（三条西実枝・室町末期）
「蝙蝠扇。平生用之。両金、猫間、骨白。黒保爾不用之。」

二十五 有無の日

ありなしのひ 私

五月二十五日は「有無日」と呼ばれ、朝廷の休業日とされていました。この日に限らず、平安時代は、何か事件事故があったり日蝕・月蝕があったりすると、朝廷が業務停止することがありました。

「廃朝（はいちょう）」は天皇が朝廷の政務を執らないことで、清涼殿（せいりょうでん）の御簾を下ろし、音曲や高声を控えました。これは数日に及ぶことがあります。「廃務（はいむ）」は先帝国忌などで朝廷全体が政務を休み、官人も出仕しない日のことで、これは原則として一日限りです。

休業日の理由

康保四年（九六七）五月二十五日、村上天皇が崩御しました。村上天皇は「天暦の治」と呼ばれる善政をしき、平安文化を開花させた天皇として「聖帝」「明主」と仰がれました。

その治世は政務を執る必要がないほど平和で安定していたということから、村上天皇の忌日であるこの日、急な事態が発生したときを除いて朝廷は仕事をしない、とされました。仕事をしたりしなかったり、なので「有り無しの日」です。

五月中の吉日に京に住む貧窮者に米・塩を与える年中行事が「賑給（しんごう）」。二十五日にその会議をする予定でしたが「有無日」なので二十七日に延期したというような記録が、『岡屋関白記』の建長二年（一二五〇）の記事に見えます。いろいろな理由で休業日があったのです。

さぼる公卿たち

古い記録を見ますと、年中行事にしても会議にしても、「所労」と称して欠席したり、遅刻をすることが当たり前のように記されています。どうもほとんどが単なるさぼりだったようです。ただ『江談抄』に興味深い話が載っています。

延長の末頃、叙位の日に大納言道明が所労と称して休んだため叙位の会議は中止に。しかし翌日の白馬節会（あおうまのせちえ）にはけろりと出席した道明に、醍醐天皇はどういうことかと詰問します。道明は退出後に嘆いて「所労あり……」と言って、ついに亡くなってしまったというのです。所労、あなどれません。

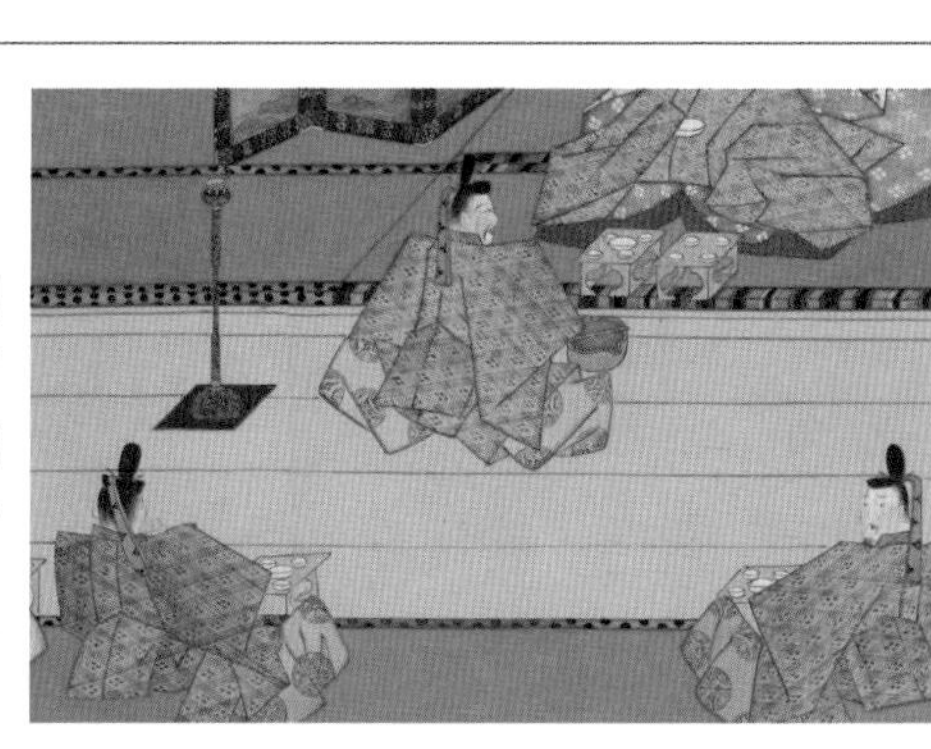
御前での政務（『弱竹物語』＊）

文献

『中右記』
「嘉承三年（一一〇八）五月廿五日。今日官中号有無日。強無結政、或又有急事者、可行政歟。依随体称有無。是官中故実也。是村上先帝御忌日也。本雖不置国忌。我朝聖主、後人恋遺徳、依強不行政歟。明主仁風、遠及後代歟。史定政来、御斎会雑事申上之次、問云。今日結政有無如何。中上云、無結政。是及今存古風歟。」

一 二 三 四 五 六 七 八 九 十 十一 十二 通過儀礼

吉日

最勝講

さいしょうこう　公

五月中の吉日を選んで五日間、「最勝講」と呼ばれる仏事が宮中で行われました。これは内裏の清涼殿（せいりょうでん）に東大寺・興福寺・延暦寺・園城寺の高僧を召して、『金光明最勝王経』全十巻を講じさせ、天下泰平・国家安穏を祈ったものです。

一条天皇の長保四年（一〇〇二）五月七日に行われたのが最初の例とされます。

ありがたいお経

『金光明最勝王経』は『法華経』『仁王経』と並んで「護国三部経」のひとつとされます。お経の力によって華やかな「最勝王国」を、四天王や弁天、吉祥天たちが護ってくれるというもの。現世利益を願う立場からすると大変にありがたいお経なのです。その中の「滅業障品第五」にはこうあります。

「若有国土宣説是経、沙門婆羅門、得四種勝利。云何為四。一者衣服飲食臥具医薬無所乏少。二者皆得安心思惟読誦。三者依於山林得安楽住。四者随心所願皆得満足。是名四種勝利。若有国土宣説是経、一切人民皆得豊楽無諸疾疫。商估往還多獲宝貨。具足勝福。是名種種功徳利益。」

この文字を見るだけでも、素晴らしく幸福な世界が語られているのがわかります。

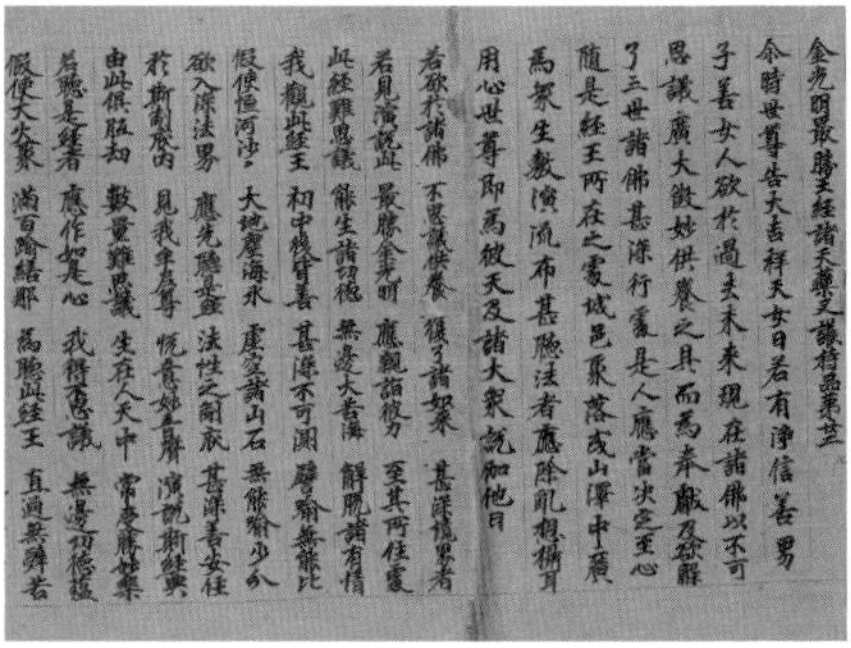

『金光明最勝王経』＊

一日晴れ（いちにちばれ）の装束

王朝文化が最も花開いた藤原道長の時代に始まった仏事ですから、貴族たちが装束の贅を競う場面であったようです。袍（ほう）（上着）の下に着る「下襲（したがさね）」は原則として織物で文様を表現しましたが、この日は後世の友禅染のようにして絵を描く「染装束」を用いました。

筆で描くのであれば、織物のような組織上の制約はありませんから、思うがまま描画を楽しめます。仏事でありながら華やかな、まさに「一日晴れ」の装束を着る日だったのです。

文献

『江談抄』（大江匡房・平安後期）
「又被談云、最勝講一条院御時被始行也。長保四年（一〇〇二）五月七日以後被行者也。三条院御時不被行歟。」

『世俗浅深秘抄』（後鳥羽上皇・鎌倉初期）
「最勝講之時。可然次将着染装束日帯蒔絵螺鈿劒也。是非尋常歟。知足院関白之説也云々。土御門源内府。同如此申之。」

『建武年中行事』
「（五月）この月に最勝講おこなはる。かねて日次をさだむ。もやの御れんたかくあげて。御帳のかたびらまきて。御ざをとりのけて本尊をかけたり。四ケ大寺〈東大。興福。延暦。園城〉僧の中にけいこのきこえあるをかねて撰さだむ。（中略）五日の間日ごとにおなじ。結願行香禄あり。」

夏至
げし 武

夏至は太陽の運行を基準にしたものですから、新暦も旧暦もありません。奈良時代も平安時代も、夏至は今と同じ夏至です。

最も日照時間が長く太陽の勢いが強い日ですから祝い事でもありそうなのですが、後漢の『独断』には「夏至陰気起、君道衰、故不賀」とあります。翌日から日が短くなる日ということで、むしろ厄払いをすべき日とされていたのです。

五月五日と似た儀式

端午節供(たんごのせっく)もそうであったように、夏至の日にも魔除け・お清めの儀式をしたようです。同じ季節に同じような儀式を二回も行ったわけです。

ならば一度で済ませれば良いのにと思ってしまうのですが、これは旧暦（太陰太陽暦）の日付と、太陽暦の夏至との食い違いによるもの。両者のずれから、魔除けを「旧暦」「太陽暦」で二回することになるのです。

「薬玉」は五月五日に飾るものとされますが、六世紀中国の『宋書』では夏至の行事とされています。また五月五日端午節供の行事食「粽(ちまき)」を夏至の日にも食べました。これは「角黍(かくしょ)」と呼ばれるタイプの麦粽であったようです。

角黍

結局、この時期は食中毒や疫病が多くなるので、当時としては何回でも魔除けが必要だったのでしょう。

長功・中功・短功

夜間照明が乏しい時代、日照時間によって朝廷の勤務時間が決まっていました。『養老令』（営繕令）には「四月五月六月七月為長功、二月三月八月九月為中功、十月十一月十二月正月為短功」と定められ、それぞれで作業ノルマに差がありました。

日照時間が最も長い夏至の五月はもちろん「長功」で、勤務時間が長くノルマも多かったのです。

文献

『延喜式』（兵庫）
「挂甲一領。札八百枚。長功百九十二日。中功二百廿日。短功二百六十五日。」

『本朝月令』
「五月五日及夏至日。日未出時。向日取井花水。若長流水。口含漱二七。身依中勿反顧芬気。」

『河海抄』
「くすたまなと 続命縷 霊糸 綵糸 彩索なといへり。いつれも薬玉の躰也 宋書曰、元嘉四年断夏至日五糸縷之属」

『秇苑日渉』（村瀬栲亭・江戸中期）
「民間歳節上 五月五日、謂之端午。（中略）月令広義曰、一統賦註、夏至俗食麦粽、歳時記、午日以菰葉裹粘米、謂之角黍。取陰陽包裹之義、又粽即角黍同類。」

『箋注倭名類聚抄』（狩谷棭斎・江戸後期）
「玉燭宝典引作、俗重五月五日與夏至同云々。先此二節一日。又以菰葉裹粘米、雑以粟、以淳濃灰汁煮之令熟。二節日所尚啖也。芸文類聚引作、仲夏端五、烹鶩角黍、端、始也。謂五月五日也。又以菰葉裹粘米、煮熟謂角黍。（中略）先節一日、又以菰葉裹粘米、以栗棗灰汁煮令熟、節日啖。斉民要術引作、俗先以二節日、用菰葉裹黍米、以淳濃灰汁煮之令爛熟、於五月五日夏至啖之」

五月吉日 最勝講 五月夏至 夏至

日を撰び

着鈦政
ちゃくだのまつりごと 公

着鈦政（『年中行事絵巻』＊）

平安時代、都の警察・検察は「検非違使（けびいし）」が担当していました。「使」は天皇直属の官吏を意味しますから、一般行政機関「太政官」の支配を受けない強大な権力を持っていた組織です。原則として左衛門府の官人が検非違使を兼務しました。

その検非違使の権力を、一般の民衆に知らしめる儀式が「着鈦政」です。毎年五月と十二月に、検非違使が囚人をむちで打つ光景を一般人に見せるものでした。「鈦」は罪人をつなぐ拘束具のことです。『延喜式』（囚獄）によれば、罪の軽重により「鈦」もしくは「盤枷」（丸い木製の手かせ）をつけ、三人か四人をひとつなぎにしていたようです。

みせしめ

「着鈦政」は一般市民への「みせしめ」として、人の集まる東西の市で開催されました。衛門佐以下の検非違使が立ち並び、下士官の「看督長（かどのおさ）」が囚人の罪状を衛門佐に示すと囚人が連れ出されます。囚人は「放免」たちに引き据えられ、髪も髭も伸び放題の毛むくじゃら姿。一般人は犯罪者の恐ろしさと末路を思い知ったことでしょう。

恐ろしい放免

放免とは、犯罪者を検非違使で採用して捜査・捕縛などに用いた者たち。当然いかついこわもて連中で、しかも異様なほど派手な衣服を身につけ、長く曲がりくねった杖を肩に担ぐのがトレードマークでした。

「毒を以て毒を制す」というわけですが、その毒で一般市民を困らせる逸話も数多く残っています。

風流をつけた放免（『賀茂祭絵詞』＊）

文献

『養老令』（獄令）
「凡流徒罪居作者。皆着鈦若盤枷。有病聴脱。不得着巾。毎旬給仮一日。不得出所役之院。患仮者陪日。役満逓送本属。」

『延喜式』（囚獄）
「凡罪人者随罪軽重。著鈦若盤枷。故焼公私倉舎盗。私鋳銭強奸之類居作者即著鈦。雑犯徒罪之類著盤枷。其鈦或四人或三人為連。至暮著杻。明旦脱而役之。」

『百錬抄』
「治承三年五月十六日。著鈦政。良家子息多依強盗犯著鈦。希代事也。」

一 忌火御飯

いむひのごはん 年

「政」を「まつりごと」と読むように、朝廷の年間の仕事や年中行事は神事の連続でした。この日、国家の祭主である天皇は、重要な神事を前にして神聖なる火で炊いた米飯を食べることによって、潔斎期間に入ることを示しました。

『古事記』のイザナギ・イザナミの神話に、「黄泉戸喫」つまり黄泉（よみ）国のかまどの火で炊いた物を食べたので現世には戻れない、という場面があります。食べ物を煮炊きする火には特別な意味があったのでしょう。

「忌」＝「神聖」

「忌」は「斎」と同じ意味で、神聖なるものを畏れかしこむことを意味する言葉。日常の煮炊きを行う「庭火」に対する神聖な火が「忌火」なのです。忌火御飯を食べることで、天皇は神聖なる世界の人になるわけです。

左上から時計周りに干鯛・生鯵・生鰯・薄鰒

忌火は神事ごとに「鑽（たがね）」つまり火打ち石で火を熾しました。『江家次第』によれば、まず台盤の上にご飯、わかめの汁、四種（酢・塩・酒・醤）と、薄鰒（うすあわび）・干鯛・生の鰯と鯵を並べ、天皇は三箸食べたあと手を袖に入れて念じる。その後、天皇が帰ると陪膳（ばいぜん）の者が箸を折る、といった流れの儀式であったようです。

竈（かまど）の祭

朝廷の竈は、平野竈・忌火竈・庭火竈の三種類がありました。平野竈は健康にかかわる竈、忌火竈は祭事の竈、庭火竈は日常の食膳用の竈です。竈は火を扱いますので安全を願う祭祀が行われました。『延喜式』（神祇）によれば、平野神社の平野神四座祭は「今木神・久度神・古関神・比売神」が祀られるとあり、この「久度神」が竈の神とされます。京都で竈のことを「おくどさん」と呼ぶのは、この久度神からといわれます。

『幕末の宮廷』によれば、江戸時代の御所には大きな釜が五つあり、「山科」と呼ばれる仕丁たちが炊飯作業をしていました。わざと「おこげ」を作って一枚百文ほどで販売するのが山科たちの役得だったそうです。

文献

『西宮記』
「六月一日、内膳司供忌火御飯〈御粥前付采女、女房若侍臣供之、着服月事人不候〉。立御台盤一基、於大床子御座供之、称警蹕、不奏御飯〈付女房不仰罷由、陪膳或布袴、六位束帯、有穢時、尚供之〉。進物所例云、六月一日早旦、供奉忌火御膳、四種例銀器、御菜用土器御盤、四種二干物、御飯片埦。」

『小野宮年中行事』
「朔日内膳司供忌火御飯事。内膳司度進物所々。調供干物二種。鮮物二種。土器高三寸許。早旦御粥以前。付采女供之。女房若侍臣伝供。」

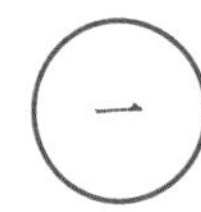

氷室開

ひむろびらき　公　武

『源氏物語』（常夏）に「いと暑き日、東の釣殿に出でたまひて涼みたまふ。（中略）大御酒参り、氷水召して、水飯など、とりどりにさうどきつつ食ふ」とあるように、納涼に氷は不可欠でした。冬の間に氷室に貯蔵した氷を取り出すのが「氷室開」で、『延喜式』においては四月一日でしたが、室町後期には六月一日になっています。

氷餅（こおりもち）

江戸前期以降、この日に「氷餅」を食べる風習がありました。宮中女官日誌『御湯殿の上の日記』の慶長三年の記事には、「こほりかちん」（氷餅）が献上された記録があります。ただし十月一日のことです。六月一日の行事になったのはいつ頃なのでしょうか。

江戸前期の『後水尾院当時年中行事』には、六月一日の朝食に氷餅が供され、夕方の御祝膳の初献にも氷餅が供されると記されています。

この時期になると朝廷の氷室は有名無実になっており、せめて氷餅で気持ちの上での納涼をはかろうとしたのでしょうか。鉢に水を張り、そこに氷餅を浮かべて涼しさを感じる、といった記事が江戸中期の『鶉衣』に見られます。

氷餅

氷餅の産地

氷餅は、餅を水に浸して凍らせた後、寒風にさらして乾燥させたもの。砕けたかけらはキラキラと氷のように輝きます。そのため直接食べる以外に、細かく砕いて和菓子を飾る材料にも用いられています。

江戸時代、摂津国勝尾寺（大阪府箕面市）が氷餅の名産地とされていましたが、寒暖差の大きい北摂地域は、江戸中期から寒天の産地としても知られるようになりました。寒天も氷餅と同様に凍結乾燥の方法によって製造するものです。

文献

『源氏物語』（常夏）
「いと暑き日、東の釣殿に出でたまひて涼みたまふ。（中略）大御酒参り、氷水召して、水飯など、とりどりにさうどきつつ食ふ。」

『世諺問答』
「問て云。六月朔日にこほりくふは何のくのふ侍るぞや。答。仁徳の御代に大中彦皇子の闘鶏といふ所にて狩し給ひしに。野中に庵あり。人をつかはしてみせ給ふに。窟なりと申。其時かの山のあたりなる人をめして問給ふに。氷室なりと申。皇子其氷をとりて。仁徳のひじりの御門に熱月に奉らせ給。御門叡感ありしより。氷室とて。所々にふゆの雪をおさめて。熱月にたてまつる事也。」

『御湯殿上日記』
「慶長三年十月一日、とびたよりこい一折、こほりかちん一折しん上申。」

『後水尾院当時年中行事』
「六月朔日。けふハあしたの物に、こほりかちんを供す。夕方の御いはひに初献にそへて氷りかちんを供す。其外みな如例。」

『毛吹草』（松江重頼・一六四五年）
「摂津　勝尾寺氷餅」

一

造酒司始献醴酒

みきつかさひとよざけけんはじめ　年

「醴酒」は「ひとよざけ」と読み、粥状にした米に米麹を加えてよく混ぜ、摂氏五〇～六〇度で一晩醸すことによってできあがる飲料です。一晩でできるので「一夜酒」、つまり現代の甘酒です。ただし甘酒はノンアルコールですが、平安時代の「醴酒」はアルコールを含んでいました。

酒で造った甘酒

『延喜式』（造酒）には「醴酒者。米四升・糵（もやし）二升・酒三升。和合醸造得醴九升。以此為率日造一度。起六月一日尽七月三十日。供日六升」とあります。つまり水と酒で仕込んだ甘酒が「醴酒」なのです。六月一日から七月三十日まで毎日製造し、一日六升を天皇用とする、とされています。もちろん天皇だけで六升飲むのではなく、まわりの人たちと楽しんだのでしょう。

『西宮記』には朝夕の供膳の次に醴酒を供する、とあります。つまり現代の甘口のデザートワインのような飲まれ方をしていたようです。

甘酒は栄養豊富で「飲む点滴」と呼ばれるほど、夏バテ予防に効果のある健康飲料。旧暦六～七月という暑さ厳しき季節、平安時代も同じような意味で飲まれていたのでしょう。

甘酒

白酒とは別物

一方、三月三日の雛祭りに飲まれる「白酒」は甘酒とは違う酒で、京都の「山川酒」や博多の「練酒」などを参考に作られたものです。江戸前期の『童蒙酒造記』には、蒸した餅米六升五合・白花麹一升五合・地酒一斗を混ぜて一晩おき、一日に二度かき混ぜて七日間で完成するとあります。「醴酒」式ですのでアルコール含有です。

雛祭の白酒は江戸・鎌倉河岸の豊島屋が普及させたもので、二月二十日頃から販売開始すると門前市をなしたと『東都歳事記』にあります。

六月一日　氷室開　六月一日　造酒司始献醴酒

文献

『和名類聚抄』
「醴　四声字苑云醴〈音礼和名古佐介〉一日一宿酒也。」

『西宮記』
「造酒司献醴酒〈一月中献、朝夕供膳次供之。或云七月供〉。」

『小野宮年中行事』
「同日造酒司始献醴酒事〈起今日迄七月卅日〉。」

『小右記』
「長和四年（一〇一五）六月一日「造酒司進醴酒一瓶、供御試料、是例也」

『公事根源』
「供醴酒。同日。ひとよざけとは、今日造れば、あすは供ずるなり。一夜を隔つる竹葉の酒なれば、一夜酒と申すなり。又はこざけとも、ある書に侍り。昔は口中に米を噛みて、夜を歴て作りけるにや。此の酒は、造酒司けふより七月卅日まで、日毎に奉るなり。応神天皇の御時より始まる。凡そ酒をつくる事も、此の時に百済の人わたりて、造り始めたり。是れより先には、酒といふ物なしと申す人侍れど、神代に素盞嗚尊、稲田姫のために大蛇に殺されし時、八しほをりの酒を造りたる事、日本紀に見えたり。然らば酒といふ事、神代よりあるべきにこそ。」

十一 月次祭

つきなみのまつり 年

現代で「つきなみ」と言うと「平凡」のような意味になってしまいますが、「月次祭」はつきなみでない重要な神事。

六月と十二月の十一日に神祇官（じんぎかん）で行われ、『貞観儀式』の「祈年祭」の項に「六月・十二月十一日月次祭儀亦同」とあるように、祈年祭と同じように、畿内三百四座の神々に稲の豊作を祈る神事でした。さらに天下泰平と天皇の健康を祈る意味合いも加わっています。

『続日本紀』によれば大宝二年（七〇二）七月から始まった神事。神祇官以下の百官が参集し、中臣祝詞を伊勢の大神宮以下の諸社に宣し、「班幣」（幣をわかち捧げる）しました。

半年分まとめて

なぜ「月次」と呼ぶのかといえば、本来は月ごとに幣を奉るべきなのですが、七月から十二月までの幣を六月に、翌年の正月から六月までの幣を十二月に一括して奉るという意味で年二回の「月次祭」なのです。

やがて「班幣」は伊勢の神宮だけになり、さらに応仁の乱でこの神事は自然消滅してしまいました。現在、伊勢以外の各地の神社で行われる「月次祭」は、文字通り毎月行われる祭、という意味になっています。

木綿はコットンにあらず

『公事根源』の月次祭の解説に「神祇官宮掌祝詞を申す。祝師祝の座につく。本官の人みな木綿をつけたり」とあります。この「木綿」（棉）は「ゆう」と呼ばれるコウゾ（楮、学名：*Broussonetia kazinoki*）の繊維で、古代から神聖な場面で用いられました。コットンが本格的に日本に導入されたのは室町末期頃といわれますので、古い時代の「木綿」は「ゆう」のことです。

神饌に多用された海藻

文献

『続日本紀』（菅野真道ら・平安初期）
「大宝二年（七〇二）七月癸酉。詔。伊勢太神宮封物者。是神御之物。宜准供神事。勿令濫穢。又在山背国乙訓郡火雷神。毎旱祈雨。頻有徴験。宜入大幣及月次幣例。」

『延喜式』（太政）
「凡六月。十二月十一日月次祭奉班幣帛。大臣以下集神祇官。如祈年儀。其応供今食及新嘗小斎中納言已上一人。参議一人〈若中納言已上不卜食者。定参議二人〉。」

『西宮記』
「月次祭〈廃務、木工寮申鉾文、弁申上卿下宣旨〉。上卿着神祇官北門内東腋〈西面、王大夫在同門外、外記在西腋、召史問供神物具由、外記申代官〉。上卿着庁〈大臣南面《入自北戸、》納言入自東着西面、予置式筥〉。王大夫着〈無王大夫、他氏入自西東面〉。上卿召召使〈召使二人立艮壁外壇下、同音称唯、一人経東屋幷倉後立庭中〉。上卿云〈式《乃》省《遠》刀祢奉入《止》宣《へ》、召使唯、出南門召之、式部、唯〉。弁史諸大夫着座〈入自南門〉。神祇官掌云、申祝詞、祝師下自西庁着祝座〈本官人皆著木綿〉。次上卿以下着壇下薦座〈南舎座人、皆着砌下座、雨、着砌内〉。申祝如例〈在式〉。」

十一　神今食

じんこんじき　年

天皇が行う神事は稲作の豊作を祈ることが中心で、祈年祭・新嘗祭のほかにも各種の祭事がありました。年に二回、月次祭の日の夜に行われたのが「神今食」です。朝堂院の北、内裏の西にある「中和院」の正殿「神嘉殿」で行われました。

新嘗祭とほぼ同じ

内容は新嘗祭と酷似しており、名称が表すように「神と共に食べる」という神事です。「同じ釜の飯を食べる」という言葉で強い連帯感を示すように、日本人にとって「共に食べる」ことは特別な意味を持っています。さまざまな「節会」のメインの儀式が酒食の宴会であることも無縁ではないでしょう。

海の幸・山の幸

『延喜式』（内膳）を見ますと、儀式の膳には必ずと言って良いほど登場する鮑（あわび）のほか、鰹・干鯛・干鯵・鮒鮨といった魚介類や海藻、干棗・栗や菱の実などといった果実類も豊富に供されています。特に鮑は東鰒・薄鰒・鮨鰒とたくさん登場します。その中の「薄鰒」はいわゆる「のしあわび」。鮑を薄く細長くむいて乾燥させたもの。現代の祝儀袋に添えられる「熨斗（のし）」の原形です。古代最高の食材が鮑であったことがよくわかります。

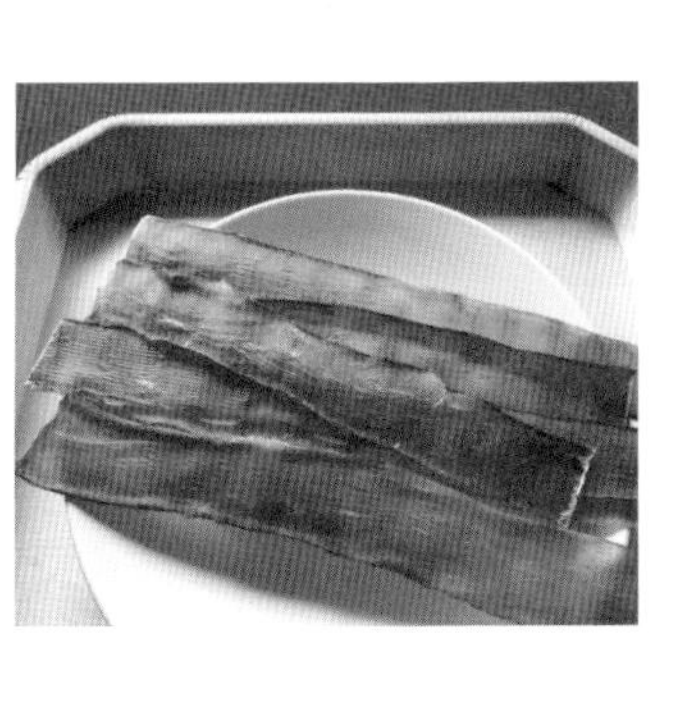

薄鰒（熨斗鮑）

平安時代の鮨

いまも琵琶湖の名物として有名な鮒鮨。平安時代の饗膳には鮒鮨や鮎鮨、貽貝鮨などさまざまな鮨が登場します。『養老令』（賦役令）にも「凡調（中略）鰒鮓二斗。貽貝鮓三斗。（中略）雑鮨五斗」とあります。これらは素材を塩と米に漬け込んで乳酸発酵させた「なれ鮨」です。室町時代に「押し鮨」が生まれ、江戸前期に「早鮨」が考案されました。現代の握り鮨は江戸後期に早鮨を改良したものです。

鮒鮨

文献

『貞観儀式』
「六月十一日神今食儀〈十二月准此〉（中略）主殿寮供御寝具」

『延喜式』（内膳）
「六月神今食料〈十二月准此〉。淡路塩二升。東鰒七斤五両。薄鰒六斤十両。堅魚五斤。干鯛六隻。干鯵卅隻。鮨鰒。煮塩年魚。醤鮒〈煎塩煎地豆交鮨鮒〉各二升。甘塩鯛四隻。海松。海藻各六斤十両。干棗子。生栗子。搗栗子。菱子各二升〈十二月以橘子代菱子〉。」

十四 祇園御霊会

ぎおんごりょうえ　公　武

夏の京都を彩る祇園祭。この「祇園御霊会」が始まったのは平安時代前期、貞観五年（八六三）のこと。この時代、天然痘や麻疹、赤痢、マラリアなどが大流行。特にこの年は「咳逆」（インフルエンザ）が大流行して「疫病繁発。死亡甚衆」という有様でした。

これを怨霊の仕業と考えた朝廷は、藤原種継暗殺事件で淡路に流される途中憤死した崇道天皇（早良親王）をはじめ、謀反の疑いをかけられて亡くなった橘逸勢（はやなり）など、非業の死を遂げた人々の慰霊祭をしたのです。それが「御霊会」です。

神泉苑御霊会

『日本三代実録』によれば、貞観五年五月二十日、朝廷の遊楽庭園「神泉苑」で御霊会が開かれました。それまで民衆は悪疫退散を祈って仏を拝み、お経を聞き、歌舞・騎射・相撲・走馬・演劇など霊を慰める行事を開催していましたが、それを朝廷が行う形にしたのです。当日は天皇の命により神泉苑の門を開け、一般公開しました。

災害続きの貞観年間

しかし願いも届かず悪疫は続き、さらに翌年には富士山が噴火してしまいます。その後も天変地異が続き、貞観十一年（八六九）には陸奥国大地震が発生。平成二十三年（二〇一一）の東日本大震災はその再来と語られましたが、貞観大地震も同じような大規模被害を東北地方に及ぼしました。

さらに新羅海賊の博多襲来、肥前国や京都の台風被害など、日本国中が内憂外患の大災禍に見舞われることになります。

祇園御霊会の神輿（『年中行事絵巻』*）

文献

『日本三代実録』
「貞観五年（八六三）五月廿日壬午。於神泉苑修御霊会。（中略）以帝近侍児童及良家稚子為舞人。大唐高麗更出而舞。雑伎散楽競尽其能。（中略）近代以来。疫病繁発。死亡甚衆。天下以為。此災。御霊之所生也。始自京畿。爰及外国。毎至夏天秋節。修御霊会。往々不断。或礼仏説経。」

『中外抄』（藤原忠実・平安末期）
「又仰云。祇園天神ハ何皇ノ後身哉。予申云。神農氏之霊歟。件帝ハ牛頭也。但故忠尋僧正ニハ王子晋之霊云々。仰云。神農氏也。神農氏ハ薬師仏同体也。」

『百錬抄』
「承安二年六月十四日。祇園御霊会。上皇有御見物。殊被刷之。神輿三基・師子七頭。去四日自院被調進之。」

『建武年中行事』
「祇園会。十四日祇園会。禁中ことなる事なし。馬ちやうもよほしつかはさるれども。御覧はなし。」

『祇園会御見物御成記』
（不詳・一五二二年）
「大永二年祇園会為御見物御成之時、従上平御一献に付而次第。（中略）献立（中略）御ゆづけ、たこ、やき物〈おけ

鉾（はこ）を立てる

朝廷は祇園社の卜部平麿に全国六十六カ国を表す六十六本の鉾を立てさせて、国の平穏を祈りました。これが「山鉾巡行」の鉾のおこりとされています。室町時代になって、さまざまな山と鉾の車が京の町をめぐるようになりました。

『年中行事障子』には記されているものの、宮中で特別な儀式はありませんでした。後白河法皇が神輿や獅子を奉納した記録などもありますが、室町後期の『年中行事大概』に「地下（ちげ）のともがら山がさをつくりて」とあるように、地下階級・武家・民衆の祭礼という側面が大きかったようです。

鱧（はも）とかまぼこ

祇園祭の季節の料理というと、現在では鱧料理が有名です。鱧は生命力が強く、夏場でも生きたまま京都に運ぶことができる貴重な食材でした。

大永二年（一五二二）の足利義晴による祇園御霊会見物を記した『祇園会御見物御成記』には、蛸、海鼠腸（このわた）と並び「かまぼこ」が登場しています。江戸時代の記録にも「かまぼこ」があり、重要視されたようです。かまぼこは鱧が原料のものが良いとされました。そして鮎鮨と鯖鮨。暑い季節ですから腐敗しにくいごちそうが賞味されていたことがわかります。

「蒲鉾（かまぼこ）」の文献上の初出は『類聚雑要抄』の永久三年（一一一五）の記事ですが、当時のかまぼこは竹輪のように筒状だったため、これが「蒲（がま）の穂」に似ていることからの命名です。その後、江戸前期に現在のような板かまぼこになりました。

京都祇園祭礼（『諸国名所百景』＊）

金だい絵ありこのわた〉あへまぜ、御ゆづけ、かうの物、かまぼこ、ふくめ鯛」

『年中行事大概』（一条兼良・室町後期）
「祇園御霊会〈ゴリヤウヱ〉。むかしは人長とて。馬にのせたるひとつ物を。諸家よりたてまつりしなり。いまは地下のともがら山がさをつくりて。その面影をのこせるばかりなり。十五日には公家より幣帛の使をたてゝ。はしり馬。あづま遊などのありし事も侍るにや。」

『尺素往来』（一条兼良・室町中期）
「祇園御霊会。今年殊結構。山崎之定鉾。大舎人之笠鷺鉾処々跳鉾。家々笠車。風流造山、八抜癖舞、在地之所役。完叶於神慮乎。晩頭白河鉾。可入洛之由風聞。」

『公事根源』
「祇園御霊会。十四日。此の祭の日は、禁中は異なる事なし。馬長など催し遣はさるれども、御覧はなし。祇園の社は貞観十二年に託宣のことありて、山城の国にうつし奉りしにや。素戔嗚尊の童部にて、牛頭天皇の武塔天神とも申すなり。昔武塔天神、南海の女子をよばひに出でます時に、日暮れて路のほとりに宿をかり給ふに、彼の所に蘇民将来、巨旦将来とい ふ二人の者あり。兄弟にてありしが、兄はまどしく、弟は富めり。こゝに天神宿を弟の将来にかり給ふに、許し奉らず。兄の蘇民にかり給ふに、則ち貸し奉る。粟がらを座として、粟の飯を奉る。」

十六 嘉定・月見

かじょう・つきみ　江　武

六月十六日は「嘉定」や「嘉祥」と呼んで、お菓子を贈り合う日とされていました。なぜこの日なのかは、年号の嘉祥から来た説や、宋国の銭貨「嘉定通宝」に由来するなど諸説あって曖昧。遅くとも室町時代に始まった風習です。『武徳編年集成』には、慶長三年（一五九八）六月十六日に、亡くなる二カ月前の豊臣秀吉が催した「嘉祥ノ祝」について記され、「秀頼を頼む」と言って中老・五奉行などに菓子を与えたとされます。

嘉祥菓子七ヶ盛

宮中の嘉定

『禁中近代年中行事』によれば、江戸時代の宮中では「嘉定」を「嘉通（かつう）」と呼び、「すいせん」と呼ばれる葛切りを食べました。銀の鉢に葛切りを入れ、七寸ほどの銀の猪口に醤油の汁を入れて銀の匙と箸で食べたそうです。

また「七かじょう」と呼ばれる蒸し菓子七個を藍染めの器七つに盛った、とあります。親王・法親王たちには直径五～六寸の大まんじゅうが下賜され、これを「たいぶ饅頭」と呼びました。摂家以下の公家たちには一升六合の玄米を下賜し、公家は菓子商の虎屋・二口屋で菓子に交換して御所に持参したそうです。

江戸幕府の嘉定

江戸幕府の嘉定は、宮中以上に華やかな行事でした。五百畳の大広間に、幕府御用菓子師・大久保主水（もんと）が拵えた千六百十二膳、木地の折敷に杉の葉を敷き、二万六百八十四個もの菓子（饅頭や羊羹、鶉焼、きんとんなど）が用意され、染帷子長袴という礼装を着用した諸大名、五百石以上の旗本たちに配るという大がかりなものです。

なぜ幕府の嘉定がこうも盛大

文献

『世諺問答』
「とふていわく、嘉定と申事は何のゆへぞや。答、この事はさらに本説ありがたきことにや。たゞかの銭の銘に、かぢやう通宝と侍れば、勝と云みやうぜんを、しやうくわんするよしをぞ承をよび侍りし。」

『後水尾院当時年中行事』
「六月十六日。兼日おのおの嘉定をたぶ。（中略）何にても七種とりならべて、御前に供ず。」

『幕朝故事談』（不詳・江戸後期？）
「御嘉定の御菓子十六色なり。一品宛へぎ板に載て、御前に並置なり。御嘉定の御祝儀申上候て、御老中方、大暑の節故、入御被遊寛々頂戴可仕旨被仰渡、御簾なり。四品以上は三人宛進て頂戴、帝鑑の間衆は五人宛進て頂戴す。布衣以上の御役人迄なり。」

『倭訓栞』
「かじやう 六月十六日の儀式也。仁明帝の時より事起りて、年号の嘉祥も同じきよし、鴨長明が四季物語に見えたり。後嵯峨帝の時、嘉定通宝の銭の事いへる説も侍り。されど嘉祥は宋寧宗の年号。後嵯峨帝の踐祚よりは、わづか二十年前の事也といへり。禁中にてかつうともいへり。よて嘉通とも書り。実は納涼会成べし。」

一　二　三　四　五　六　七　八　九　十　十一　十二　通過儀礼

だったのでしょうか。嘉通が「勝つ」に通じて武家には吉兆であるからなど諸説あります。ひとつの考え方として、慶長二十年（一六一五）五月の大坂夏の陣終結、いわゆる「元和偃武（げんなえんぶ）」以後最初の年中行事であったからという説があります。菓子は平和の象徴なのです。

『徳川実紀』によれば、元和元年（一六一五）六月十五日に大御所（徳川家康）が参内して天皇に銀百枚、女院・女御に銀五十枚を献上。翌十六日に二条と伏見で嘉定の儀式が行われ在京諸大名が参加した、とあります。幕府の豪華な嘉定はこれを記念したものなのでしょうか。

月見＝成人式

江戸中期以降の公家の家ではこの日、十六歳になった男女が「月見」をしました。素焼きの皿に載せた、中央に赤い丸印がつけられた大きな饅頭に萩の箸で穴を開け、そこから十六夜（いざよい）の月を見るというもの。中秋の名月ではナスに穴を開けて月を見ますが、ここでは饅頭です。

これは一種の成人式で、この日から「脇ふさぎ」つまり振り袖でない衣類を着るようになります。蔵人（くろうど）の日記『大江俊光記』には、元禄三年（一六九〇）六月十六日、十六歳の東山天皇が「深曾木御月見」の祝儀をした、と記されています。

六月十六日嘉祥ノ図（『千代田之御表』）

嘉祥蒸羊羹

『禁中近代年中行事』（勧修寺家文書・江戸時代）
「六月十六日　嘉定、女中ことばにかつうといふ。昼すいせん上ル、葛切の事なり。銀のはちに入ル。三方に銀の大ざら七寸程の銀のちよくに、しやうゆの汁入ル、銀のすくひ有。ゆのこすくひなり。御はし有　次に七かじやう　むくぐわし七色、あいのかわらけ七ツに入。七色の内うづら餅有、うづらの鳥のごとし。親王法親王方へ大まんぢう被下。さし渡し五六寸ほど、是をたいぶまんぢうといふ。親王方女中方より、いろいろの蒸ぐわし献上なり。摂家、親王、清華、諸家の堂上、御内の地下の北斗迄に、くろ米壹升六合已下、此米を一条どほりの二口屋といふくわしやへ遣し、米壹升六合相応のむしぐわしをとり、堂上方此くわしを御所へ持参してまゐる也。」

『大江俊光記』（北小路俊光・江戸中期）
「元禄三年六月十六日、主上御十六歳、以深曾木御月見為御祝儀。非蔵人中より箱肴献上。」

『諸国図会年中行事大成』（速水春暁斎・江戸後期）
「十六日嘉定喰（中略）今夜諸家の中十六歳の人、振袖を切て詰袖とす。其土器にもる大饅頭の正中に穴を穿ち、其穴より月を見る、これを月見といふ。今宵袖を留るの式なり。」

一 二 三 四 五 六 七 八 九 十 十一 十二 通過儀礼

十九 下鴨社納涼

しもがもしゃのうりょう　武

暑い京都の夏。今も華やかな灯火が川面を彩る鴨川の「納涼床(ゆか)」は江戸時代から楽しまれ、江戸後期の『都名所図会』には「四条河原夕涼は六月七日より始り同十八日に終る。東西の青楼よりは川辺に床を儲け、燈は星の如く、河原には床机をつらねて流光に宴を催し……」と記されています。祇園祭の前祭の期間に納涼を楽しんだのです。

みたらし団子

納涼床が終了した十九日から六月末までは、下鴨神社の納涼が「糺(ただす)の森」で行われ、多くの庶民たちで賑わいました。江戸前期に黒川道祐が著した『日次紀事』『雍州府志』に、その様子が詳しく記されています。

「六月に下鴨神社の御手洗(みたらし)川で六月祓が行われる。十九日からは諸人が納涼の遊びのために参詣する。林間に茶店が仮設され、酒や食事が販売される。寿司、鯉の刺身、鰻の蒲焼き、真桑瓜(まくわうり)、桃、林檎、太凝菜（トコロテン）など。また竹串に小団子五個を刺し、焼いて売る。これを『御手洗団子（ミタラシダンゴ）』と呼ぶ。神職は笹を敷いた台に団子を五十本か百本盛って貴族の家に贈る。参詣者もこれを買い求めて生竹葉で包み子どもや友人に贈る。かまぼこや金燈籠（ホウズキ）も買って子どもへの土産とする。」

鯉の刺身に鰻の蒲焼き、ところてん。いかにも夏らしいメニューが並んでいます。そして今に伝わる「みたらし団子」が下鴨納涼の名物であったことがわかります。

河合納涼（『都林泉名勝図会』＊）

京都は五個、江戸は四個

一串に刺す団子の個数は、京都は五個。これは人間の五体をかたどっているなど、いくつかの説がありますが、奇数は縁起が良いとされていましたので五個なのでしょう。ところが江戸の団子は一串四個。物価統制の厳しい江戸では団子一個で一文と決められたため、当時広く通用していた「波銭」（四文銭）一枚、ワンコインで買いやすいように四個にしたのです。

御手洗団子

文献

『日次紀事』

「六月　十九日下鴨社（此月下鴨社司於川合社前住吉社東河辺修六月祓、自今日諸人参詣為納涼之遊、林間仮設茶店、而売酒食及和多加餅等、鯉刺身、鰻樺焼、真桑瓜、桃、林檎、太凝菜（コ、ロブト）、或以竹串貫小団子数箇、焼而売之、」

土用丑

どようのうし　武

夏の土用は立秋の前十八日間のこと。最高に暑さ厳しく太陽が照りつける季節ですので、この期間に衣類や本の虫干しをしたり、薬草狩りをすることが古くから行われました。そしていわゆる「夏バテ」「夏やせ」をしやすいシーズンでもあります。

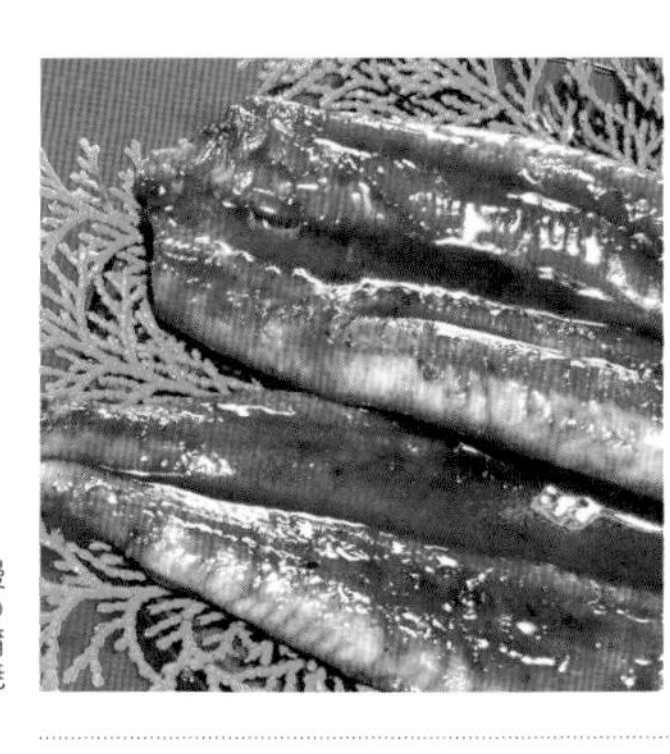
鰻の蒲焼

六月十九日　下鴨社納涼　六月土用　土用丑

『万葉集』の大伴家持の歌に「石麻呂尓吾物申夏痩尓吉跡云物曽武奈伎取喫」（石麻呂に我れ物申す　夏痩せによしといふものぞ　鰻捕り食せ）があり、これは普段から痩せていた吉田石麻呂をからかって、「夏痩せに効くという鰻でも捕って食べたらどうだい」と詠った歌。「嗤咲痩人歌二首（痩せた人を笑う歌二首）」のうちの一首です。

もう一首はこの歌の続きで、「痩す痩すも生けらばあらむをはたやはた　鰻をとると河に流るな」（痩せていても生きていれば良いじゃないか。万が一にも鰻を捕ろうとして川で流されなさんなよ）という、やはり茶化した内容です。これらのことから奈良時代も鰻が夏痩せに効くスタミナ食という扱いであったことがわかります。

丑の日の鰻

夏の土用の中でも特に「丑の日」を鰻と結びつけたのは、江戸中期の平賀源内であるとされることが多いのですが、その根拠は不明です。江戸前期の『日次紀事』に紹介されている下鴨神社の納涼においても「鰻椛焼」が売られていましたから、この時期に鰻はよく食べられており、「丑」の「う」にかけた洒落であったのでしょう。

蒲はガマの穂

「かば焼」の「かば」には諸説あり、「樺」（桜の樹皮）の色だからという説も江戸時代は多く語られましたが、「蒲」（ガマ）の穂に由来するという説が有力です。室町末期の『大草家料理書』に「宇治丸かばやきの事。丸にあぶりて後に切也。醤油と酒と交て付る也。又山椒味噌付て出しても吉也」とあり、当時京都で「宇治丸」と呼ばれていた鰻を筒切りにして、串を刺して焼いた姿が蒲の穂に似ていることから「蒲焼」と呼ばれたと考えられています。

ガマ（*Typha latifolia*）

文献

『近世事物考』（久松祐之・江戸後期）

「蒲焼　当世うなぎをさきて焼たるをかばやきといふ。其製昔とはかはれり。昔は鰻を長きまゝ丸でくしに竪にさして、塩を付焼たるなり。蒲の花のかたちによく似たる故に、かまやきとは云しなり。」

晦日

大祓

おおはらえ　年　公　武

一年十二カ月の折り返しである六月末日。半年の罪障を祓い清める「夏越の祓（なごしのはらえ）」が行われました。祓の神事で多く見かける人形（ひとがた）流しも行われましたが、夏越ならではの特徴的な風習がありました。

茅の輪

茅の輪くぐり

それはチガヤ（千萱、茅、学名：*Imperata cylindrica*）で作った輪をくぐる風習です。この「茅（ち）の輪」は、いわゆる「蘇民将来（そみんしょうらい）」伝説によるもの。旅のスサノオノミコトが、宿を貸してくれ、粟飯（あわ）でもてなしてくれた蘇民将来に「お前の子孫が疫病にかからないようにしよう。疫病が流行したら、お前の子孫は腰に茅の輪をつければ、疫病にはかかるまい」と約束したという説話から生まれた風習です。

これがなぜ夏越の祓の行事になったのか不明ですが、夏は疫病のシーズンだからという理由でしょうか。平安時代には定着していました。

大きくなる茅の輪

スサノオノミコトが言う「茅輪令着於腰上」、つまり腰につけるサイズであった「茅の輪」が、いつからくぐるような大きなサイズになったのでしょうか。茅の輪は「菅貫（すがぬき）」とも呼ばれ、

平安時代の茅の輪（『年中行事絵巻』＊）

文献

『釈日本紀』（卜部兼方・鎌倉末期）
「備後国風土記曰。疫隅国社。昔、北海坐志武塔神、南海神之女子乎與波比爾出。座爾日暮、彼所将来二人在伎。兄蘇民将来甚貧窮。弟将来富饒、屋倉一百在伎。爰武塔神、借宿処。惜而不借。兄蘇民将来借奉。即以粟柄為座、以粟飯等饗奉。爰畢出坐。後爾経年。率八柱子還来天詔久。我将来之為報答、汝了孫其家爾在哉止問給。蘇民将来答申久、己女子與斯婦侍止申。即詔久、以茅輪令着於腰上。隨詔令着。即夜爾、蘇民之女子一人乎置天、皆悉、許呂志保呂保志天伎。即詔久。吾者、速須佐雄能神也。後世爾疫気在者。汝蘇民将来之子孫止云天、以茅輪着腰在人者、将免止詔伎。」

『執政所抄』
「六月　晦日御祓事　御禊身　八足供物〈居茅輪立小幣。供瓜茄子桃〉麻布　綿折敷供物　茅人形　解縄　散米　居坏折敷一枚居之、在栗栖野高坏。菅祓三所御料、各置折敷居高坏〈三所御料同前〉。已上旬出納為例勤仕之。」

『薩戒記』（中山定親・室町中期）
「応永卅三年（一四二六）六月卅日壬辰。（中略）次庁官於中門廊南切妻献御輪。資親取之。自同間進入。事了被返出資親取之。於本所返賜庁官。此後内内於御前男女入輪。」

平安後期の『堀河院御時百首和歌』には

「八百万　神もなごしになりぬらん　けふすがぬきの御祓しつれば」（藤原仲実）

が載っています。

平安末期の『年中行事絵巻』では室内で、大きな輪を子どもにかぶせてくぐらせている光景が描かれています。室町中期には、大人が輪をくぐる大きさになっており、『薩戒記』には応永三十三年（一四二六）に女官や殿上人たちが輪をくぐった、と記されています。

室町後期の『公事根源』には、輪を越えるときに『拾遺和歌集』の

「水無月の　夏越の祓する人は　千歳の命　のぶというなり」（よみ人知らず）

を唱える、という記述が見られます。

茅の輪くぐりは江戸時代も続けられ、『後水尾院当時年中行事』には宮中での輪くぐり作法が詳細に書き残されています。それによれば、天皇は輪をくぐらずに、床に置いた輪に左右の足を交互に入れるだけでした。

現代の神社においても「茅の輪」が設置されるところは多く、『公事根源』の方法が守られていることが多いようです。

水無月（みなづき）

京都ではこの日「水無月」と呼ばれる、三角形のういろうの上に小豆を敷き詰めたお菓子を食べます。今では有名な水無月ですが、この形状のお菓子としては発祥が明確ではありません。

室町後期、六月末日に水無月祝として「小麦蒸餅」を食べた記録は『天文日記』の天文十年（一五四一）六月二十九日の記事に見えますし、江戸前期の『日次紀事』には「六月晦日（中略）人各賞甜瓜賞蒸餅」とありますから、蒸餅を食べる風習はあったようです。

ではいつから現在の形式になったのかというと、『日本の菓子』（藤本如泉・河原書店・一九六八年）によれば「加茂の水無月祓の神事にこじつけて（中略）菓子屋の知恵で創られました」そうですが、なかなかに不明なところです。

水無月

『建内記』（万里小路時房・室町中期）
「永享十一年（一四三九）六月卅日丙午、天晴。今日之祓如例。依晦也。（中略）今夜六月祓。私儀如例。菅貫（同菅曹、云菅貫云菅曹。以菅（少々藁交之）造之。以紙巻其上也）居蓋送陰陽師許（在貞朝臣、父在方卿籠居、仍送子許、如去年也）。（中略）次越輪（輪トハ菅貫事也。曹ハ持左手、祓持右手。越（天）後ニ打払テ気ヲ吹懸也）。三度如此。（中略）重服ノ者は祓ヲ不持、只越菅貫許也。」
「嘉吉元年（一四四一）六月廿九日。今夜六月祓如例。（中略）仍菅貫等如例、調遣之処、相副祓返渡之。越輪令祓之儀如常。」

『二水記』
「永正十四年（一五一七）六月卅日。於議定所、主上女中男等入輪如常。」

『後水尾院当時年中行事』
「六月晦日。（中略）御蔵みな月の輪を調進す。内侍所の刀自、取伝へて台はん所の台はんの上に置。御引なほし召れて、朝かれひの御座につかしめ給ふ。上臈一人、例のひとへ絹をいたきて御前に進む。着座の後、かけ帯はかりをかく。中臈のひとへ絹を着て台はんの本によりて、輪をとり、麻の葉さしたる竹をぬきて麻の葉はかりを輪にとり添て御前にもて参る。」

七　乞巧奠

きこうでん

養　私　五　武

乞巧奠（『公事十二ヶ月絵巻』＊）

よく知られるように「七夕（たなばた）」は中国由来の織姫・彦星の天の川伝説によるもの。『万葉集』には七夕の歌が数多くあり、「天漢 梶音聞 孫星与織女 今夕相霜（天つ川楫の音聞こゆ彦星と織女と今夕逢ふらしも）」などが載っています。

旧暦七月七日には公式行事である「織女祭」と、天皇や貴族の私的行事である「乞巧奠」が行われました。旧暦では七月から秋ですから、秋の初めの行事ということになります。

たなばた

「七夕（しちせき）」を「たなばた」と発音するのは和語で、『万葉集』では「棚機」などと書かれ、機（はた）織（お）りを意味します。また大同二年（八〇七）の『古語拾遺』の天岩戸場面には「令天棚機姫神織神衣。所謂和衣（あめのたなばたひめに令して神衣を織らせた、いわゆる『にぎたえ』である）」とあります。

織物の役所「織部司」ではこの日に「織女祭」を行っていたことが『延喜式』に載っていますが、これも「たなばたつめのまつり」と読むのです。この織女祭は公式行事でした。

乞巧奠

織女祭とは別に天皇や貴族の私的行事として行われたのが「乞巧奠」です。『宇津保物語』には「色々の糸どもを一づゝ、棚機に奉る」とありますが、やがて織物関係だけでなく、管絃演奏や詩歌などさまざまな技芸向上を願うものになります。

この日、庭に机を四脚と灯台九本を立て灯をともし、机の上には琴やさまざまな楽器を並べます。角盥（つのだらい）には水を入れて大空

梶の葉に和歌を書く

文献

『延喜式』（織部）

「七月七日織女祭　五色薄絁各一尺、木綿八両、紙廿張、米酒小麦各一斗塩一升、鰒堅魚腊各一斤、海藻二斤、土椀十六口〈加盤〉坏十口、席二枚、食薦二枚、銭卅文。右料物請諸司弁備、造棚基〈二基司家料、一基臨時所料〉、祭官一人、祭郎一人、供事祭所、祭郎先以供神物次第列棚上、祭官称再拝、祝詞訖亦称再拝、次称礼畢。」

の星を映し、天の織姫・彦星を祭りました。平安末期の『雲図抄』には清涼殿（せいりょうでん）で行われた乞巧奠の供え物として「針を差した楸（ひさぎ、きささげ）の葉、琴、琵琶、桃、大豆、干鯛、酒盃、熟瓜（ほぞち）、梨、大角豆、薄鮑（あわび）」などと記されています。

江戸時代は天皇が梶の葉に和歌を書き、牽牛と織女に手向けるというものになりました。「陪膳（ばいぜん）」の女官が芋の葉の露で七面の硯に墨を摺り、天皇は七枚の梶の葉に和歌を一首ずつ書きます。梶の葉を重ね、瘧（おこり）除けとされる素麺で十文字に結んで、雑用係の非蔵人が屋根の坤（南西）に放り投げるのです。その後は歌会や管絃の演奏会です。

梶の葉

梶の葉は天の川を渡る船の舵になぞらえて、乞巧奠には欠かせない植物とされました。『平家物語』（祇王）に「秋の初風吹きぬれば、星合の空をながめつつ、天のと渡る梶の葉に思ふ事かく比なれや」とあります。

カジノキ（*Broussonetia papyrifera*）

索餅（さくべい）・素麺（そうめん）

乞巧奠の行事食は、唐菓子（からくだもの）の一種で糸の束のような形をした「索餅」です。『公事根源』には、「古代中国の高辛氏の子が七月七日に死に、その霊が鬼になって人に瘧（おこり）病を起こさせた。生前、索餅を好んでいたので、この日に索餅を供えて祭って瘧病を除いた」とあります。ただ、糸束の形状と織女伝説との関連も十分考えられるところです。

索餅は『延喜式』（主殿）には「大膳職胡麻油一升二合。供御幷中宮御索餅糖料」とあって揚げ菓子だったようですが、鎌倉時代の『厨事類記』には「索餅。ムギナハ」と記されます。さらに「湯ニ浮ク程ニ茹デ、（中略）冷マサズシテ。少シヅヽ取リテ。何ニモ付クル也」とありますから、現在の素麺に変化したと考えられています。

索餅

『玉葉』（九条兼実・平安末期）
「承安三年（一一七三）七月七日、帰家之後、節供如恒〈陪膳季長朝臣、行事邦業〉、乞巧奠如恒〈行事信光〉。」

『雲図抄』（不詳・平安末期）
「七月七日乞巧奠事〈清涼殿東庭供之、南階間立之、或立御倚子於東庭、伺見二星之佳会（中略以下抜粋）針差楸葉、琴、或置琵琶、桃、大豆、干鯛、酒盃、熟瓜、梨、大角豆、薄蚫、色目如前。」

『建武年中行事』
「乞巧奠。七日蔵人御てうどをはらふ。夜に入て乞巧奠あり。庭に机四をたてゝ。灯台九本をのをのともし火あり。机に色々の物すへたり。しやうのこと柱たてゝこれををく。つくえの火とりに夜もすがら空だきあり。陰陽寮ときをそうす。ことぢに三の様有。つねは盤渉調。半呂。半律。あきのしらべなり。しる人すくなし。」

『年中行事大概』
「七月　乞巧奠。七夕に。御殿の庭にむしろをしき。つくえをたてゝ。七孔の針。かぢの葉などをおきて。二星をまつる事あり。又織部司にも。織女の祭といふ事あり。織部といふは。大とのへのあやなどおる所をいふなり。」

不定 生身玉
いきみたま 武

七月十五日の盂蘭盆会（うらぼんえ）は、亡き先祖の魂を供養する仏事とされています。その前の適切な時期に、今、生きている親に孝養を尽くすのが「生身玉」です。

室町時代に始まった風習で、『御湯殿の上の日記』の明応七年（一四九八）七月九日の記事には「大しゐんの御かつしき御所、めでた御さか月まいる」とあります。この「さか月」というのは「盃」のこと。生きている親に「今年も生きてくださっておめでたい限り」と酒肴を贈り、宴を催すというものです。

いつしか「目出た盃」として、上着を脱いだ無礼講の酒宴になる傾向も見られました。江戸時代の御所では親の生存死別によらず「御日出度（おめでた）」と称して宴会をしていたようです。

『後水尾院当時年中行事』では「御めでた事」として、天皇自ら公卿にお酌をする「天酌」まで行われる、陽気な宴会であったと記しています。

刺鯖（さしさば）

生身玉の酒宴には「刺鯖」がつきものでした。江戸中期の『華実年浪草』によれば、一尾の鯖をもう一尾の首の内に挿して二尾をセットにするので「刺鯖」と呼ぶのだとしています。

どうして鯖かというと、仏教で食事のとき飯の数粒を分けて餓鬼（がき）に施すことを「生飯（さば）」と呼ぶので、その発音に引っかけて、魚の鯖を供養に用いた、ということのようです。

鯖は古来日本で賞味されてきた魚です。『延喜式』（大膳）には、神今食の担当者二百六十二人の給食に「鯖三両」を用意したことを記しているほか、さまざまな神事の担当者に鯖が支給されています。天皇の「供御月料」として「能登鯖一百四十二隻」があったことも『延喜式』（内膳）でわかります。

鯖は高級魚という扱いではなかったようですが、『古事談』には「鰯は良薬なりといえども公家に供せず。鯖はいやしき物なりといえども供御に備ふ」とありますから、「いやしき」魚であっても青魚のEPAやDHAが健康に良いことは経験でわかっていたようです。

刺鯖

文献

『日本歳時記』
「七月十三日　生見玉の祝儀とて、玉祭より前に、おやかたへ、子かたより、酒さかなをおくり、又饗をなす事あり。いつの世よりかはじまりけん、今の世俗にする事なり。死せる人はなき玉をまつるに、今いける人を相見るがうれしきとのこゝろなるべし。」

『華実年浪草』（三余斎麁文・一七八三年）
「生身魂（イキミタマ）、蓮飯、刺鯖〈紀事曰、此月公武両家各被饗尊親、是謂生身魂、或稱生盆。地下良賤亦然。又此月十五日前、人家各以荷葉裹糯米飯、載鯖魚於其上、親戚之間互相贈而祝之。是謂荷飯。此月専賞鯖。一雙称一挿。以一ケ首挿一ケ首内、依之称一挿、刺鯖是也。」

十五

盂蘭盆会

うらぼんえ　年　武

今も盛んに行われる先祖供養の「お盆」。現在の東京では新暦の七月十五日、その他の地域では「月遅れ」で新暦八月十五日に行われることが多いようですが、本来は旧暦七月十五日の行事でした。

中国で生まれた仏事

盂蘭盆は、そもそもインドの仏教にはない風習です。中国道教の「中元」（地獄の帝でもある「地官大帝」の誕生日で、死者の罪障赦免を願うもの）と融合し、これが中国の仏教に導入され、偽経とされる『盂蘭盆経』にある「目蓮尊者の母供養」説話と組み合わされて、本来の仏教にはない風習、先祖供養としての「盂蘭盆会」が創始されたのです。

日本の盂蘭盆会

『日本書紀』によれば、推古天皇十四年（六〇六）に一丈六尺の仏像が造られ、毎年四月八日（灌仏）と七月十五日に仏事を行うことが定められたのが最初です。ただし「盂蘭盆」という単語は、斉明天皇三年（六五七）七月十五日の「作須弥山像於飛鳥寺西、且設盂蘭盆会」が初出です。二年後の斉明天皇五年（六五九）七月十五日には「詔群臣。於京内諸寺勧講盂蘭盆経。使報七世父母」とありますから、すでに『盂蘭盆経』による先祖供養の仏事になっていたことが推測されます。

蓮の葉ご飯

奈良時代には宮中行事として整備され、天平五年（七三三）には盂蘭盆会のための食膳の用意が命令されています。このとき命じられた料理が「荷葉飯（蓮葉飯）」。蓮の葉の飯です。

蓮は泥沼の中から生まれて清らかな花を咲かすことから仏教

ハス（*Nelumbo nucifera*）

文献

『日本書紀』
「推古天皇十四年四月壬辰〈八日〉。銅繍丈六仏像並造竟、是日也。（中略）即日設斎、於是会集人衆不可勝数。自是年初、毎寺、四月八日、七月十五日設斎。」
「斉明天皇三年（六五七）七月辛丑《十五》。作須弥山像於飛鳥寺西。且設盂蘭盆会。暮饗覩貨邏人。〈或本云。堕羅人。〉」

『続日本紀』
「天平五年（七三三）七月庚午《六》。始令大膳職備盂蘭盆供養。」

『延喜式』（大膳）
「七寺盂蘭盆供養料〈東西寺、佐比寺、八坂寺、野寺、出雲寺、聖神寺〉。寺別、餅菜料米一斗四合、糯米二斗、（中略）荷葉三百枚。」

『教言卿記』（山科教言・南北朝時代）
「応永十二年（一四〇五）七月十五日戊申、蓮葉飯事。子孫賞翫、珍重々々。」

『日次紀事』
「〈七月〉十五日、供御荷（ハスノ）御膳〈御厨子所小預高橋大隅等調進、其製以荷葉裏糯米強飯、以観音草結之。又別御菜十種以荷葉裏之、以観音草結之。各居御盤、同被進于院中〉。」

七月不定　生身玉　七月十五日　盂蘭盆会

七月

の象徴ともされる植物です。

そこで盂蘭盆会の行事食として、蓮の葉で飯を包んだ荷葉飯が用いられたのです。『延喜式』（大膳）では「七寺盂蘭盆供養料」として、米一斗四合、糯米二斗そして「荷葉」三百枚が規定されています。

江戸時代の宮中でも「蓮の御膳」が供されました。『禁裏御膳式目』によれば、小芋や生姜、青豆や鮑（あわび）など「十種御肴」を一品ずつ蓮の葉で包んだものだったようですが、一般には混ぜご飯を蓮葉で包んだようです。

蓮葉飯

はすっぱ

江戸の町ではこの時期、蓮の葉を売る商人を多く見かけました。普段は値打ちのないものを高く売る「蓮葉商い」は軽薄なことを意味するようになり、これが「はすっぱ」という言葉の語源という説もあります。

盆踊り

盆踊りは空也上人の「踊り念仏」が発祥といわれています。『扶桑略記』の応和三年（九六三）八月二十三日に「空也聖人鴨河東岸建堂、供養金字大般若経会。請僧六百人、有舞音楽」とあり、この踊り念仏が、盂蘭盆会と結びついて盆踊りになり、さらに一遍上人が全国に広めたといわれています。

室町時代になると庶民の娯楽的な意味合いが強くなりました。『春日権神主師淳記』の明応六年（一四九七）七月十五日の記事によれば、「奈良の盆踊りは近年『異類異形』となり、民衆の盆踊りボルテージが高まり、昼は新薬師寺で踊り、夜は不空院で踊る」とあります。踊りのあまりの激しさに、新薬師寺は大揺れして瓦が落ち、仏像が破損するほどだったそうです。

御献上蓮飯餝
（『御定式御用品雛形』川端道喜蔵）

『公事根源』
「盂蘭盆。十四日。内蔵寮御盆供をそなふ。昼御座の南の間に菅円座一枚を敷く。主上こゝにて御拝あり。幼主の時はなし。天平五年七月に、始めて盂蘭盆を大膳職にそなふと見えたり。盂蘭盆は梵語なり。倒懸救器と翻訳す。倒懸はさかさまにかくると云ふ心なり。」

『後水尾院当時年中行事』
「〈七月〉十五日。今日もとうろうの火ともす。夕方の御いはひ御三間にて参ル。（中略）初献〈はすのく供〉次に二の御はん、次に御汁〈とり〉、次にてうし出、はいぜんの人はすの供御の緒をときて引ひろげ、又ちひさく包たる品々物の内、けふは御さうしんなれば、精進の物を一種、是も緒をといてひろげ、御箸をとらせ給ひて参る。」

『禁裏御膳式目』
「御祝式　蓮の御飯、指鯖（三寸四方二切）、はしかみ二ツ、御吸物（たいひれ）、御重肴（するめ・牛蒡）、御汁（花かつを・からし）、内御吸物、御重肴、十種御肴（生ふし・でんがく・小いも・ひはも・はしかみ・かます・青まめ・塩・あわひ・青まめ・氷こんにゃく・からすひ・平かんひやう）右十種一品つゝ蓮の葉ニ包観音十花葉十筋つゝ皆三方ニつみ差上候。」

十六 大文字送り火

だいもんじおくりび　私　武

七月十六日、お盆で帰って来た先祖の霊をあの世に送り帰すため、灯明代わりに麻がらを焚きます。これが「送り火」です。その中でも最大のものが、「大文字」で知られる京都「五山の送り火」でしょう。

弘法大師の創始？

この行事は発祥など不詳なことが多く、江戸前期の『雍州府志』には「これ弘法大師の画く所なり」とあり、また江戸末期の『花洛名所図会』には弘仁年間に全国に飢饉が発生し疫病も流行したため、これを鎮めるために弘法大師が始めた、とあります。そして「いかにも其運筆字勢の妙絶たる類ひなし」と自信満々。しかしこれらを裏付ける平安時代の資料はありません。

江戸時代、何かあると「御大師さまの創始」という故事つけが流行っていましたから、これもそのひとつでしょう。

最古の記録は室町時代

この送り火は、室町末期頃からなのではないか、という説が有力なようです。『慶長日件録』の慶長八年（一六〇三）七月十六日の記事に、「晩に及び、冷泉邸へ行く。山々焼灯、見物に鴨川の河原に出かけた」とあるのが最古の記録ともいわれます。江戸前期の『雍州府志』には「洛中の人は争ってこれを見る。諸人が群集して鴨川あたりで見る」とあり、当時すでに現代と同じ光景が繰り広げられていたことがわかります。

大文字送り火

五山

現在は午後八時に「大文字」が点火され、五分ごとに「妙法」「船形」「左大文字」「鳥居形」と次々に点火されます。これで五山となりますが『雍州府志』には「又所々山岳或原野、諸人以枯麻条為炬、点火抛虚空」とあり、江戸後期には「い」「一」「竹の先に鈴」「蛇」「長刀」など、数々の送り火が夜空を彩ったとされます。

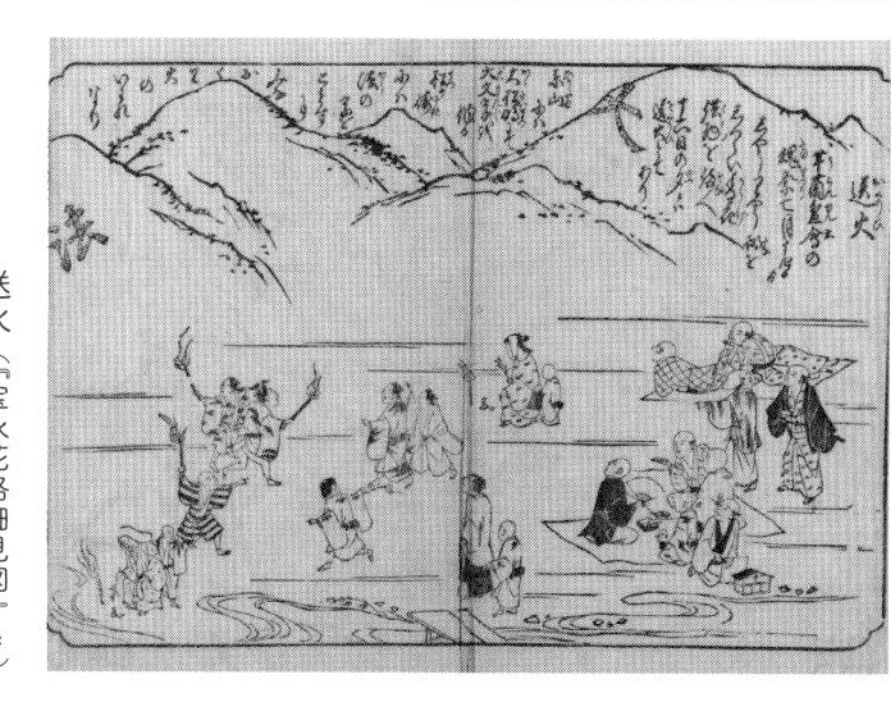

送火（『宝永花洛細見図』＊）

文献

『花洛名所図会』（木村明啓、川喜多真彦・一八六四年）
「七月十六日夜は、亡霊の送り火とて、諸国に爐火を爨す。此義、経説にも所見なく、また緇素其由縁を知らず。（中略）其は往昔弘仁中、天下飢饉して、疫病流行せし事あり、大師其頃より、此鉄輪を中央に置て、上下左右に七十五の火を添て、大の文字を作り改め、月も七月十六夜になし給ふこと、天地陰陽の妙数を取て、玉体安穏、宝祚悠久を祈らせ給ふ。其を村人の勤め来しなるべし。」

二十八 相撲召合

すまいのめしをほせ　年　延小儀

神事の要素も含んだスポーツ興業として現代も楽しまれている相撲。平安時代の貴族社会でも深く愛され、『宇多天皇御記』に「桓武天皇の御代から今に至るまで、歴代の天皇がみな相撲を好んだ」とあるほか、『古今著聞集』（橘成季）には中納言・藤原伊実がプロの相撲取り「腹くじり」を打ち負かす、面白い話が記されています。

最初は七夕行事

初期の相撲は、『続日本紀』の天平六年（七三四）七月七日の記事に「天皇観相撲戯、是夕徙御南苑命文人賦七夕之詩」とあるように、七夕の行事の一環でした。平安時代の年中行事「相撲召合」も同様で、『日本後紀』弘仁三年（八一二）七月七日に「幸神泉苑観相撲。命文人賦七夕詩」とあります。

ところが平城上皇が天長元年（八二四）七月七日に崩御されたため日程が十六日に変更され、七夕の行事ではなくなりました。その後『延喜式』（太政）には「七月二十五日。天皇御神泉苑観相撲」と記されます。平安中期の『小野宮年中行事』（藤原実資）には「二十八日相撲召合事〈大月二十八九日。小月二十七八日〉」とありますから、七月中の開催ではあったようです。

全国から集められた相撲人

『続日本紀』の神亀五年（七二八）四月の記事によれば、諸国の郡司等に「部下に騎射や相撲の達人はいないか」という調査が命じられています。相撲人の徴集は、衛府の重要な仕事でもあったのです。

とくに相撲節会に際しては、臨時の機関として左右の「相撲司」が設置され、行事を取りしきりました。左右相撲司をまとめる別当は親王が任命されたことからも、いかに相撲が大規模な国家的な事業であったかがわかります。

また、相撲には軍事的な意味もありました。天長十年（八三三）の詔勅では、「相撲はただの娯遊ではなく、武力を鍛錬するのに最も適している。加賀・能登・佐渡・上野・下野・甲斐・相摸・武蔵・上総・下総・安房などの国で膂力人を捜し求めて貢進せよ」とされ、『日本三代実録』によれば貞観十年

相撲之節［会図］（早稲田大学図書館 所蔵）

（八六八）六月、相撲の所管が文官を扱う式部省から武官を扱う兵部省に移されました。

当時の相撲の様子

まず左右近衛府の次将が全国に「部領使」を送って力自慢の相撲人を集め、七月十三日までに入京。二十六日に仁寿殿で「内取」、そして二十八日に本番の「召合」が紫宸殿で開催されました。もちろん天皇も見物です。十七番の左右勝負をして、勝った方が大歓声を上げました。

『内裏式』や『西宮記』を見ますと「紫宸殿の庭の東西に幕を張る」「相撲司の儀式の後、相撲人が入場着座。二十番の勝負をする」「判定に異議あるときは『論』という物言いがつけられ参議が召集された」など、現代の大相撲を思わせる流れだったことがわかります。

『公事根源』によれば、相撲人は「犢鼻」（ふんどし）の上に狩衣を着ていました。男子が見る分には問題なかったのですが、貴族女子には刺激が強かったようで、『栄花物語』（根あはせ）には「相撲なども、清涼殿にて中宮は御覧ず。儀式有様さる方に見所あり。裸なる姿どものなみ立ちたるぞ、疎しかりける」と記されています。

マクワウリ（*Cucumis melo var. makuwa*）

また、相撲召合につきものの食べ物といえば真桑瓜などのフルーツでした。『小野宮年中行事』（藤原実資）には、近衛中将・少将が御簾の外に出て相撲人に「熟瓜」を与えるのが恒例であったと記されます。同様のことが平安後期の『執政所抄』にも紹介され、『蔵人式』に定められた公式のルールであったことがわかります。

童相撲

『日本書紀』には雄略天皇が采女を集めて相撲を取らせた記事がありますが、それは特殊な例外。しかし、〝ちびっ子相撲〟は当時からあったようです。

『新儀式』には臨時行事として「童相撲」の項目があり、同じように衛府が集めた「相撲童」左右各二十人が勝負をしたとあります。『日本三代実録』には貞観三年（八六一）六月二十八日に「天皇御前殿観童相撲」とあり、音楽を奏で、種々の雑伎・散楽や曲芸などが催されるなど相撲節会と同じようであったと記されます。

相撲之節［会図］（早稲田大学図書館 所蔵）

文献

『日本紀略』
天長三年（八二六）六月己亥《三》。改七月七日相撲、定十六日。避国忌也。」

『日本三代実録』
「貞観十年（八六八）六月廿八日庚寅。制。相撲。永隷兵部省。」

『小野宮年中行事』
（藤原実資・平安中期）
「廿八日相撲召合事〈大月廿八九日。小月廿七八日〉。」

一　八朔・たのみの節

はっさく・たのみのせち　私　武

八朔参賀（『幕府年中行事』＊）

八月の朔日（ついたち）を特に「八朔」と呼び、人々が交流してさまざまなプレゼントを贈答し合う風習がありました。現代の「お中元」の贈答は、これが変化したものといわれます。

田の実の節

民間で自然発生的に生まれた風習ですので由来は不明です。『公事根源』には「一条実経の文永の日記に、ここ七、八年で流行したとある」との記述がありますから、鎌倉時代の建長年間（一二四九〜一二五六）に広まったのは事実のようです。

この行事は古くは「タノミの節」と呼ばれました。タノミとは「田の実」つまり稲（早稲）の収穫時期なので、それを祝って新米を贈ったことから始まったといわれます。

米を「田の実」と呼ぶのは古い時代からのことで、『源氏物語』（須磨）でも「この世のまうけに秋の田の実を刈り収め」などと表現されています。

頼（たの）みの節に

それが発展して、今後ともよろしく「頼み」ますという言葉にかけて、さまざまな品を贈答するイベントになりました。『胡曹抄』には正応二年（一二八九）御記に、「今日は家々の行事として『たのむ人』に物を贈る。これが始まったのは三十年以上前だと思うと記されている」とあります。また『弁内侍日記』の寛元五年（一二四七）八月一日の記事には、中宮の御方より頂戴した薫物が尋常でないほど良い香りだったので

けふはまた　そらだきもの、
名をかへて　たのめば深き
匂ひとぞなる

文献

『公事根源』
「八朔風俗　この事はさらに本説なし、又正礼にもあらず、堅固世俗之風儀なり。（中略）円明寺太閤の文永の記に、此七八年よりこのかた、殊に天下に流布せるよしのせられたり、誠に建長のころよりの事成べきか。」

『世諺問答』
「問て云。八月朔日にたのむとて人にものたてまつる事侍るにや。答。此事はさらに本説なし。世俗の風義なり。或説に建長の頃より此事あり。はじめはたのみとて。よねを折敷に入て。人のもとへつかはしけるとかや。ほづかひとて。わらはべのもち侍るはこのゆへにや。又円明寺太閤の文永の記には。この七八年よりこのかたことに天下に流布せるよし載られたり。まことに建長の頃よりのことなるべし。」

『後水尾院当時年中行事』
「八月朔日。けふハ御たのむとて、各おもひおもひの進物をさゝく。返しをたふ。儲君、親王よりハたんし十帖（鳥子一枚をよこにをりて、たてに中央にをし折て又三ツにおり、都合八ツに折也。腰に同し鳥子を五分計にきり、女房ひいなの帯の如くにしてさし入、是を一帖として十帖重ね、杉原の帯のことくにはい又同し。鳥子をたゝみて捻のひもとするな

と詠ったとあります。練香を貰って「たのめば」としていることから、早くもこの時期には稲と関係のない贈り物の日になっていたことがわかります。

江戸前期の『後水尾院当時年中行事』を見ますと、天皇のもとにさまざまな贈り物がなされています。東宮・親王からは檀紙十帖、近衛家からは中高檀紙十帖と扇、飛鳥井家からは短冊百枚を柳筥（やないばこ）に入れて贈られ、天皇もこれらに返礼しています。

尾花粥（おばながゆ）

この日、すすきの穂を黒焼きにしたものを粥に混ぜた「尾花粥」を食べる風習がありました。『康富記』の文安五年（一四四八）八月一日の記事に「今日の尾花粥の由来を尋ねたがわからない」とあり、室町中期にはすでに由来不明の風習になっていたようです。ただ『海人藻芥』には「良薬ト云々」とありますから、炭の持つデトックス効果を狙ったものだったのでしょうか。江戸末期には赤飯にとって代わられています。

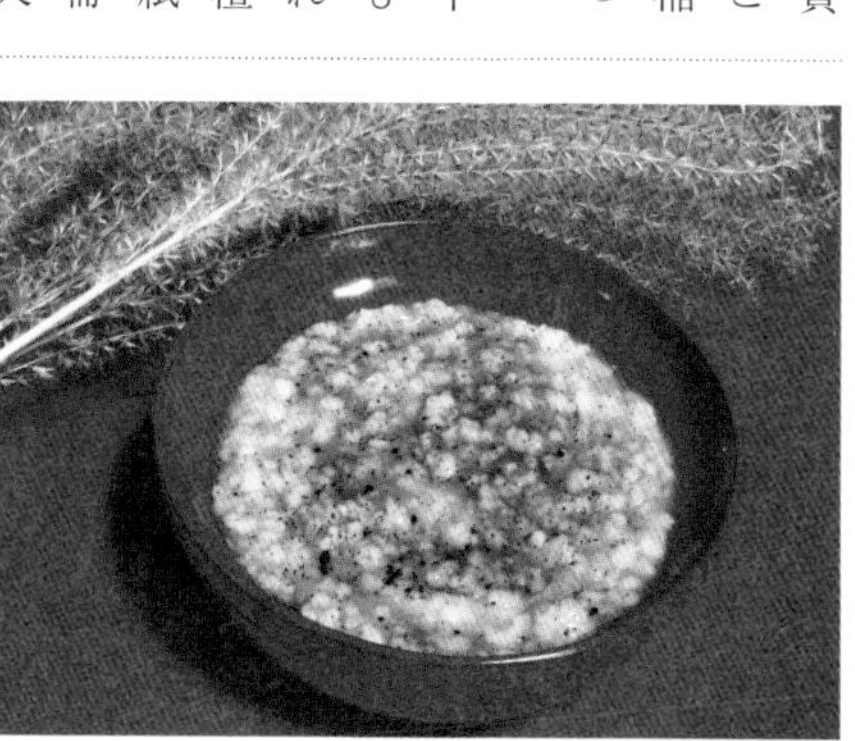
尾花粥

江戸幕府の特別な日

江戸時代、徳川将軍は足利将軍の例にならって、この日に馬と太刀を天皇に献上しました。ただしこの太刀は御所の太刀を借用した形だけのもので、次の日に「御太刀代」として現金で納めたことが江戸中期の『夏山雑談』に記されます。

幕府は江戸城内での八朔の行事を特に盛大にしました。大名は白装束（肩衣の下に着る小袖が白）で長袴を着用し、馬や太刀など豪華な品々を贈答しました。

なぜそんな盛大な行事をしたかといえば、徳川家康が江戸に入ったのが天正十八年（一五九〇）八月一日とされ、江戸開府の記念日だったからです。

この「八朔に白装束」は吉原の遊女の風習にもなりました。元禄時代、巴屋の高橋太夫が始めて人気になり、他の遊女も真似るようになったと幕末の『武江年表』に記されています。

り。紐のたけは〻ハ、かつこうしたいに調るなり〉にはいし一包をそへて参る。陽明よりハ中高たんし十帖に御扇参る。勾当内侍よりハたんし十帖御帯二筋参る。飛鳥井よりハ短冊百枚柳筥にすえて参る。高倉よりハたんし十帖に御くみかけ二筋参る。みなせよりハ御ようしの木一ゆひ帚二本参る。」

『康富記』（中原康富・室町中期）
「文安五年（一四四八）八月一日乙卯、（中略）又今日尾花之粥事、其由来何事哉、自然見及歟之由令問之給。未見及、未知其子細之由返答了。」

『御散飯供御調進次第』（不詳・室町時代）
「八月朔日　一おばなの御かゆ〈米をひきわりてこしらゆる也。大小の御はちに九分め程二つ参る也。おばなをくろやきにして、御かゆの中へ入てよくまぜて、うすみそ色にして参る也〉。」

『海人藻芥』（恵命院宣守・一四二〇年）
「八月朔日ニ、小花粥、内裏仙洞以下令用給、良薬ト云々。彼粥調法ハ、薄ヲ黒焼ニシテ粥ニ入合ス也。」

『官中秘策』（西山元文・江戸中期）
「八月朔日　一卯中刻登城、諸大名白帷子長袴、閏月之朔日には染帷子半袴。献上御太刀目録、先而留主居持参、年頭に同じ。留守居染帷子半袴、御太刀献上之使は白帷子長上下、勤方年頭に同じ。」

十一 定考

こうじょう　年

平安時代、官人の勤務評定をとりまとめる「定考」が行われました。本来は「じょうこう」と読むはずですが「上皇」に通じてしまうため、あえて「こうじょう」と読みました。

昇任人事会議

律令政治における人事制度はしっかりとしたもので、特に五位未満の実務官人は実力に基づく査定が確立していました。まず二月十一日に「列見」という面接審査。四月七日に「擬階奏」という叙位奏上手続き。そして八月十一日の「定考」によって勤務成績が精査されて、五位への加階、昇任人事が決定するのです。翌日、大弁以下によって史生や使部といった下級官人の官職を定める「小定考」が行われました。

定考は、前年八月一日から七月三十日までの「考期」の査定考課をもとに八月一日に太政官の三局（左右弁官局・少納言局）により「考文案」が作られ、十一日に少納言が結果を上申し大臣たち公卿が認証します。公卿らは春の「列見」と同じように冠に挿頭をつけました。大臣は白菊、納言は黄菊、参議は龍胆、その他は時の花。造花ではなく生花です。儀式終了後、いつものように宴会が開催されました。

中華料理

このとき二月の列見と同じように中華料理が出ました。二月と八月が孔子を祀る釈奠の月であることと関係があると思われます。『枕草子』では「二月、官の司に定考といふことすなる（中略）聡明とて、上にも宮にも、あやしきもののかたなど、かはらけに盛りてまゐらす」と、列見と定考を混同してしまっていますが、「聡明」と呼ばれる中華料理を「あやしきもの」と珍しがっています。

餅餤（再現）

定考でも出る「餅餤」は、十世紀初頭の『唐摭言』では「食之甚美、皆乳酪膏腴之所為」つまりバターたっぷりで大変美味しいとされています。平安時代の日本人にとっては「あやしき」味だったのでしょう。

文献

『延喜式』（太政）

「凡太政官考選文者、八月一日少納言弁外記史等別当勘抄成案。畢長上考文。十一日申大臣。其儀大臣已下就曹司庁。考選史持短冊筥。又史一人持札幷紙文。外記史生一人持丹硯筥。少納言弁大夫倶率就版位。大臣宣喚、少納言弁称唯、昇自西南階就座。史昇自西側階立第一間。史生立史後壇下持短冊。」

『西宮記』

「考定〈今日、官中定考也。但百官人、依去年仕上日、式部兵部依考。与五位六位已下、二月令列見成選人等。四月奏成選短冊授位也。同月請印位記。同月。召給位記、是皆一事也〉。（中略）三献之後、居粉熟飯〈近年、二献居粉熟、三献居飯。始自二三献、計庁失礼行罰、献盃者以下、弁少納言皆飲矣〉。数巡後居餅餤。」

一 二 三 四 五 六 七 八 九 十 十一 十二 通過儀礼

駒牽

こまひき　年

朝廷で用いる馬は、全国の「牧」で育てられました。『延喜式』（馬寮）には東国にある三十二の牧が記されています。八月にそうした牧の馬たちを都に集めて行われるのが「駒牽」。

平安時代は七日に甲斐国、十三日に武蔵国秩父牧、十六日（古くは十五日）は信濃国勅旨牧、十七日に甲斐国穂坂牧、二十日は武蔵国小野牧、二十三日に信濃国望月牧、二十五日に武蔵国立野牧、二十八日は上野国から馬たちが牽いてこられました。

各牧から五十～八十頭も来ましたから、総数は三百頭にもなる相当な数です。

馬を支給する儀式

天皇が紫宸殿に出御して馬たちを謁見。上卿（儀式の長）が報告書を読み上げて儀式は終了。その後、公卿以下に馬が支給されます。頂戴した馬の差綱をとって天皇の御前に進み拝礼。残った馬は近衛次将が「引分使」となって上皇や東宮に届け、さらに残りは左右の馬寮・近衛府に分配されました。

駒牽（『公事十二ヶ月絵巻』＊）

駒迎

東国各地の牧から送られてくる馬を、都の東の入口「逢坂関」で迎える「駒迎」も大きなイベントであったため、その光景は『拾遺和歌集』紀貫之の「逢坂の関の清水に影見えて今や牽くらむ望月の駒」、『詞花和歌集』大江匡房の「逢坂の杉間の月のなかりせば いくきの駒といかで知らまし」など、数多くの歌に詠まれています。

馬寮御監

鎌倉末期になると、全国の牧の責任者が有力な地方武士として独立してしまい、歌に詠まれた信濃の望月牧だけが朝廷への馬の貢納を続けました。

軍馬を扱う馬寮の官職は武家にとっては重要な意味を持ち、幕府の将軍は征夷大将軍宣下の際に他のさまざまな官職任命もされましたが、必ず馬寮の「御監」（総裁職）にも任ぜられることになっていました。

文献

『延喜式』（馬寮）

「御牧　甲斐国柏前牧〈真衣野牧・穂坂牧〉。武蔵国〈石川牧・小川牧・由比牧・立野牧〉。信濃国〈山鹿牧・塩原牧・岡屋牧・平井手牧・笠原牧・高位牧・宮処牧・埴原牧・大野牧・大室牧・猪鹿牧・萩倉牧・新治牧・長倉牧・塩野牧・望月牧〉。上野国〈利刈牧・有馬島牧・沼尾牧・拝志牧・久野牧・市代牧・大藍牧・塩川牧・新屋牧〉。」

「凡年貢御馬者。甲斐国六十疋〈真衣野・柏前両牧卅疋・穂坂牧卅疋〉。武蔵国五十疋〈諸牧卅疋・立野牧廿疋〉。信濃国八十疋〈諸牧六十疋。望月牧廿疋〉。上野国五十疋。」

十五 石清水放生会

いわしみずのほうじょうえ 公

江戸時代が終わるまで、日本の宗教は現代と異なり「神仏習合」が一般的でした。「我朝(わがちょう)の太祖」「国家の宗廟(そうびょう)」と呼ばれて朝廷の篤い尊崇を受けた石清水八幡宮も、神号が「八幡大菩薩」ということでわかるとおり、仏教色が非常に強い神社でした。

石清水八幡宮

生命を愛おしむ行事

飼育動物を解放する儀式「放生会」は、『金光明最勝王経』の「長者子流水品」にある話からきています。

釈迦の前世である「流水長者」が、池の水が干上がって死にそうになっている魚たちを見て哀れに思い、王に願って二十頭の象に水を運ばせて救い、死後に天に生まれるように説教してやります。その魚たちが死後に忉利天(とうりてん)の天子となって報恩の華と宝珠を降らせたというのです。生命を愛おしむ仏教らしい説話です。

日本の放生会

日本では天武天皇五年（六七六）八月十七日に「諸国以放生」の勅命が出されたことが『日本書紀』に記され、『続日本紀』の文武天皇元年（六九七）八月十七日の記事に「令諸国毎年放生」とあるなど、古い時代から放生会が行われていました。

天平宝字八年（七六四）十月には、鷹狩を所管する「放鷹司」を廃止して、真逆の「放生司」が置かれています。

再興された放生会

文献

『政事要略』（惟宗允亮・平安中期）
「八月十五日石清水宮放生会事。（中略）今件放生会、興自宇佐宮伝於石清水宮。尋其行事、会日読縁起文。講最勝妙典、此経文有長者子救池魚之文。仍所講説歟。」

『日本紀略』
「天延二年八月十一日丙戌、定考。中納言源延光仰云。石清水八幡宮、来十五日放生会、宜仰雅楽寮、准諸節会、音楽官人率唐・高麗楽人、舞人等、従今年永供奉彼会者。又仰云。宜仰左右馬寮。十列御馬各十疋、従今年隔年令供奉彼会者。又仰云。放生会宜仰左右近衛府。御馬乗近衛各十人、従今年隔年令供奉者。」

『扶桑略記』（皇円？・平安後期）
「延久二年八月十四日、有勅。権大納言源隆国、参議同経信、権左中弁藤原隆方、外記史以下、参石清水宮、行放生会。自今以後、可用此例者。使右近衛少将藤原師行、左右官人以下為舞人陪従。」

『今鏡』
「この帝（後三条天皇）、世をしらせ給ひてのち、世の中皆おさまりて、今に至るまで、その名残になん侍る。たけき御心におはしましながら、又情け多くぞおはしましける。石清水の放生会に、上卿宰相諸衛のすけなどたてさせ給ふ事も、こ

八幡神と放生会

養老四年（七二〇）、九州南部で起きた「隼人（はやと）の反乱」鎮圧の際に八幡大菩薩のご加護があり、勝利の後に「合戦中に多数の殺生をしたので放生会をせよ」という託宣があったことから宇佐八幡宮で放生会が始まったという伝説があります。

こうして宇佐八幡宮で行われていた放生会は、貞観五年（八六三）から石清水八幡宮でも行われるようになり、年間で最も大切な「例祭」という位置づけがなされました。朝廷は天延二年（九七四）に「諸節会に准ずる」と定め、楽人・舞人が舞楽を奏することが定められます。

また後三条天皇は延久二年（一〇七〇）、国家的な祭礼に位置づけて大納言を勅使に立て、参議や左中弁といった太政官の高官たちを放生会に参詣させ、神輿の渡御も行われました。

戦乱の時代

石清水八幡宮を勧請して鎌倉に鶴岡八幡宮が創建され、源頼朝が文治三年（一一八七）八月十五日に放生会を行ったと『吾妻鏡』にあります。室町時代、応仁の乱以降の血なまぐさい時代になると、文明十五年（一四八三）を最後に石清水放生会は中絶してしまいました。

しかしながら室町後期の『世諺問答』によれば、合戦をしていても放生会の日は休戦した、とあります。生命を尊ぶ精神は脈々と保たれていたということでしょうか。

平和な江戸時代になった延宝七年（一六七九）、石清水放生会は江戸幕府によって再開されました。

八幡の放生会（『都名所図会』＊）

の御時より始まり、仏の道もさまざまぞれよりぞまことしき道は、興れる事多くはべるなる。」

『建武年中行事』
「石清水放生会。十五日いはし水放生会。内裏にはことなる事なし。上卿宰相弁衛府などむかふ。宣命くられうの使にたまふ。」

『年中行事大概』
「放生会。十五日は。石清水の放生会なり。放生の因縁は。最勝王経の流水長者の事よりおこれり。きぬ屋殿より宿院へ神幸の時。上卿。宰相。弁。外記。史。六府。左右馬寮など供奉して。行幸の儀を撰（擬イ）せられし事は。後三条院の御別願によりて。延久二年よりはじまれ」

『公事根源』
「石清水放生会。十五日。内裏に異なる事なし。上卿、宰相、弁、衛府など男山にむかふ。宣命、内蔵寮の使にたまふ。（中略）さて放生会の起りは、元正天皇の御宇、養老四年九月、異国襲来の時、大菩薩の神力によてたやすく異敵を退け侍りて後、大菩薩の託宣に、合戦の間、多くの人を殺しぬ。放生会を行ふべきなりとありしによて、毎年に諸国にて、此の事あり。」

十五 中秋の名月

ちゅうしゅうのめいげつ　私　武

名月

旧暦の「秋」は七~九月の三カ月・九十日間。その真ん中が八月十五日なので、この夜の月は「中秋の名月」と呼ばれます。

　空気が澄み、しかもまだ寒くないこの季節は月を鑑賞するのには最適です。そのため昔から月見の宴が開かれました。

中国での月見

　美しい月を見て楽しむことは古今東西共通のことです。その中で特に中秋の名月を観賞することは中国由来の風習とされ、『全唐詩』に載る八世紀・王建の『十五夜望月』、白居易の『八月十五日夜禁中独直対月憶元九』などは有名です。

　この白居易の詩をもとに『源氏物語』（須磨）では「月いと花やかにさし出でたるに今夜は十五夜なりけり（中略）二千里の外の故人の心」と光源氏が述懐しています。またこの詩は藤原公任撰の『和漢朗詠集』にも掲載され、広く普及しました。

東西の団子の相違（『守貞謾稿』＊）

日本の月見

　日本最古の月見の宴は千百年以上前のこと。『日本紀略』によれば、延喜九年（九〇九）閏（うるう）八月十五日の夜、宇多法皇が文人を召して「秋池に月影が浮ぶ」という題で詩を詠ませたというのが最初の月見といわれます。『新勅撰和歌集』にも「延喜御時、八月十五夜月宴歌、源公忠朝臣」として、「いにしへもあらじとぞ思ふ秋の夜の月のためしはこよひなりけり」という歌が記されています。

　この後も連綿と月の宴は開催され続けました。『栄花物語』の（月宴）には康保三年（九六六）八月十五日の夜に「月宴せさせ給はんとて、清涼殿（せいりょうでん）の御前にみなかたわかちて前栽うゑさせたまふ」とありますし、（根

文献

『月令広義』（馮應京・十七世紀初頭）
「八月　十五日、中秋節〈秋九十日、是日為中秋、是夕月中天是正、乃太陰朝元、宜守夜焼香〉。」

『日本紀略』

「延喜九年（九〇九）閏八月十五日、夜、太上法皇召文人於亭子院、令賦下月影浮秋池之詩上。」


『中右記』

「寛治八年（一〇九四）八月十四日、明夕為御覧月、可有乗船興、著布衣可参入之由、従鳥羽殿有召。十五日、午時許候大納言殿御車後、参入鳥羽殿。（中略）殿上人船、頭中将国信朝臣四十人許、皆布衣。此外御随身、副小船前行、先出御船有御遊。」


『後水尾院当時年中行事』

「十五日。名月御盃、常の御所にて参る。まづ、いも。次に茄子を供す。なすびをとらせましまして、萩のはしにて穴をあけ、穴のうちを三反はしをとほされて、御手にのせらる。御盃参りて後、御前の御座にて、月を御覧あり。彼の茄子の穴より御覧じて、御願あり。是らも専世俗に流布の事なり。禁中にはいつの比より始れる事にか。」

あはせ）では歌合で伊勢大輔が「八月十五夜月」と題して「曇なき空の鏡と見ゆるかな　秋の夜ながく照す月影」と詠ったと記されます。

この風習は宮中での行事として定着し、月の宴は歌会であったり管絃の遊びであったりしました。時代が下がりますと、歌会や御遊が省略されて、月見の宴会へと様変わり。「名月の御献」として宮中で酒宴が催されました。

京都の月見団子［右］と
江戸の月見団子［左］

芋名月

この日は古くは里芋の収穫祭という意味合いもあり、「芋正月」とも称されました。そこでこの夜の名月を「芋名月」と呼ぶこともあります。十五夜の団子は、本来は里芋であったとも考えられているのです。

月見芋

江戸後期、『守貞謾稿』の月見団子の説明では、江戸の団子はまん丸だが、京坂の団子の形は「小芋ノ形チニ尖ラス也。然モ豆粉ニ砂糖ヲ加ヘ是ヲ衣トシ」とあります。この形状は今も京都で継承されています。

茄子の穴から月を見る

宮中の名月の御献は里芋と茄子を酒肴としました。このとき、茄子に萩の箸で穴を開けて手で持ち、清涼殿の庇で穴から月を見てお願いごとをするという、変わった風習がありました。

『後水尾院当時年中行事』には「世俗流行の風習で、宮中でいつ頃から始まったかわからない」と記されています。これがさらに変形し、六月十六日の成人儀礼の「月見」となったのでしょう。

『禁中近代年中行事』
「十五日、名月おこん、九月十三日同事初献、さといも三計、かわらけに高盛、直に三方におく、常の御はしそへ。二献、小きなすび三計、かわらけに高盛にして、三方一ツに二ツを置、御はし、はぎのはし、なすびにはぎの御はしにて丸くあなをあけ、月の御覧のよしなり。三献、あまざけ、伊予の局よりあがる、荷桶に入上ル、常のあまざけをひきこしてなり、御まへ〈江〉はてうしに入出ル。」

『守貞謾稿』
「八月十五夜、賞月俗ニ月見ト云。三都トモニ今夜月ニ団子ヲ供ス。（中略）江戸ニテハ図ノ如ク、机上中央ニ三方ニ団子数々ヲ盛リ、（中略）京坂ニテモ机上三方ニ団子ヲ盛リ供スコト、江戸ニ似タリト云ドモ、其団子ノ形、図ノ如ク小芋ノ形チニ尖ラス也。然モ豆粉ニ砂糖ヲ加ヘ、是ヲ衣トシ、……」

『浪花の風』（久須美祐雋・江戸末期）
「（大坂は）月見には団子を製すること江戸と同じ。しかし汁烹にすることは稀なり。きなこ、又はあんを附て食ふ。芋を賞玩す、故に十五夜の月を賞して、芋名月といふ。」

一 二 三 四 五 六 七 八 九 十 十一 十二 通過儀礼

一　醸新嘗黒白二酒

にいなめのくろきしろきにしゅをかもす　年

平安時代、酒や酢は宮内省の「造酒司（みきのつかさ）」が製造していました。中でも新嘗祭（にいなめさい）だけに使われる酒が「白酒（しろき）」と「黒酒（くろき）」で、その二つの酒を作ることを天皇に奏上する行事が九月一日の「醸新嘗黒白二酒」です。

翌九月二日、造酒司に宮内省と神祇官から官人が派遣されて儀式をし、儀式のために仮設された萱葺（かや）・薦壁（こも）の「白酒殿・黒酒殿」で醸造に入りました。醸造用の米は、新米を児童が脱穀して女たちが搗く、とあります。

灰の効果

『延喜式』には、米から酒を造り、熟した後に久佐木（クサギ、学名：*Clerodendrum trichotomum*）の灰を入れるのが「黒貴（黒酒）」、灰を入れずにそのまま発酵を進めてアルコール度を高めたのが「白貴（白酒）」と記されています。

白酒・黒酒

なぜわざわざ灰を入れるのかというと、酸性である酒をアルカリ性の灰で中和して、腐敗の原因となる好酸性細菌の繁殖を防ぎ、日持ちさせることが主目的だそうです。旨味成分のアミノ酸が豊富になり、火入れをしないので酵素が生きたままなのも特徴。こういう製法を「灰持（あくもち）酒」と呼び、鹿児島県などでは現在もこの製法による「黒酒」が製造されています。

豊明節会（とよあかりのせちえ）

新嘗祭で天皇が神に白酒・黒酒を捧げ、自らも飲んだ後、翌日に大宴会「豊明節会」が行われます。そこで大勢の臣下にお下がりの白酒・黒酒を賜りました。『吏部王記』の延長三年十一月十五日の記事によると、白酒・黒酒の順に手のひらで転がすようにして受けました。

クサギ（*Clerodendrum trichotomum*）

文献

『貞観儀式』
「稲実殿西横三間黒酒殿一宇、其西横三間白酒殿一宇〈並南戸〉（中略）黒酒殿者構以黒木、葺蔀用萱、薦為壁代。白酒殿者構以白木、自余同黒酒殿。」

『延喜式』（宮内）
「凡醸新嘗黒白二酒者。毎年九月二日。省与神祇官共赴酒造司。卜応進酒稲国郡。訖省丞以奏状進内侍。内侍奏了下官。官即仰下。〈其料用官田稲〉。其供奉酒部以下亦用卜食者。」

『延喜式』（神祇）
「凡春黒白酒料米者。造酒児先下手。次諸女共春。訖祭井神。次祭竈神。始醸酒日。亦祭酒神。」

一

氷魚貢納始

ひうおこうのうはじめ　公

氷魚

一年で寿命を終えるので「年魚」と書かれるアユは、都の近くで新鮮な漁獲が可能な魚として珍重されました。特に晩秋から冬、宇治川で獲れるアユの稚魚は大変美味しく、氷のように透明なので「氷魚」と称される高級食材でした。

『延喜式』（内膳）によれば、山城国・宇治と近江国・田上に「氷魚網代（あじろ）」が設けられ、九月一日を皮切りに十二月末日まで貢納される定めでした。氷魚は九月九日の「重陽節会（ちょうようのせちえ）」と十月一日の「孟冬旬（もうとうのしゅん）」には欠かせないごちそうだったのです。

宇治の網代

大切な氷魚ですから衛府（えふ）の武官が宇治の網代を警備し、滝口武士が「氷魚使」と呼ばれる勅使となって直接宮中へ運びました。この「宇治の網代」は都の人々には風流なものと受け止められ、宇治を代表するアイテムになっていました。『源氏物語』（橋姫）には「網代は人騒がしげなり。されど氷魚も寄らぬにやあらむ」と描かれ、『千載集』の「朝ぼらけ宇治の川霧たえだえにあらはれわたる瀬々の網代木」（権中納言定頼）は百人一首でも知られます。また『栄花物語』（御裳着）には「宇治河の網代の氷魚もこの頃は阿弥陀仏によるとこそ聞け」という、強引な歌も載っています。

『禁秘抄』（順徳天皇）に「北有荒海障子。南方手長足長、北面宇治網代布障子墨絵也」とあるように、内裏・清涼殿（せいりょうでん）の弘庇（ひろびさし）には「荒海障子（あらうみのしょうじ）」と呼ばれる障子があり、南面は清少納言も恐がった「手長足長」と呼ばれる妖怪が描かれますが、北面はまったく雰囲気の違う、「宇治網代」ののどやかで涼やかな絵が描かれています。

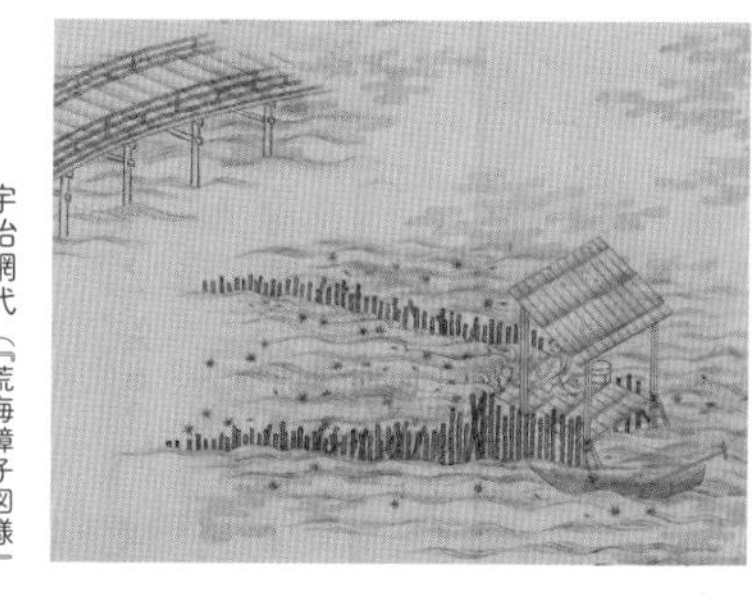
宇治網代（『荒海障子図様』早稲田大学図書館蔵）

文献

『和名類聚抄』
「鮊　考聲切韻曰〈音小、今按俗云氷魚是也。初学記冬事対、雖有氷魚霜鶴之文、而尋其義非也〉。白小魚名也。似鮊魚長一二寸者也。」

『延喜式』（宮内）
「諸国例貢御贄　山城〈平栗子、氷魚、鱸、大和、干鼈、榛子〉。（中略）近江〈郁子、氷魚、鮒、鱒、阿米魚〉。」

『源氏物語』（橋姫）
「網代は人騒がしげなり。されど氷魚も寄らぬにやあらむ。すさまじげなるけしきなりと、御供の人びと見知りて言ふ。」

九

重陽節会

ちょうようのせちえ　年　延小儀　五　武

［菊の節供］

重陽節会（『公事十二ケ月絵巻』＊）

古来、奇数は「陽数」として縁起の良いものと考えられました。陽数の「三」が三つ重なる「九」は最高に良い数で、その九が重なる九月九日は日付として最高。そこで「重陽節会」が開催されました。

『日本紀略』の大同二年（八〇七）九月九日の記事に「九月九日者菊花豊楽聞食日」とあるのが祝宴の始めで、『日本後紀』の弘仁三年（八一二）九月九日の記事に「幸神泉苑。宴侍従已上。奏妓。命文人賦詩」とあるのが年中行事としての重陽節会の最初の例といわれます。

さらに天長五年（八二八）には神泉苑で、天長八年（八三一）には内裏の紫宸殿（ししんでん）で開催されたと『日本紀略』にあります。

菊の宴

重陽節会は季節的に菊の花を賞美することが多く「菊花宴」とも呼ばれました。『万葉集』には菊を詠んだ歌がないことから、奈良時代の日本には観賞するような菊はなかったと考えられています。

『類聚国史』には延暦十六年（七九七）十月に宴が催され、桓武天皇が「このごろのしぐれの雨に菊の花　散りぞしぬべきあたらその香を」と詠んだと記されており、これが日本最古の菊の歌とされます。菊は平安時代以降のものといえるでしょう。

菊酒

重陽節会は基本的に詩歌を楽しむ宴です。菊を瓶に入れて飾り、酒に菊花を刻み入れた「菊酒」が振る舞われるのが通例で、これは後漢『風俗通』に記される「菊水信仰」、つまり菊が不老長寿に効くと信じられた伝説

文献

『吏部王記』
「九日。装束如正月七日。但当御帳前之最屋左右柱。嚢盛茱萸。向外著之。以金瓶挿菊花。置黒漆台机。以組結著。各置著茱萸柱下内辺。」

『西宮記』
「九月九日宴〈停止時、給宣旨式部、外任者可預文人者、大臣奏聞仰外記、蔵人催坊家依請奏給飾物宣旨。御帳左右付茱萸嚢、御前立菊瓶有台。」

『小野宮年中行事』
「九日節会事。早朝。書司献菊花二瓶〈有台〉。典薬寮茱萸四嚢。内裏式載神泉苑儀也。近代於紫宸殿行之。当日早旦若有外任者。可預文人輩。大臣令奏事由。随勅許召預之。若有探韻博士。還幄之後。大臣法勅令置探韻。左近衛次将持盛韻坏。昇自東階。置文台匣内。右近将監持探韻坏。進於陣置庭中文台匣。大臣起座。進就文台下。以盛探韻器置匣蓋進捧進。天皇探訖。大臣返置坏還座。天長八年例。大納言自進探奉天皇。而延喜廿一年例如此。雨儀。其儀大略同正月七日儀。但立文台於承明門西第二間。若有損年止此宴会。前一日勅其由於上卿。当日上卿奏諸王卿以下侍従以上可給菊酒之状。奉仰之後。就宜陽殿座行事。」

菊酒

などによります。『禁裏御膳式目』によれば、江戸時代の天皇の食膳には菊酒と赤飯（黄菊花七輪・おきつ鯛）、吸物（鯛ひれ）、重肴（いりこ・麩）が供されています。また『世諺問答』には、この日から酒をお燗するとあります。

菊のきせ綿

女性たちが前日の夜、真綿（シルクの綿）を菊の花にかぶせ、九日の朝に朝露と菊の香りが移った綿を取り入れて、顔を拭ってアンチエイジングを祈る「菊のきせ綿」という風習がありました。『伊勢集』に「九月八日、隣より菊にわたおほひにおこせたりける」と載り、『枕草子』にも「九月九日は暁がたより雨すこし降りて、菊の露もこちたうそぼち、おほひたる綿などもてはやされたる」とあるなど、平安時代にはポピュラーなものでした。江戸時代の宮中でも行われ、白三輪・赤三輪・黄三輪、合計九輪の菊を飾るなどという定式がありました。

茱萸嚢

この日、五月五日に飾った「薬玉」を「茱萸嚢」にかけ替えます。これも中国から来た魔除けの風習で、赤い袋に匂いの強い漢方薬「呉茱萸」を入れたもの。『延喜式』（中務）に「九月九日裏呉茱萸料。緋帛一疋。緋糸二絢」とありますから、平安時代は真っ赤な袋を使っていたのですが、のちに別種の「山茱萸」を象った造花を赤地錦の袋に入れる飾りに変化しました。

茱萸嚢

呉茱萸（*Evodia rutaecarpa*）

『後水尾院当時年中行事』

「八日。内蔵頭、きくわたを献す。女中方のさたとして、菊の花に作りて、院、女院、御所御所女中にたふ。后のおはします時ハ、后の御れうとて、すこしふたに作りて、菊の枝におほひて、をしきに居て御障子の内に置。内侍ひとへ絹きてもて参る。常の御所西庭に菊をうゆ。大黒是をやくす。下行あり。夕方常の御所にて、こふあはにて一献参る。其後西のすのこに出おはしまして、砌の下に植たる菊に綿をおほはる。綿包紙あり御はいせんの人、もて参る。ひとりのれう、白三輪赤三輪黄三輪、都合九りんなり。主上、院、女院、中宮、親王なとハ、こきくとかいひて菊の花の上にしべのやうに小りん有。白きには黄、赤きにハ白、黄なるにハ赤をするなり。女中も次第に持参しておほふなり。綿きせはてゝ包紙ハきくのもとに残しおく。次の人、包紙を其上にかさね、各かくのことし。はてゝ後、又一人の料ハをしきに添て、菊の本に置て、内々小番の衆をめすこそりとおほふなり。
九日。毎事、三月五月等の節供に同し。夕方の御祝より、女中の衣しやう、二ツえりなり。うハきハ猶すゝしのうらを用う此事ふしん。三献めのてうしに菊の花をきさみ入。けふも一首の懐紙、各詠進す。七夕に同し。重陽の宴の心なり。旧院の御時、九首の事あり。其後また一度あり。けふも講せらるゝ迄ハなし。」

一 二 三 四 五 六 七 八 九 十 十一 十二 通過儀礼

十三　十三夜

じゅうさんや　私

十三夜の月

九月十三日の月は「十三夜の名月」とされ、八月十五日の「十五夜」と並んで、月を愛でる夜とされていました。

十五夜の「中秋の名月」鑑賞は中国から伝わってきた風習ですが、十三夜の名月鑑賞は日本独自のものです。

十三夜の始まり

『躬恒集』では延喜十九年（九一九）九月十三日、醍醐天皇が清涼殿で歌を詠んだことを最初とし、『中右記』には、同じ時代に宇多法皇が「今夜の明月は無双である」と始めたものと記されています。いずれにせよ、「今宵の月は綺麗だから、歌でも詠もう」というような感興から始まったものです。

日月の運行による式日というようなものではないところに、逆に優雅さを感じます。また満月ではない、少し不完全な月を評価する点も日本的でしょう。

『徒然草』では八月十五日と九月十三日は暦の上で「二十八宿」の「婁宿」にあたり、空が清明なので月を見るのに良い、としています。

枝豆と栗

十三夜は「後月宴」などとも呼ばれて人々に長く愛されました。十五夜が里芋を多用して「芋名月」と呼ばれるのに対して、十三夜は「豆名月」「栗名月」とも呼ばれ、枝豆と栗を賞味しました。これは平安時代以来のことで、『延喜式』（大膳）には「九月九日節料　生大豆〈五位已上二把〉、生栗子〈参議已上一升、五位已上五合〉」とあります。わざわざ「生大豆」とし、「把」という単位であることから、枝豆であったと推測されます。

また『餝抄』には「八月十五日以後は生絹の衣を着る。九月十三日以後は練絹の衣を着る」とあり、秋物への更衣の過渡期であったようです。

生大豆

片月見

「十五夜の月を見て十三夜の月を見ないのは『片月見』になるので縁起が悪い」ともいわれます。小林一茶の句に「雁鳴やあはれ今年も片月見」がありますので、遅くとも江戸後期には一般的になっていた風習のようです。さらに「両方の月を同じ場所で見る」という限定がつくこともありますが、これは、リピーターを増やそうという吉原遊郭の宣伝によるものという説が有力です。

文献

『躬恒集』（凡河内躬恒・平安中期）
「清涼殿の南のつまに、みかは水ながれいでたり、その前栽にさゝら河あり、延喜十九年（九一九）九月十三日に賀せしめ給ふ、題に月にのりてさゝら水をもてあそぶ、詩歌心にまかす、　も、敷の大宮ながら八十島を　見るこゝちする秋のよのつき」

一 二 三 四 五 六 七 八 九 十 十一 十二 通過儀礼

十七

神嘗祭

かんなめのまつり 公

日本の神事は稲作の豊作・無事なることを祈ることが中心ですが、つつがなく収穫がかなったことを感謝し、新穂を奉納して神様に召し上がっていただく祭が「神嘗祭」です。『養老令』（神祇令）で「季秋」（九月）の祭と定められ、『延喜式』（神祇）では祈年・月次・新嘗・賀茂祭と並んで重要な「中祀」とされました。

豊饒の稲穂

伊勢での祭典

稲作の豊穣を祈る伊勢の神宮では十七日に祭祀が行われました。平安初期の『皇大神宮儀式帳』には斎王が自ら主宰した儀式と記されています。この記述は非常に詳しく描かれており、神宮にとっていかに重要な儀式であったかがわかります。

これに先だって宮中においては、十一日に天皇が大極殿に出御し、神宮での神嘗祭に向けて絁三疋・糸八絢などを奉幣しました。この儀式は重要なので朝廷は「廃務」（政務停止）になりました。この幣物を勅使「例幣使」が伊勢に運びます。『続日本紀』に載る「養老五年（七二一）九月十一日。天皇御内安殿。遣使供幣帛於伊勢太神宮」が最初の例です。

例幣使

例幣使は「王氏」つまり五位以上の皇族諸王の中から選ばれます。五位以上の諸王が少なくなった平安中期以降になると、親王宣下されていない若年の皇族を臨時に叙爵させて例幣使としました。これに神祇官の中臣・忌部・卜部といった神事専門家が従い、あわせて「四姓幣使」と呼ばれました。皇室がこの古式の行事をいかに重要視していたかがわかります。

宮中より奉幣の五色絁

文献

『皇大神宮儀式帳』
「九月 神嘗祭供奉行事。（中略）十七日辰時。国々所々神戸人夫等所進神酒。并御贄等平。（中略）以同日午時。斎内親王参入坐川原御殿爾。御輿留弖手輿坐弖。到第四重東殿就御座。即太神宮司御蘰木綿捧。向北跪侍。内侍罷出弖受弖。転親王奉。即親王手拍受。宮司又太玉串捧持。」

『延喜式』（神祇）
「四時祭上 凡践祚大嘗祭（日本紀云安万乃日嗣）為大祀。祈年・月次・神嘗・新嘗・賀茂等祭為中祀。（中略）凡祈年祭二月四日。大忌風神祭並四月。七月四日。月次祭六月。十二月十一日。神嘗祭九月十一日。」

一 撤夏御座供冬御座・更衣

なつのおざをてっしふゆのおざをきょうす・ころもがえ 年

旧暦では十月から冬になります。四月一日から着ていた夏物の薄い単の衣を、綾織で地厚の袷の衣に着替えます。袍の下に着るものをすべて白にするのは四月一日の更衣と同じです。

調度品の入れ替えも

衣類だけでなく室礼、調度品をすべて夏物から冬物に切り替えました。紫宸殿と清涼殿の「御帳台」の帷は、夏物は生絹に白の胡粉絵でしたが、冬物は練絹に朽木形（朽ち果てた樹木を表現した文様）の摺文になります。蔵人たちがその交換作業をしました。さらに夏はなかった、部屋を仕切るカーテンのような「壁代」を設置して風よけとします。几帳も冬向きの重ね色目にし、畳は掃部寮の手によってすべて新しくされました。

清涼殿十月更衣之図（『公事録附図』宮内庁書陵部蔵）

現代までつづく恒例行事

これは毎年の恒例行事で、特に凶事でもないかぎりこの期日が守られました。『兵範記』仁安二年（一一六七）十月一日の「御帳帷、御几帳、壁代等新調」など、記録の数々は枚挙に暇がありません。更衣は貴族社会に広く浸透した習慣で、『源氏物語』（総角）でも「更衣など、はかばかしく誰れかは扱ふらむなど思して、御帳の帷、壁代など、三条の宮造り果てて」と、邸宅の室礼をかえています。

現代の京都御所でも、この伝統は継承されています。

京都御所・清涼殿御帳台の朽木形

文献

『小野宮年中行事』
「十月朔日　掃部寮撤夏御座、供冬御座事。」

『夕拝備急至要抄』（藤原兼仲？・鎌倉後期）
「十月一日改御装束〈同夏季、但壁代加調之〉。」

『禁中年中行事』（不詳・江戸時代）
「十月朔日。紫宸殿御帳台御更衣　奉行　職事六位蔵人勤之〈余同四月〉。清涼殿御帳台御更衣　奉行　職事六位蔵人勤之〈余同四月〉。」

『禁中恒例年中行事』（源保明・江戸後期）
「十月朔日更衣　是は御服類冬に改られ、清紫両殿の飾を冬の飾にしかへらる、儀、四月朔日の如し。」

一 孟冬旬

もうとうのしゅん 年

四月一日の「孟夏旬」と並ぶ年に二回の「旬」のひとつが十月一日の「孟冬旬」。平安中期の『九条年中行事』（藤原師輔）には「皇帝御殿。内侍臨東檻召人。大将先参上。謂大臣兼大将也……」とあり、この頃はまだ「天皇が政務を聞く」という意味合いを保っていましたが、やがて廃れ、天皇が出御しない「平座」と呼ばれる簡略版が多くなってしまいます。会場も正殿である「紫宸殿」ではなく「宜陽殿」となり、単に季節の料理を食べる宴会に変化しました。『九条年中行事』を見ますと饗膳には「索餅」のような唐菓子や「鮑の羹」などのごちそうが並んでいます。

氷魚

「孟夏旬」では出席者に「扇」を賜ることが決まっていましたが、「孟冬旬」では「氷魚」を賜りました。『北山抄』（藤原公任）によれば、給仕は采女二人。

氷魚

天皇の合図を受け、一人が氷魚を持ち、一人が汁・塩を持って王卿の座を廻ります。これを片膝を着いて待ち、自分の番になると匙で氷魚を一度だけすくい、たっぷり「指塩」して食べます。食べ方が儀式にまで昇華していることから、いかに「氷魚」が特別なごちそうであったかがわかります。

塩梅

『小野宮年中行事』（藤原実資）ではこのことについて「采女取氷魚塩梅等」と記しています。「塩梅」という単語はこの当時すでに「加減」の意味でも使われていましたが、この場合はまさに調味料のこと。『和名類聚抄』（源順）には「塩梅。尚書説命篇云若作和羹爾惟塩梅〈孔安国云塩鹹也梅酢也〉」とあり、どうやら梅酢のようです。

文献

『九条年中行事』
「二孟旬儀。（中略）給氷魚〈九十月〉。第二度下器之後。番奏之前。采女二人〈一人執氷魚。一人持汁塩〉。自御前来座上。于時第一王卿一人下座。跪於大盤西頭突片膝。取采女所持氷魚幷汁等。一々置大盤西端。采女賚御盤退還。随即一王卿座。令置内豎等曳下〈目出居次将〉。可令召内豎。王卿以下各以匕攪取件氷魚。至于侍従。一一如此。」

『小野宮年中行事』
「同日旬事。供奉儀式。一同四月一日。但給氷魚。采女取氷魚塩梅等。就貫首之西頭。貫首人降座伝取。置台盤上復座。目出居次将令召内豎。内豎二人参上。取氷魚塩梅。引給王卿以下。各以匕搔入前器。」

『北山抄』（藤原公任・平安中期）
「旬事〈十月同之。他月近例不必出御〉。（中略）十月賜氷魚。其儀、采女二人〈一人陪膳〉取氷魚指塩〈預盛片垸供之〉進来。坐貫主主人西頭。下座跪給之。置大盤上復座。目出居令召内豎。内豎二人参上。取氷魚等次第持列。各以匕一度搔取、指塩沃上〈延喜十一年五月、旧粽甘葛煎等。其儀同氷魚也〉。」

一 主殿寮進御殿炭

とのもりづかさごてんのすみをすすむ　年

十月から「冬」に入りますので、そろそろ暖房の準備です。『養老令』（雑令）でも「凡給後宮及親王炭。起十月一日、尽三月三十日」と定められていました。十月一日、殿上の油や薪炭を担当する「主殿寮」が炭を用意して火桶に入れます。この日は「開炉節」とも呼ばれました。

大きな火桶

平安時代は「火桶」「炭櫃」という言葉が一般的でした。火桶といえば小さなものをイメージしますが、平安時代には大きな火鉢があったようです。

火桶

平安後期の『執政所抄』には五節所の火桶として「口径三尺二寸外定高七寸」と、直径一メートルほどとしています。洲浜形であちこちを雲母で飾り、残った所には山水を描いた豪華なものでした。また平安末期を描いた『たまきはる』には、なんと「畳の広さなる大炭櫃」に炭を高さ一尺余（三十五センチメートルほど）に積み上げて火をおこしたので、近くに寄らなくとも暖かい、とあります。

基本的に開け放しで風が通り抜ける寝殿造の建物ですから、暖房も強力にしなければ間に合わなかったのでしょう。

炭の入れ方

『徒然草』には、「火鉢に炭を入れるときは火箸で挟まずに手で入れる。転び落ちないように慎重に炭を積む、ただし白い着物を着ているときには火箸を使っても良い」とあります。しかし『門室有職抄』には、「近ごろは箸を使う。本来は主人以外は炭を追加しない」とあり、炭の大切さがわかります。

綿入の衣

またこの日から、真綿を入れた衣を着るようになります。九月中はどんなに寒くても袷の衣を重ねるだけで、綿入の衣を着ることは許されませんでした。十月一日からは綿入解禁です。

文献

『養老令』（雑令）
「凡給後宮及親王炭。起十月一日、尽三月三十日。其薪知用多少量給。供進炭者。不在此例。」

『小野宮年中行事』
「同日主殿寮進御殿炭及殿上侍料炭事〈始自今日迄明年三月晦日。数見所例也〉。」

『後水尾院当時年中行事』
「十月朔日、毎年つねのごとく、けふよりつねの御所御座の左の方におき、炭の火鉢をおく、炭の立やうあり、けふより女中わたの入たるものを著用、九月中はわたの入たるものをきず、さむきときは袷をとり重ねてきる也、夕方の御いはひより張うらのねりを著ると云。」

『禁中年中行事』
「十月朔日〈今日ヨリ来年四月朔日迄、立炭御火鉢。常御殿御中段ノ間ノ内、上段ノ敷居間北ノ方ニ被置〉。」

『日次紀事』
「十月一日　開炉節（中略）自今日被掲紫宸殿清涼殿之壁代、其儀同于四月更衣之式。諸公家自今日至来年三月晦日、各被著冬袍。」

五 射場始

いばはじめ 年 武

射場始（『公事十二ケ月絵巻』＊）

校書殿の北、紫宸殿の西に「射場殿」と呼ばれる場所があり、射礼や賭弓などの弓技大会が開かれました。翌年正月の大会を前に、射場を使用し始める儀式が「射場始」（弓場始）です。射場始をしなければ翌年の賭弓は開催せず、賭弓がなければ相撲節会もない、とされましたので、武術関係全般の最初の儀式であったわけです。

儀式としての弓

射礼のような本格的な競技会ではなく儀式の色が濃いものでした。天皇は「青色袍」を着て出御。青色袍はこの他「賭弓」や「賀茂臨時祭」「舞御覧」などでも着用された軽儀用の袍です。重儀には黄櫨染袍を着用しました。

「射席」の倚子の左右には弓台が置かれ、弓が二張置かれます。これは天皇も自ら弓を引くという意味で、天皇の文武両道を象徴するものでした。

ただし実際に天皇が矢を射たのは、村上天皇の天暦元年（九四七）ただ一度で、公卿や殿上人たちが矢を競うのを天皇が見て勝者に賞品を出すという儀式になっていました。儀式ですので公卿以下は束帯姿で優雅に矢を射ます。

儀式の実際

寒い時期ですから天皇の御座の東南には火炉が置かれ、北側には五尺屏風三帖をめぐらせました。矢を射るたびに近衛の将監が的を取り替えます。最も成績の良かった者は矢をとって月華門から退出、清涼殿の殿上の間の入り口で六位蔵人に矢を渡し、例によって宴会開始。最後に禄（ほうび）を貰って退出しました。

室町時代の『年中行事歌合』では「射場始〈十月五日〉」と題して、四辻善成が「名のみ聞けふのまとゐの射席も　今はむかしとしき忍ぶ哉」と詠んでいますから、鎌倉時代には廃絶してしまったことがわかります。

文献

『九暦』
「天暦元年十一月三十日。弓場始、主上先射給当的事。」

『西宮記』
「十月五日、射場始事。立平文倚子敷毯代、北辺立置物御机供御膳、御座南立同机、其南立御弓台〈二張〉（中略）天皇御射場〈青色御衣〉。出居警蹕、出居依御気色起座。」

『小野宮年中行事』
「五日射場初事。勝方親王以下再拝。其儀。当御前西面北上立列。親王以下参議以上一列。非参議以下一列〈故殿天暦五年三月十六日殿上賭射御記〉。」

五 残菊宴

ざんぎくのえん 私

醍醐天皇が延長八年（九三〇）九月に崩御して以降、遊興の要素の強い九月の重陽節会（ちょうようのせちえ）は停止されてしまいます。

活躍の舞台を失った文人たちは宴の復活を働きかけ、村上天皇は『停九日宴十月行詔〈世号残菊宴〉』を発して、天暦五年（九五一）に重陽ではなく「残菊宴」という形で復活させます。

こうしたことから残菊宴は重陽節会の代用として生まれた、といわれることも多いのですが、実は残菊宴はそれ以前にも何度も開催されているのです。

宇多天皇の公宴

『日本紀略』によれば、宇多天皇は仁和四年（八八八）、先帝（光孝天皇）の周忌が近いとして重陽宴を停止します。しかし翌年の寛平元年（八八九）九月九日、さっそく重陽宴を復活させ、「鐘音応霜鳴」の題で菅原道真たちが詩を詠んでいます。

そしてその直後の二十五日にも「公宴」を催し、「惜秋翫残菊」という題でまた文人たちに詩を詠ませているのです。実質的にはこれが残菊宴の最初といえるでしょう。

残菊とは

重陽宴に続けて残菊宴も開催というのは、宇多天皇が「残菊」を愛していたからにほかなりません。『本朝文粋』に納められたこの公宴における紀長谷雄（きのはせお）による詩序に「即賜題目、惜秋翫残菊。蓋賞時変也」つまり「時の変化を賞する」とあります。

続いて参加者が残菊について詩を詠みます。漢詩集『雑言奉和』によれば、小野滋陰の詩に「白露凝赤粉　丹霜染素糸」、藤原菅根の詩に「終有両三霜後色」、藤原滋実の詩に「可惜黄花変紫稀」とあります。

これらを見れば、「残菊」というのは咲き残っている菊の花というだけではなく、時が移ろい霜を受けて美しく変化した菊の花、という意味もあることがわかるのです。

この後も寛平二年、六年、七年にも重陽宴と残菊宴の両方を開催し、寛平七年（八九五）の残菊宴の詩題は「花有浅紫」です。つまり「残菊」は紫色の菊だということになります。

文献

『本朝文粋』（藤原明衡・平安中期）

「停九日宴十月行詔〈世号残菊宴〉　後江相公

詔。望五雲而穿眼、汾水之遊不帰。攀九霞而摧心、荊岫之駕弥遠。九月者、先帝昇霞之月也。故九日之節廃而経年。丹茱無験、徒伝禦寒之方。黄菊失時、空綴泣露之蕚。朕之長恨、千秋無窮。爰洛水春遊、昔日閣筆。商飆秋宴、今時巻筵。鹿鳴再停、人心不楽。詞人才子、漸呑吟詠之声。詩境文場、已為寂寞之地。孔子曰、文王已没、文不在茲乎。宜開良讌於十月之首、以翫中余芳於五美之叢。凡厥儀式、一准重陽。主者施行。天暦四年九月廿六日」

『扶桑略記』

「天暦五年辛亥九月、初発残菊広宴。」

『西宮記』

「天皇国忌斎食事〈当時国忌当宴会月者、以停節会、以他月行之、天暦十月行残菊宴、三月射礼賭弓之類是也〉。」

「九月九日宴　停止時給宣旨式部、外任者可預文人者、大臣奏聞仰外記、蔵人催坊家、依請奏給飾物宣旨、御帳左右付菜萸嚢、御前立菊瓶有台。承平以後、依御忌日無節会、天暦依詔十月被行残菊宴。」

『日本紀略』

「仁和四年九月九日癸卯、停重陽宴。為

霜焼け現象

白や黄色の菊の花は、急激な気温低下で霜に遭うと「霜焼け」を起こして紫色に変色します。その風情が「残菊」として愛されたことは、文人たちの漢詩でわかります。これは中国では見られない、日本人独特の感興です。

また『日本紀略』の寛平六年（八九四）十月十八日の記事には「皇太子殖霜菊於丹墀、奉覧天皇」とあります。満九歳の皇太子・敦仁親王（醍醐天皇）が植えた「霜菊」を天皇が見ています。その日にも公宴が開催され「冬日残菊」という題で詩が詠まれています。

移ろい菊

それ以降も残菊は「移ろい菊」という名前で好まれ、たくさんの歌がのこされています。『古今和歌集』の「秋をおきて時こそ有けれ菊の花　うつろふからに色のまされば」、『後拾遺和歌集』の「紫にやしほ染めたる菊の花　うつろふ色と誰かいひけむ」など枚挙に暇がありません。

平安時代、紫は高位高官の袍（上着）の色とされ、また優美な色彩として愛されました。『源氏物語』が「紫」を中心として物語構成され、作者の藤式部が紫式部と呼ばれるようになったことにも、平安貴族の紫好きが表れています。

白や黄色が紫に変化する「残菊」「移ろい菊」が好まれたのも当然のことでしょう。

霜に遭い紫色になった白菊

先帝周忌之近也。」

「寛平元年九月九日戊戌、天皇於東宮、有重陽宴詩、題云。鐘声応霜鳴。前備後掾物部安興作序。」

「寛平元年九月廿五日甲寅、月掩食塡星。其日公宴。題云惜秋翫残菊詩。是月、万木花開、宛如三春。」

「寛平六年十月十八日丁未。皇太子殖霜菊於丹墀、奉覧天皇。公宴。賦冬日残菊。」

「天徳二年十月廿一日戊戌、残菊宴。有管絃事。題。惜残菊。」

『吏部王記』

「天暦四年十月八日〈九日節停止後、属文徒常愁寂然。今有新儀、以来月上旬可聞食残菊宴、其期准玉燭宝典。本月五日可宜由略定了。」

『政事要略』

「残菊宴事　詔（中略）重陽廃於承平之初、踏歌停於天暦之末。雖復翫残蘂於初冬、移射礼於三月、然猶露菊含過秋之恨。煙楊忘舞春之娯、追感漢儀、莫不惆悵、方今驪騵代遷。星霜程隔、傷佳会之多廃、憶古典之更存。正月十六日踏歌、十七日射礼、九月九日節等、宜復旧制。庶使登降之礼無違、文武之道不一墜、主者施行。安和元年八月廿二日、高成忠作。」

一 二 三 四 五 六 七 八 九 十 十一 十二 通過儀礼

上亥

玄猪

げんちょ

年 私 武

十月の「亥（い）」の日に餅を食べると病気にならないという伝説から、この日に「亥子餅（いのこもち）」を食べる風習「玄猪」が生まれました。『宇多天皇御記』の寛平二年（八九〇）の記事に「十月初亥餅等」とあり、『源氏物語』（葵）に「その夜さり亥の子餅参らせたり。（中略）色々にて参れる」とあることから、遅くとも平安中期には存在した風習です。年中行事障子にも「初亥日。内蔵寮進殿上男女房料餅事」とあります。

上亥の亥子餅

カラフルな亥子餅

「玄猪」はその音から「厳重」「げんちょう」などと表記されることもあり、歴史の中で変容され、謎多き行事です。平安中期は「初亥」だけだったようですが、のちに十月の毎回の「亥」の日に作られるようになります。

平安中期の亥子餅の形状等はわかりませんが、『源氏物語』に「色々にて」とあることから『河海抄』での解説には「亥子餅は色々なり。三日夜餅は白一色なれば、かずかずにはあらでと云也」とあり、カラフル説をとっています。

平安後期には、胡麻・大角豆・大豆・小豆・栗の五種があったと『執政所抄』に記されます。また鎌倉初期編纂の『二中歴』には白に加え、大豆・小豆・大角豆・胡麻・栗・柿の七種があるとされ、同じ時期の『厨事類記』では白、赤、黄、栗、胡麻の五種があったとされますから、やはりカラフルです。

江戸時代の宮中玄猪

江戸時代の宮中の玄猪は『後水尾院当時年中行事』に詳しく記されています。それによると、まず「つくつく」という儀式があります。これは天皇が亥の方角を向いて、玩具のように小さな臼と杵で餅を搗くというもの。そのあと臣下に天皇が息を吹きかけた、碁石サイズの小餅が下

文献

『宇多天皇御記』
「寛平二年二月卅日丙戌。仰善曰。正月十五日七種粥。三月三日桃花餅。五月五日五色粽。七月七日索麪。十月初亥餅等。俗間行来以為歳事。自今以後毎色弁調宜供奉之。于時善為後院別当。故有此仰。」

『執政所抄』
「十月　亥子御餅事〈毎亥日勤仕之。料物別三石〉
度別六升居〈寸法方一尺深四寸〉餅二升居〈寸法方弘一寸水永丸長〉粟二外居〈同〉柿二居外　已上外居加之。上品紙八枚〈二枚重盛之〉
御強飯一合〈例折櫃〉五種　胡麻、大角豆、大豆、小豆、栗、深草小春日坏立紙盛之、居例折櫃。
件事東煙所課、下家司調進。御台盤所料米及別三石。年預申成下文副廻文作（被？）所課下家司。奉申執行家司了。所課下家司戞大酌（賜イ）別歟。優止監雑女、致清浄勤之。」

『二中歴』
「十月亥子〈群忌隆集云、十月亥日、作餅食之、令人無病也〉。玄子餅七種粉、大豆・小豆・大角豆・胡麻・栗・柿〈糖〉。」

一 二 三 四 五 六 七 八 九 十 十一 十二 通過儀礼

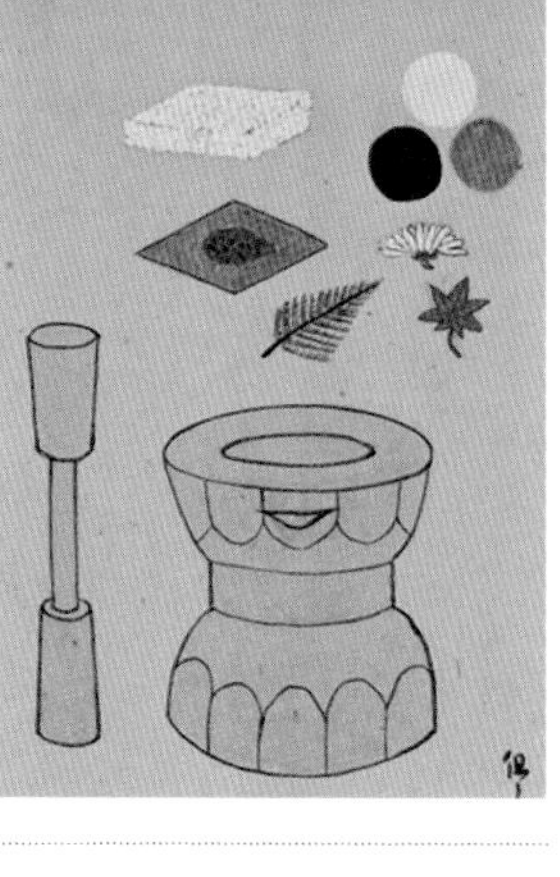
つくつくの臼と杵（『御定式御用品雛形』川端道喜蔵）

賜されました。

白、胡麻で色をつけた黒、小豆汁で色をつけた赤の三色があり、身分によって下賜される餅の色が異なります。公卿は黒・白、殿上人は赤、五位殿上人以下は白と定まっていました。

また親王や門跡、大臣等は小高檀紙で包み、近習の公家や上臈女官などは杉原紙で包みます。そして「上亥」は菊と忍草、「中亥」は紅葉と忍草、「下亥」は銀杏と忍草を「添花」に飾ることとされました。このほかにも摂津国能勢から「能勢餅」が献上されます。これは四角い小豆餅に餡と栗を載せ、熊笹を置いたもので、猪の肉・骨・牙を象っているとされます。

幕府の玄猪

室町幕府でも玄猪は重んじられ、江戸幕府においても重要な儀式とされました。『徳川実紀』によれば、大坂夏の陣が終結した元和元年（一六一五）の十月一日、さっそく「今年より玄猪の慶会に長袴着用すべし」の命令が出ています。幕府では「上の亥」だけを玄猪としました。

この日、大名や旗本は定めのとおり「熨斗目長袴」という礼装で参加しました。儀式はこと細かく規定され、身分別の餅の色も、黄・赤・黒・青・白の組み合わせで非常に複雑でした。

江戸後期の『幕朝年中行事歌合』によれば、白書院の上段の間に大御所と将軍が着座。五色の餅を盆に盛って、「布衣」の身分以上の大名・旗本に将軍自ら餅を授けます。その次に、大きな平台二つに餅を山盛りにし、「布衣」未満の者たちが七人ずつ進み出て、台の上の餅をとって退出しました。

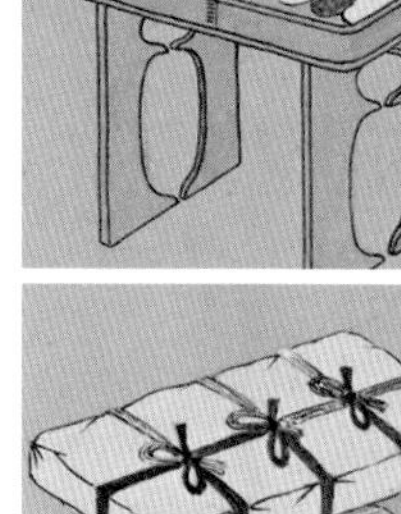
亥猪丸餅と餝方（『御定式御用品雛形』川端道喜蔵）

『厨事類記』
「十月豕子　餅一折敷〈角〉。五種〈白、赤、黄、栗、胡麻〉。菓子一折敷八種、各用角小外居〈本立搔敷〉居色々粉一折敷〈角小折敷也〉入小外居〈搔敷〉。」

『政事要略』
「蔵人式云。初亥日、内蔵寮進殿上男女房料餅〈各一折櫃〉。内蔵所進餅、已見人給料。但又大炊寮出渡糯米、内膳司備調供御、雖不載式文、寮司供来尚矣。群忌隆集云、十月亥日、食餅余万病。雑五行書云、十月亥日、食餅令人無病〈亥日之餅、本縁如此。愛敬之詞、未詳其説〉。」

『建武年中行事』
「亥子餅。ゐのこはくられうよりまいる。あさがれゐにてまいらす」

『河海抄』
「ゐのこのもちゐ　群忌隆集曰十月亥日作餅食之令人無病也　掌中暦曰亥子餅七種粉　大豆　小豆　大角豆　胡麻　栗　柿（糖）　亥子餅は色々也。三日夜餅は白一色なればかすかすにはあらてと云也。いまいましき日とは重日を忌也」

『看聞日記』
（伏見宮貞成親王・室町中期）
「応永二十四年（一四一七）十月五日、今夜亥子也。三位以下候。」

十一月

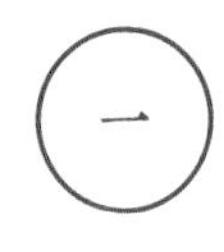

朔旦冬至

さくたんとうじ　公

新年に「暦の奏（七曜御暦奏）」があるように、暦によって天体の移動を正確に把握していることは天皇の大切な権威であり権限でした。

臣内前等言伏以義馭迎長遇天紀
之元晷臺書瑞知民生之安今年建子
十一月辛卯朔旦冬至萬年景命爰修
亜歳之儀八表懽聲懋履對時之休臣等
誠懽誠抃頓首頓首欽惟
皇帝陛下在璇璣七政齊授民時九功
敍禮樂崇其醲化天地参其茂功順體
休辰修曆純嘏臣等叨辱股肱之任仰

貞観四年（八六二）以降の日本は唐の『宣明暦』を原則として用いましたが、陰陽寮の陰陽博士・暦博士、そして大学寮の算博士など当時の科学者たちが補正の計算を行って暦を編纂していました。博士たちの間で計算結果が異なり、論争になることもしばしばでした。

暦は冬至基準

『史記』（封禅書）には元鼎四年（紀元前一一三）のこととして「黄帝得宝鼎神策。是歳己酉朔旦冬至。得天之紀、終而復始」と記します。内容はおとぎ話ですが、朔旦冬至が「終りてまた始まる」日であると認識されています。

古代中国で生まれた暦は、十一月一日が冬至である日を出発点として計算し、月と太陽の運行を組み合わせ、閏月や月の大小を利用しながら調整します。そして七閏月を含む十九年間で一周し、この周期を「章」と呼びました。二十年目の十一月一日は新たな章の始まりです。

暦が正しい＝政治が正しい

そしてその二十年目の十一月一日が一年で最も日が短い日、冬至であれば、計算がきちんと合っている、暦の編纂が正確になされている、つまり天皇による王道政治が正しく行われていることが「科学的」に証明されたことになるのです。

『続日本紀』の延暦三年（七八四）朔旦冬至の記事を見ますと「朔旦冬至は歴代の希遇、王者の吉祥である。朕は不徳であるがこの日を迎えた。一緒にこの嘉辰を喜ぼう。王卿以下に賞

文献

『日本書紀』
「斉明天皇五年（六五九）十一月一日。朝有冬至之会。々日亦観。所朝諸蕃之中。倭客最勝。」

『新儀式』（不詳・平安中期）
「朔旦冬至事〈承和八年、貞観二年、元慶三年、昌泰元年、延喜十七年、天暦九年〉。当日早旦、諸卿献賀表大臣已下参入。第一大臣執表函、進到紫宸殿東階授内侍、内侍執之奉献。時刻天皇御南殿、内侍臨檻喚人、大臣参上、侍従〈兼大将者也〉、次皇太子、次王卿出居参上着座、次侍従大夫等参自日華門、着宜陽春興両殿座、所司予立床子於両殿西廂〈延喜十七天暦九年等例也〉。采女供御膳、東宮采女供皇太子膳、内豎給殿上侍臣膳、大舎人幷膳部等給侍臣等膳、度下器如常〈不及殿下之者〉。中務省奏御暦、六衛府番奏如常、三献之間、非侍従幷外国司未赴任、未得解由大夫等参入着両殿座〈大臣予仰令召之〉、大臣執見参文、付内侍令奏覧。畢少納言唱見参、親王已下、応召列立庭中〈西上北面、四位五位重行〉、拝舞畢退出。天皇還御。此日、仰京官諸司、令進官人已下直丁已上見参。但諸陣、蔵人所、内豎、校書殿、進物所、遣殿上侍臣令注見参、後日為給禄也。此月中寅日、有叙位議〈延喜十七年、依当御物忌、丑日有此議〉、其儀訖奏位記捺印之事如常〈功臣之後等事、具叙例也〉。

瞻補天之光祗恪修民之職齊侍建極之
朝荷恩寔久抃詠延企謹奉表稱賀以
聞臣内前等誠懽誠抃頓首頓首謹言
明和四年十一月一日
摂政従一位臣藤原朝臣内前
従一位行左大臣臣藤原朝臣尚實
従一位行右大臣臣藤原朝臣輔平
内大臣正二位兼行左近衛大将臣藤原朝臣道前
正二位行権大納言臣藤原朝臣兼胤
正二位行権大納言臣藤原朝臣長煕

『朔旦冬至賀表』（明和四年）＊

を授け、京畿の当年の租税は免除する」という勅語が記されます。朔旦冬至を無事に迎えた桓武天皇の喜びが伝わってきます。

二十年に一度の祝い

章の始まり「朔旦冬至」はあらゆる意味でおめでたいことでした。『日本三代実録』の貞観二年（八六〇）十一月一日の記事には、朔旦冬至を祝う臣下からの「賀表」（祝辞）が記されています。

伏惟皇帝陛下承天之序。継聖之明。生知之徳潜通。不言之化自遠。是以陰陽降祉。天人合応。慶雲連理。（中略）日月齊明。先天而天不違。後天而奉天時者哉

つまり朔旦冬至を迎えたのは「天と人が合応した」ことだと祝っているのです。

豪華な宴会

当然ながら儀式を行い、宴会を開いて祝いました。『西宮記』の「十一月朔旦冬至」を見ますと、文章博士（もんじょう）の作った「賀表」を公卿が天皇に進めるところから儀式が始まり、やがて祝宴に移ります。『長寛二年朔旦冬至記』によれば、饗膳には唐菓子（からくだもの）の索餅（さくべい）、鮑（あわび）の羹、巻鮑、生鯛、むかご、茄子、干鯛、鰹などのごちそうが並んでいます。

また朔旦冬至には臨時の叙位がなされることが通例でした。まさに国家的なお祝いであったのです。

式年遷宮

伊勢の神宮では御社殿や御神宝が二十年に一度、すべて造り替えられます。この「式年遷宮」は六八五年、道教を重んじた天武天皇の発意に始まり、途中中断もありましたが約千三百年も受け継がれてきた伝統で、これにより常に神聖な瑞々しさが維持され続けています。この「二十年に一度」というタイミングはさまざまな意味を持ちますが、根本は「終わりてまた始まる」一章の周期を尊重したものだとも考えられています。

卯日、詔書宣命等事、仰大臣令草之。草畢奏覧、覧訖御画日、畢返給。下所司如常。其文曰、延喜十七年、依無可叙絶蔭者省棄其詞也。新嘗会日、御南殿、給下名宣命行叙位事等、皆同七日儀。明日、召大臣議女叙位、令作位記如常。」

『日本三代実録』

「『三代実録』巻四貞観二年（八六〇）十一月丁丑朔。朔旦冬至。公卿上表。賀朔旦冬至曰。臣聞。乾坤不宰。日月無私。逆其道則躔次自差。順其常則禎祥暗叶。然則上元之歳。天正之辰。合璧和光。連珠縟彩。歴列辟而稀遭。待興王而合瑞者也。〈中賀〉。伏惟皇帝陛下承天之序。繼聖之明。生知之徳潜通。不言之化自遠。是以陰陽降祉。天人合応。慶雲連理。史不絶書。瑞鳥嘉禾。府無虚月。而今律應北宮。漏移南至。五星同舍。均瑞彩於周臺。兩耀集辰。合昌耀於漢祀。従九霄以降祥。表無彊之嘉運。豈不以天地合徳。日月齊明。先天而天不違。後天而奉天時者哉。臣等傾心日轡庇影□□。顧惟愚朦。竊感顯慶。同陳思王之抗表。唯祝踐長。異崔亭伯之作銘。猶欽延祚。無任聳抃之至。謹拝表奉賀以聞。』是日。帝御前殿。賜飲侍臣。録文武官及校書殿内竪等見直者奏之。」

『百錬抄』

「建仁二年十一月一日。朔旦冬至旬也。十九日。被行朔旦冬至叙位。」

冬至

冬至（とうじ）公

ユズ（*Citrus junos*）

旧暦を使っていた時代も人々は太陽の下で暮らしていたわけですから、太陽の運行に基づく「二十四節気」を大切にしていました。その中で最も観察しやすいのが、日照時間で判別できる冬至と夏至、そして春分・秋分です。

終日極楽

古代中国には冬至と夏至の日に皇帝が郊外に出て天地を祀る「郊祀（こうし）」という儀礼があり、日本でも延暦四年（七八五）十一月十日の冬至に桓武天皇が交野柏原で天神を祀った、と『続日本紀』にあります。またそれ以前の神亀二年（七二五）十一月十日の冬至には、文武百官・諸司長官・大学博士たちが「奇翫珍贊」で「宴飲」し「終日極楽」とあるほど楽しんだ記録もあります。

一陽来復（いちようらいふく）

二世紀、後漢末期の『独断』に「冬至陽気起、君道長、故賀。夏至陰気起、君道衰、故不賀」とあります。冬至は陽気が起きるので「賀」、夏至は陰気が起きるので「不賀」という認識でした。つまり冬至は祝うべき日なのです。日本でも冬至は、それまで弱まっていた太陽が回復を始める「一陽来復」のおめでたい日という認識でした。

そしてこの日は労働せずに暖かく安静にして過ごしなさいと、江戸前期の『日本歳時記』にあります。今に伝わる「柚子湯」は江戸後期の銭湯から始まった風習で、「冬至」と「湯治」をかけたともいわれますが、暖かく安静に過ごすという考え方のひとつなのかもしれません。柚子は「金銀融通（ゆうずう）」にかけた江戸っ子の洒落ともいわれます。

春に向けて

この日から装束の「重ね色目」は春に向けてのカラー、梅や葡萄染（えびぞめ）、山吹などの色を用いるようになります。「冬至冬中（ふゆなか）冬初め」ともいわれますが、春への胎動が始まるのです。

「一陽来復御守」で知られる穴八幡宮

文献

『続日本紀』
「神亀二年（七二五）十一月己丑十日、天皇御大安殿受冬至賀辞。親王及侍臣等奉持奇翫珍贄進之。即引文武百寮五位已上、及諸司長官大学博士等宴飲。終日極楽、乃罷賜禄各有差。」

『日本歳時記』
「今日一陽来復して後陽気日日に長じ、日もやうやく長くなる。陽気の始て生ずる時なれば、労動すべからず、安静にして微陽を養ふべし。」

『世諺問答』
「問て云。此月とうじと申事の侍るは何のゆへにて侍ぞや。答。白虎通に周の世には十一月を正月とす。これを暦家に天正月といふ。殷の世には十二月を正月とす。地正月とす。夏の世には今の正月を正月とす。人正月といへり。十一月は陽はじめて生る月なれば。冬至の日より日かげのながくなると申也。陰陽道の暦数をかんがへて十一月に奉るなり。」

『胡曹抄』（一条兼良・室町後期）
「打下襲　梅〈面白、裏蘇芳。自冬至春〉。蒲萄染〈表蘇芳、裏花田。自冬至春〉。山吹〈表薄朽葉、裏黄。自冬至三月〉。」

一　奏御暦

こよみのそう　年

正月元日の行事に「七曜御暦奏」がありましたが、より実用的な「具注暦（ぐちゅうれき）」二巻（六月以前が上巻、七月以後が下巻）を前年十一月に天皇に提出するのが「奏御暦」です。

これは古く『養老令』（雑令）に「凡陰陽寮。毎年預造来年暦。十一月一日、申送中務、中務奏聞」と定められているもの。国家運営の中核をなすものとして、陰陽寮（おんみょう）が作った暦を、太政官を経ずに中務省が直接、天皇に提出することになっていました。

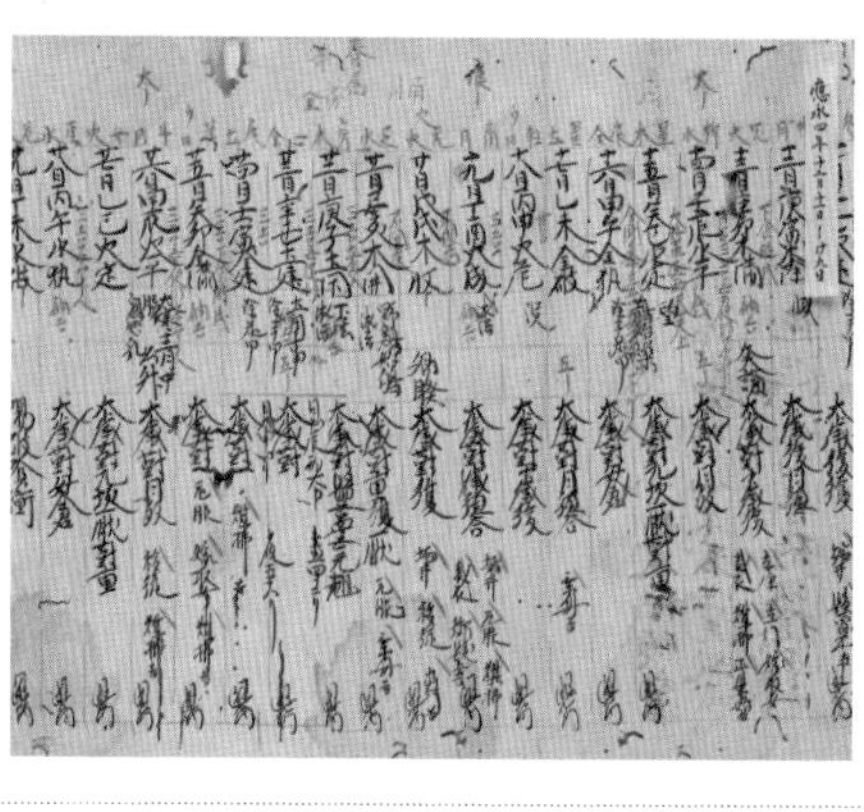

『具注暦』（応永四年）＊

具注暦

具注暦は、上段に日付・干支・十二直が掲載され、中段には二十四節気・七十二候、下段にはその他の暦注が記載されていました。またメモ欄を大きくとっているのも特徴で、そこに日々の記録を記入することができます。

貴族たちは自分用の具注暦が欲しい場合、陰陽博士に製作を依頼しました。国宝の藤原道長『御堂関白記』は、具注暦にメモをする形式の日記なのです。

頒暦（はんれき）

役所や国司が使用する、より実用的な暦が「頒暦」で、『延喜式』によれば陰陽寮で百六十六巻も作られました。この日、具注暦と同時に天皇に奏されて確認を受け、少納言から大臣に渡されます。大臣は弁官に下げ渡し、弁官から内外諸司に頒布されました。

陰陽寮での製作締め切りは、具注暦が八月一日であるのに対して頒暦は六月二十一日。諸司での事務に必要な部分だけが載っている内容であったようです。

陰陽寮の仕事

陰陽師というと魔術師のようなイメージがありますが、陰陽寮のメインの仕事は暦の編纂とそのための天体観測、水時計による時間と時鐘の管理でした。陰陽寮の官人は平安の科学者・技官だったのです。

文献

『延喜式』（陰陽）

「凡進暦者。具注御暦二巻〈六月以前為上巻。七月以後為下巻〉。納漆函安漆案。頒暦一百六十六巻。納漆櫃著台。十一月一日至延政門外候〈中宮東宮御暦供進准此〉。其七曜御暦。正月一日候承明門外〈並見儀式〉。」

「凡暦本進寮。具注御暦八月一日。七曜御暦十二月十一日。頒暦六月廿一日。並為期限。」

『延喜式』（太政）

「凡陰陽寮造新暦畢。中務省十一月一日奏進。其頒暦者。付少納言令給大臣。大臣転付弁官。令頒下内外諸司。」

『西宮記』

「御暦奏〈十一月儀、近衛開左腋、闈司参入奏、勅、令申《ヨ》、闈司帰、中務陰陽師暦博士舁暦案入自左腋立版南一丈。頒暦在後、輔留奏云々。无勅答、退出了。闈司二人出自左腋門、舁案立南階上西辺、自同階退下。」

五 青柏・干柏

あおかしわ・ほしかしわ 公

朝廷で飼育する馬の飼料は、四月十一日から青草、十月十一日から乾草を用いることが『延喜式』（馬寮）に定められています。朝廷の別の規則では、食器としての「かしわ葉」についても同じような規定がありました。

カシワ（*Quercus dentata*）［夏］

食器だった柏

樹木の「かしわ」（正式な字は「槲」）という単語は「炊葉（かしきは）」のこととされ、古代から日本人は食べ物を盛る器として用いました。『隋書』（東夷伝倭国条）には倭人は食べ物を「槲葉」に盛って手で食べるとありますし、『日本書紀』にも「葉に食べ物を盛る。これをヒラデという」とあります。

平安時代の宮中の宴会でも米飯を盛る食器は、公卿は朱漆碗、それ以下はかしわの葉椀を食器として用いる伝統を守りました。

そのかしわ葉について『延喜式』（内膳）では、五月五日から十一月四日は山城国の青葉、十一月五日から五月四日が丹波国の干葉を使うと規定されています。これは天皇・中宮の料で、臣下の宴会では五月五日だけ青葉、その他は干葉でした。『延喜式』（大膳）によれば、青槲・干槲は毎日十五把、青槲は大和・河内・摂津国から、干槲は播磨国から納められました。

柏木

カシワ（学名：*Quercus dentata*）は春に青葉が出るまで古い葉が枝に残ります。これを見た古代の日本人は、カシワには「葉を守る神」がいると考えました。

「守る」ということから『枕草子』では「柏木いとをかし。葉守の神のいますらむもかしこし。兵衛の督・佐・尉など言ふもをかし」と、兵衛府の武官の別名としています。兵衛府だけでなく衛門府の武官の別名も「柏木」だったようで、『源氏物語』の「柏木」の帖は、この巻の中心人物の官職が衛門督（えもんのかみ）であることからきています。

カシワ［冬］

文献

『隋書』（魏徴ら・六二九年）
「俗無盤俎、藉以槲葉、食用手餔之。」

『日本書紀』（神武天皇）
「即作葉盤八枚、盛食饗之〈葉盤、此云毘羅耐〉。」

『延喜式』（内膳）
「山城国所進供御料青槲。毎日一荷〈五十把〉。始五月五日終十一月四日。丹波国干槲毎日一荷。始十一月五日。終五月四日。中宮准此。」

『延喜式』（大炊）
「宴会雑給 （中略）其飯器参議已上並朱漆椀。五位以上葉椀。命婦三位以上藺笥〈加筥〉。五位以上命婦並陶椀〈加盤〉。大歌。立歌。国栖。笛工並葉椀〈五月五日青柏。七月廿五日荷葉。余節干柏〉。」

十八 御火焚

おひたき 江

火焚祭（伏見稲荷大社）

十一月に入ると火を使った祭があります。代表的なのが八日の「吹革祭」で、鍛冶・鋳物師など、ふいごを使う職人が稲荷神を祀るもの。伏見稲荷では大規模な「御火焚祭」が開催されます。

京都のほかの寺社でもさまざまな御火焚が行われ、その火で焼いた餅や蜜柑を食べると健康になると信じられています。室町時代の明応六年（一四九七）十一月十九日の『御湯殿の上の日記』にも「御香宮の御火焚の餅を食べた」と記されています。

庭火との関連？

この行事の由来について、室町後期の『世諺問答』では「この月に御火焚といって神火を焚くのはなぜか」という問いに「この事の確かな発祥はわからない」と断じています。ただし十一月は新嘗祭や賀茂臨時祭が行われる月であることから、御神楽の神迎えにつきものの「庭火」との関連を示唆します。

たしかに『中右記』の寛治七年十一月二十三日の記事を見ますと、賀茂臨時祭の神楽のために紫宸殿の南庭に六人がかりで「庭火料木」を積み上げている光景が描かれています。

明治宮中での御火焚

宮中の「御火焚」は民間行事が幕末頃に入ってきたもののようで、十一月十八日に行われていました。『御所ことば』の「明治大正高級女官の談話」によれば御火焚は室内で行われ、「ターキ、ターキ、オヒタキノー、ゴリョウドンノー、オヒタキノー、ミカン、マンジユウー、ホシヤノー」と囃したということです。

「ゴリョウドン」とは、御所近くの上御霊神社のことで、天皇から見れば格下なので「さん」ではなく「どん」で呼んだのです。焼蜜柑は明治天皇も召し上がったといわれます。

焼蜜柑

文献

『狭衣物語』（不詳・平安中期）
「霜月にもなりぬれば、斎院にあやえの程いとど見捨てがたくて、御神楽の夜にもなりぬ。例の、上達部、殿上人など参りつどひて、御前の庭火おどろおどろしうて、昼よりもさやかなり。」

『中右記』
「寛治七年十一月二十三日、天晴。賀茂臨時祭也。（中略）中将奏聞、兼南庭敷御神楽座、幷居饗、積庭火料木」

『御湯殿上日記』
「明応六年（一四九七）十一月十九日。御かうの宮の御ほたきのかちん、御とひまいる。」

中子

五節舞姫調習

ごせちまいひめちょうしゅう　年

十一月は新穀の収穫も終わり、豊かな気持ちの中で新嘗祭（にいなめさい）関連の儀式・行事が目白押しです。その中でも華やかであったのは「豊明節会（とよあかりのせちえ）」における女性たちの舞「五節舞（ごせちまい）」でした。

舞の起源

五節舞の起源は、天武天皇が吉野の滝宮にいるとき、琴を弾いていると天女が現れて「乙女子が乙女さびすも唐玉を　乙女さびすもその唐玉を」と詠ったという伝説によります。この歌詞は平安後期の『江談抄』に記されているもので、『年中行事秘抄』には「乙女ども乙女さびすも唐玉を　たもとに巻きて乙女さびすも」とあり、そちらのほうが人口に膾炙しています。

「五節」の語源としては古代中国の『春秋左氏伝』にある「先王之楽、所以節百時也。故有五節……」からという説もありますが、『公事根源』には、袖を五回振る動作から「五節舞」と呼ばれる、とあります。

五節舞

『続日本紀』の天平十四年（七四二）正月十六日の記事に「天皇御大安殿宴群臣。酒酣奏五節田舞。訖更令少年童女踏歌」とあるのが五節の初出で、翌天平十五年五月五日には皇太子・安倍内親王（のちの孝謙天皇）が元正上皇の御前で五節を舞ったと記されます。このとき右大臣・橘諸兄（たちばなのもろえ）は「天武天皇は『礼』と『楽』が並んでこそ長く平和になると考えられました。この舞が天地と共に絶えることなく受け継がれていくために皇太子に習わせ、上皇の御前で舞っていただきました」と奏上し、それ以来この舞が国家にとって特別なものとなったのです。

五節舞姫装束（平成）

廃絶と復活

五節舞は時代と共に衰退し、室町中期に廃絶。宝暦三年（一七五三）の豊明節会で復活されましたがまた途絶し、大正天皇の即位大嘗祭（だいじょうさい）で再興されます。

現代の五節舞の構成や振りつけ、装束などは、このときに創造的復元がなされたものです。

文献

『代始和抄』（一条兼良・室町後期）
「五節といふ事は毎年十一月にある事也。大嘗会の年にはかぎらず。その起りを尋れば。むかし清見原の天皇の吉野の滝の宮にましましける時。日の暮がたに琴を弾じて御心をすまさせ給ひけるに。むかひの山の岫よりあやしき雲立のぼりけるを御覧じければ。その雲の中に神女の姿あらはれて御琴のしらべにあはせてかなでけるを。御門は見給ひしかども。御前にさぶらふ人は終にしらざりける。その神女袖をひるがへすこと五度に及びければ。これによりて五節とは名づけ侍るなり。その時御門御歌を読給へり。乙女子かをとめさひすもから玉を袂に巻てをとめさひすも」

『江談抄』
「浄御原天皇始五節事　又云、清原天皇之時、五節始之天智歟。於吉野川鼓琴、天女下降、出前庭詠歌云々。仍以其例始之。天女歌云、ヲトメコカヲトメサヒスモカラタマヲヲトメサヒスモソノカラタマヲト云々。」

『小野宮年中行事』
「同日夜五節舞姫調習事。舞姫於常寧殿調習。先十余日蔵人頭定預蔵人。奏聞当日下賜御衣。預蔵人又奏下内蔵寮。造酒司。穀倉院幷舞姫所問籍。」

中丑

五節舞姫の帳台試
（ごせちまいひめのちょうだいのこころみ）

直衣姿の帝（『公事十二ケ月絵巻』＊）公

舞姫は素人である貴族の娘から選ばれましたので、舞の練習をしなければなりませんでした。『小右記』によれば、本番「豊明節会」の六日前頃から舞の師匠を招いて練習を始めています。

そして本番三日前の「丑」の日、公開練習が公卿たちに披露されました。それが後宮の「常寧殿（じょうねいでん）」の帳台で行われた「帳台試」です。舞姫は華やかな赤系統の装束をまとい、赤い扇を持ちました。

美人コンテスト

実際には公開練習というよりも、公卿たちが舞姫を見る「美人コンテスト」のような楽しまれ方をしたようです。このときは天皇も密かに見物します。お忍びということで、天皇の日常着「御引直衣（おひきのうし）に紅の長袴」ではなく、「直衣（のうし）に指貫（さしぬき）」という臣下の姿に変装しました。『玉葉』によれば、小葵文様の白い直衣、小葵の衣、紅打の衣を裾から出す着付け。指貫は浮織の濃紫「窠霰（かにあられ）」文様。臣下とは違う色柄の装束ですが、当時の暗い照明ならば見分けがつかなかったのでしょう。

平安時代に天皇が指貫をはくのは、このときだけです。

「びんたたら」を歌う

帳台試の際に「乱舞あり。びんたたらなど謡ふ」と『建武年中行事』にあります。「びんたたら」とは「郢曲（えいきょく）」（歌謡曲）で、江戸後期の『嬉遊笑覧』はその歌詞について「鬢（びん）をゆすって垂らせば、愛嬌づいて見える」というように解釈しています。帳台試の舞姫の髪型は垂髪なので、好まれた歌詞なのでしょうか。「乱舞」とは拍子をとって袖をひるがえして舞うこと。

気軽な戯れ歌を歌いながら乱舞をして、公卿や殿上人が常寧殿ではしゃいでいるさまが窺えます。

文献

『西宮記』
「丑日、於常寧殿試五節事〈大歌候同殿東仮庇、殿上人勤垣下、大嘗会時、五節一所加在東方、大歌候南軒廊〉」

『小右記』
「長保元年（九九九）十一月十六日乙未。自院返給馬。五節舞姫宅今日令迎師令習。分遣雑物、師禄絹三疋・米五石。」

『満佐須計装束抄』
「姫君の装束。丑の日。赤色の織物の唐衣。地摺の裳。蘇芳の袙一重。青き単もしは濃単。濃袴。赤色の扇。七尺の鬘唐物。」

『玉葉』
「建久二年（一一九一）十一月二十日。五節参入。今日主上御装束。小葵綾御直衣。同文白御衣二領。同単衣。紅打御衣。出給也。濃紫窠霰文御指貫。浮文織物也。非二重織物。組垂腹白如例也。紅ノ御下袴、白御檜扇。」

中寅

五節舞姫の御前試

ごせちまいひめのごぜんのこころみ　年

五節舞（昭和）

「帳台試」の翌日「寅」の日、場所を清涼殿の庇に移してもう一度行う公開練習が「御前試」です。平安時代、宇多天皇の『寛平御遺誡』に従って、公卿の娘から二人（大嘗会のときは三人）、殿上人の娘から一人、女御の縁者から一人が選ばれて舞姫となりました。実の娘でなくとも、親類縁者の娘で良いという定めでした。

時代とともに裕福な受領なども舞姫を出すようになり、それぞれが自分の出す舞姫に贅をこらし、おつきの童（少女）や下仕えの女房たちにも豪華な装束を着せることを競い合いました。

御簾の中の天皇

「御前試」の日は、清涼殿の東庇の御簾を垂らし、その内側に二色綾の毯代（敷物）を敷いて、天皇用の倚子を置きます。さらにその南北に畳を敷きます。

また、皇后も同席する場合は「昼御座」の前に「大床子」（四脚の台）を置きました。舞姫一人一人の前には灯台を立てて、顔がよく見えるようにしました。

青装束に髪上

『西宮記』によれば、舞姫は「帳台試」の装束が赤系統で垂髪なのに対して、「御前試」は青系統の装束を着用し、髪を上げて櫛を挿した髪型です。

平安中期頃から女性が髪上をするのは公的な場面だけになりますので、「御前試」は「帳台試」よりも重要な扱いということになります。

『枕草子』には「えせものの所得る折」（つまらないものが脚光を浴びるとき）として「御前の試みの夜の御髪上」が挙げられています。

文献

『政事要略』
「寛平御遺誡云。毎年五節、舞人進出。迫彼期日、経営尤切。今須公卿之中令貢二人。雖非其子必令求貢。殿上一人選人召之。当代女御又貢一人。公卿・女御依次貢之。終而復始以為常事。須入十月即召仰、各身在前令用意。勿有故障。臨時取替。比年朕之所煩、只在此事。仍誡新君。」

『西宮記』
「女装束（中略）五節舞妓、帳台試〈垂髪、赤色織物、唐衣地摺裳〉。御前試、折隔子散櫛、青色麹塵長袂、袷襠、比礼、蘇芳下濃裳。節会夜、折隔子如御前試、羅青摺長袂、袷襠、比礼、蘇芳目染裳、左右着赤紐日蔭蘰。」

『満佐須計装束抄』
「姫君の装束。（中略）寅の日。青色の唐衣。紫の末濃の裳。泥絵。蘇芳の綾の掛一重。濃打衣。濃袴。青色の扇。目染の裙帯。領巾織物。紫の糸。これに新しく設くべし。仮髪。数髪。髪上設く。簪。釵子。四筋あるを本所に設く。唐櫛。下櫛。彫櫛。小櫛。糸鞋。これらは蔵人がたに設く。」

一 二 三 四 五 六 七 八 九 十 十一 十二 通過儀礼

中寅

殿上淵酔

てんじょうのえんずい 公

正月の二日あるいは三日に行われた酒宴「殿上淵酔」。それが新嘗祭の直前というタイミングでも行われました。名称が示すように、清涼殿「殿上の間」で深酒をして歌って舞い踊る、無礼講のような宴会です。

胸襟を開く

『大永二年殿上淵酔記』を見ますと、饗膳には酒肴や菓子を並べ、三献の酒を酌み交わします。襟紐を解いて襟を拡げ、あるいは片袖を脱いだくつろいだ姿となり、また数盃傾けます。机の下で次の人に盃を渡して回し飲みをする「盃流」と呼ばれる飲み方もされました。

この間に「嘉辰令月」の朗詠を披露し、「今様」（当時の流行歌）や「万歳楽」で「乱舞」を楽しみます。六位蔵人はなんと台盤（テーブル）の上に乗って舞いました。他の侍臣は座りながら舞い、まさに現代のパーティーのような無礼講の宴会でした。『建武年中行事』によれば、興が乗れば酔った勢いで五節舞姫の控所にまで押しかけたようです。

殿上淵酔（『承安儀式』＊）

迷惑する女房たち

鎌倉初期の『たまきはる』には、五節の淵酔の夜に、殿上人や公卿が女房たちの部屋に来て「『物御覧じ合え、こちこち』など盛んに誘うけれども、『この几帳から向こうに行ってはいけません。御簾を上げてはいけません』と指導が入る」という場面が描かれ、酔っ払って女性の部屋を訪ねる男どもに迷惑する女房たちの困惑が目に見えるようです。

こうした享楽的行事が続くことから、新嘗会（新嘗祭と節会）は、冬至を正月としていた古代日本の「新年祭」を、変容しながら継承した行事ではないかとも考えられます。

文献

『建武年中行事』

「寅日殿上の淵酔あり。朗詠今様などうたひて。三こんはてゝ乱舞あり。次第に沓をはきて女官の戸よりのぼりて。うへをへて。御ゆ殿のはざまより下におりて。北のぢんをめぐりて。五節所にむかふ。其後所々に参てすいさんなどあり。后宮女院などえんすいあれば。けふあすの程也。けふ御前の試あり。御殿のひさしに乱舞あり。櫛などぞをくめる。」

『公事根源』

「寅日は殿上の淵酔あり。朗詠今様などうたひて、三献はてゝ乱舞あり。次第に沓をはきて、北の陣をめぐりて、五節所にむかふ。其の後所々に参りて、推参などあり。郢曲の輩、おしてまゐらむなどうたふ。后宮女院など淵酔あれば、けふあすの程なり。今日御前の試あり。御殿の廂にて乱舞あり。櫛などを置かる。昔は年々に行はる。今は大嘗会の時より外はなきにや。昔は狩の使などいふ事ありければ、けふ五節所に賜はらむ為に、交野の雉などをめされしに、使のありしを、狩の使とは申すなり。」

中寅

鎮魂祭

たましずめのまつり 年

新嘗祭前日に行われる「鎮魂祭」。これは秘儀ともいえる神事で、『養老令』（神祇令）にも定められている、古代から伝わるものでした。『令義解』では「人の陽気を『魂』という（陰気は『魄』）。遊離した魂を招いて身体の中に鎮める神事なので鎮魂という」と説明されています。太陽のパワーが弱い冬至の季節に、天皇に生命エネルギーを注入する、といった意味合いであったようです。

十種神宝

平安時代に正史と考えられていた『先代旧事本紀』には、「天璽瑞宝」（いわゆる「十種神宝」）によって天皇の魂パワーを安定させる儀式と書いてあります。十種神宝は存在も不確かで謎が多く、空海が描いたという伝説のある『十種神宝図』も、なかなかに不思議なものです。

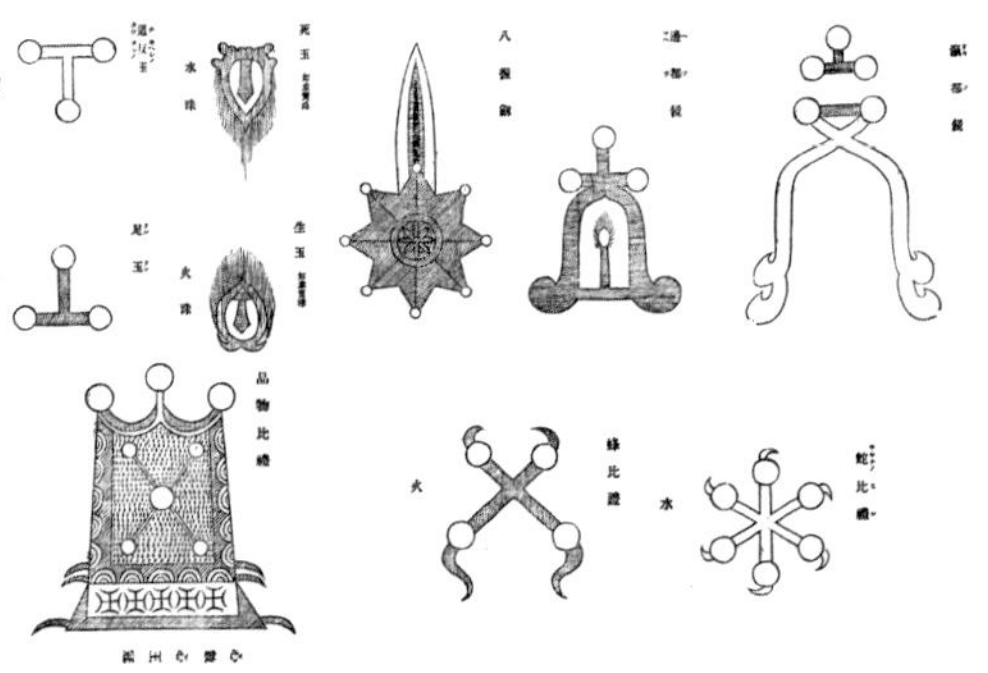

十種神宝図（『弘法大師全集』＊）

また忌部氏の歴史書『古語拾遺』では、天岩戸神話で岩戸に籠もった天照大神を招く舞を舞った「天鈿女命」に関連したものだとされます。

天鈿女命の再現

『延喜式』（神祇）では「宇気槽」と呼ばれる桶の上に天鈿女命の後継者とされる「猿女」が乗り、桙で宇気槽の底を十回突くという儀式を明らかにしていますが、これは天岩戸神話で天鈿女命が桶に乗って舞ったという話に由来します。

その後、女蔵人が天皇の衣箱を開けて左右に振る儀式がありますが、これは「十種神宝」のイメージからきたものと考えられています。

太陽の復活

天岩戸神話は冬至で弱まった太陽パワーの復活の象徴とも考えられていますので、鎮魂祭もこの時期の儀式として古代から連綿と受け継がれてきたのかもしれません。

現代の宮中でも、女性の神事担当者である「内掌典」たちによって、同じような古式の祭祀が行われ続けています。

文献

『令義解』（清原夏野ら・八三三年）
「人陽気日魂。言招離遊之運魂。祭鎮身体之中府。故日鎮魂。」

『先代旧事本紀』（興原敏久？・八二八年？）
「宇摩志麻治命、十一月丙子朔庚寅、初斎瑞宝。奉為帝后、鎮祭御魂、祈請寿祚。其鎮魂之祭、自此而始矣。詔宇摩志麻治命日。汝先考饒速日尊、自天受来天璽瑞宝、以此為鎮。毎年仲冬中寅為例、有司行事、永為鎮祭矣。所謂御魂鎮祭是也。」

『古語拾遺』（斎部広成・八〇七年）
「凡鎮魂之儀者、天鈿女命之遺跡。然則御巫之職、応任旧氏。而今所選、不論他氏。所遺九也。」

中卯

童御覧

わらわごらん　公

平安前期は、五節の舞姫が節会終了後に後宮に留め置かれることがありましたが、やがてそれがなくなり、舞姫のおつきの「童」（少女）や下仕女房たちが関心の対象になります。そこで美少女コンテストとも言える「童御覧」が村上天皇の時代に行事に加わりました。

　これは当時としても「臨時の興遊」という認識でした。

晴の汗衫

　童は「晴の汗衫」を着用します。これは男性の束帯の袍（上着）のような盤領で、裾を後ろに長く一丈五尺（約四・五メートル）も引きました。面白いのは女性用の長袴の上に男性用表袴を重ねてはくという、中性的な姿をしたことです。汗衫はもちろん、下に着る衵や表着に美を競ったことを『紫式部日記』から知ることができます。また平安末期の『満佐須計装束抄』には「童・下仕の装束」という項目を立て、寸法なども含めて詳しく掲載されています。

童御覧（『承安儀式』＊）

娘たちの品定め

　紫式部は「昼日中、顔を十分に隠せない状況で男性たちに眺められながらも、人に劣ってなるものかと競う心境はいかばかりか」と記し、『建武年中行事』には童の髪を御簾の中に入れて見ることもあったとあります。

　御前を退出するときに童の扇は公卿が、下仕の扇は蔵人が受けとって廊下に並べ、天皇は気に入った娘がいればその子の扇を取り、後で召し出したといいますから、まさに「品定め」的なものだったのでしょう。

　平安中期は上流階級の女性が人に顔を見せる機会はそうありませんでしたので、五節舞姫にかかわるこうした機会は、男女ともに心ときめく特殊な状況だったといえます。

文献

『百錬抄』

「応保元年（一一六一）十一月廿三日。五節童女御覧也。雖当前美福門院周忌御正日。訪有識卿相。猶被行之。（中略）宗能公。御覧ハ自天暦御宇被始事也。召在五節所之童御覧。仰云。無由事を志つる。此事後代例〈トナリナムスト候ケリ〉。然者是臨時之興遊也。被止何事哉。」

『蓬莱抄』（勧修寺重隆・一一二七年）

「十一月卯日事　今日有御覧童女事、其儀垂東廂御簾、第三間供御座、以石灰壇幷二間等為后宮御座、定後近習公卿四五輩、著直衣候簀子敷、次童女下仕等次第参上御前、先上﨟童女二人参進、其路自承香殿馬道西折、自同殿南簀子出西戸、自新造長橋至于第六間之間、副雲客逗留簀子敷、童女昇孫廂、南行候第一之間、相副人随催、自簀子敷参進扶持之、次同下仕二人、下自承香殿西階候庭中、蔵人扶持之、次童女下仕等参集了、後召雲客令置童女扇、次蔵人令置下仕扇、御覧了自本路還入。」

『建武年中行事』

「卯日童御らん。清涼殿にめして御らんず。下づかひ庭上にめす。（中略）童御覧のおり。いづれの御時にかみすの下よりかみをひき入て。御らんぜられけるとかや。」

中卯

新嘗祭

にいなめのまつり　年　養　延　中儀

新嘗祭（『公事十二ケ月絵巻』＊）

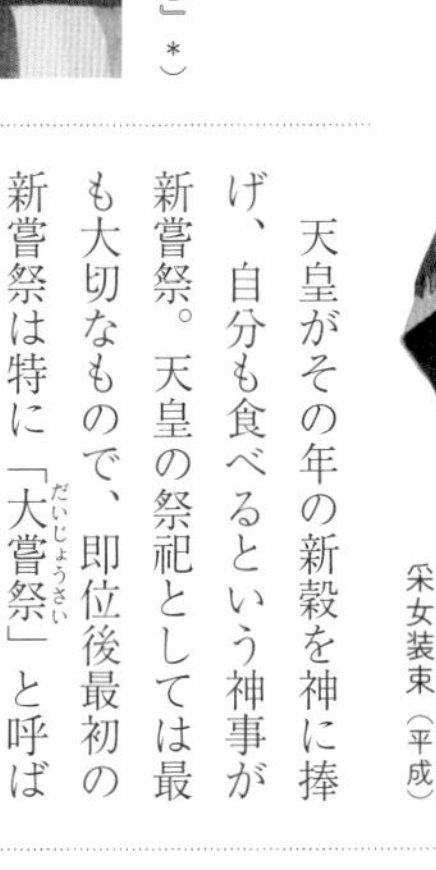

采女装束（平成）

天皇がその年の新穀を神に捧げ、自分も食べるという神事が新嘗祭。天皇の祭祀としては最も大切なもので、即位後最初の新嘗祭は特に「大嘗祭」と呼ばれました。

一条兼良が『代始和抄』で「これは通常と異なる重大事なので詳しくは書かない」というほどの内容でしたが、『建武年中行事』で後醍醐天皇は「平皿の数が十二というだけで、他は『神今食』と同じ」と簡単に記し、六月と十二月の「神今食」の項で神事の内容を詳解しています。

古代に近い神事

平安時代は神事を行う中和院（中院）で新嘗祭が行われました。担当する官人たちは「小忌衣」と呼ばれる、白麻生地に草の汁で素朴な絵を描いた衣類をまとい、冠にはヒカゲノカズラ（日蔭蔓、学名：*Lycopodium clavatum*）という苔のようなシダ植物を飾りました。

ヒカゲノカズラは、『古事記』において天岩戸の前で天宇受売命がたすきがけにした飾りで、神事にはつきものの植物です。純粋・素朴であることが、神を身近に感じていた先祖に近いという考え方によるものでしょう。

また、猿女・石上・榎井・語部・歌女など、大和朝廷時代以来の天皇の家臣たちが登場するのもこのときだけです。神膳に関する奉仕は陪膳の「采女」が勤めるというのも、重大な神事であることを示しました。

文献

『西宮記』
「新嘗会、天皇服帛御衣、小忌王卿已下着青摺布袍井日影縵浅靴等、扈従乗輿、小忌近衛将已下井殿上侍臣、同着青摺日影縵等、諸衛服上儀、但大忌王卿已下如常。」

『小野宮年中行事』
「中卯日新嘗祭事〈廃務〉。早旦。卜可供奉女官内膳奏兆人簡。改供忌火。行幸中院。一同六月。」

『建武年中行事』
「今夜新嘗の祭なり。神今食におなじ。ひらでの数十二なり。その外かはらず。」

『公事根源』
「新嘗会。中卯日。新嘗会は、神今食に同じ。ひらでの数十二なり。其の外かはらず。是れは今年の初稲を神に奉らせ給ふ義なり。代の始には、大嘗会といひ、年ごとのをば、新嘗会と申すなり。卜食の人々、摺衣日蔭を着す。用明天皇二年四月より、新嘗の事は始まる。大かたは神代より事起これり。日本紀にも、天照大神新嘗きこしめすと見えたり。」

『代始和抄』
「卯日は神膳を供ぜらる。其儀ことなる重事たるによりて委しく記すに及ばず。さりながら名目ばかりをそろそろ申侍べ

先祖の形を継承

天皇は「廻立殿」で湯浴みし、「天の羽衣」と呼ばれる湯帷子を着用。「御祭服」という純白の装束に身を整え、「神嘉殿」で神事を行いました。三河国の「和妙」と阿波国の「荒妙」の神服を供え、かしわの葉で作った「くぼて」「ひらて」という食器に神饌を盛りました。神酒は「白酒・黒酒」です。

その他、鯛・烏賊・鮑・鮭、干鯛・鰹・蒸し鮑・干鱈、干柿・搗栗・生栗・干棗などが葛を編んだ箱に入れられ、さらに海藻や鮑、海松の羹が供えられました。まるで弥生時代の饗膳の再現です。

和と荒、白と黒

メインとなる新穀として稲（米）のほかに、粟も供えられます。「和妙」の絹、「荒妙」の麻の対比と同じように、稲と粟は日本人の暮らしを支える農産物だったのです。また天皇の宣命には「黒岐白岐乃御酒、赤丹乃穂」とあります。「赤丹乃穂」の解釈には諸説あるようですが、『枕草子』にも「いと赤き稲の本ぞ青きを持たりて刈る」とありますから、古い時代の稲穂は赤かったとも考えられるでしょう。これらもまた先祖の姿の再現と、和と荒、白と黒が象徴する陰陽、森羅万象への感謝の姿といえるでしょう。

稲と粟

『代始和抄』に「御即位は漢朝の礼儀をまなぶものなり。大嘗会は神代の風儀をうつす」とあるように、何から何まで先祖の形にこだわり、継承しようとした神事が新嘗祭に他ならないのです。

赤穂の稲

し。まづ廻立殿に行幸なりて御湯を奉る。天の羽衣といふは主上の御湯の舟におりさせ給ふ時召るゝ御帷子の名也。あかはといふは明衣とかく。御湯帷子をいふ也。浪ぎぬといふは御湯舟におほふきぬ也。海老鰭槽といふは御手水の時のはんざふの代なり。かしは殿といふは神膳を調る所なり。嘗殿といふは板敷をしかず筵をしく。神膳を供ぜる所なり。神座の儲には八重畳打払の布坂枕などいふ物あり。三河の国より奉る神服をば和妙といふ。阿波の国より奉るをば荒妙といふ。神食を供ずる時。神のすごも御食ごもといふ物あり。もと柏は神酒を供ずる時用ふ。くぼでひらでは神食をもる物なり。此時に供奉する人に十姫十男。御直子。猿女。石上。榎井。車持。子部。語部。歌女などいふものども事にしたがふ也。神膳の事は陪膳の采女もつはらこれをつかさどる。重事たるに依て。兼日御習礼の事有。秘事口伝さまざまなれば。たやすくかきのする事あたはず。主上のしろしめす外は。時の関白宮主などの外は曾てしる人なし。まさしく天照おほん神をおろし奉りて天子みづから神食をすゝめ申さるゝ事なれば。一代一度の重事これにすぐべからず。」

一　二　三　四　五　六　七　八　九　十　十一　十二　通過儀礼

中辰

豊明節会

とよのあかりのせちえ　年

新嘗祭の翌日の宴会が豊明節会。平安前期は大内裏の朝廷宴会場・豊楽院、中期からは内裏の紫宸殿で行われました。

豊明節会（『承安儀式』＊）

「豊明」とは「幸せにお酒を飲んで顔が赤くなっている状態」を表現したもの。大和言葉では「宴会」と書いて「とよのあかり」と読んだのです。三月三日の「曲水宴」も、大和言葉では「めぐりみずのとよのあかり」と読みます。

明治時代に建設された皇居宮殿には、晩餐会などの主会場となる「豊明殿」があり、現代の新宮殿にもその名称が受け継がれていますが、これはまさに「宴会場」という意味になります。

群臣との共食

新嘗祭を終えた天皇が群臣と共に新穀を食べ、神恩に感謝し大いに楽しむ宴会が豊明節会。新嘗祭に参加した上卿や参議、弁たちは小忌衣を着ます。『延喜式』（大炊）によれば、親王・公卿、三位以上の女官は一人あたり一升二合、四位・五位と女官は八合という大量の米飯が高盛で出されました。飯が豊かであることがこの節会では何より重要なのです。食器は、公卿は朱漆椀、五位以上は葉椀、三位以上の女官は藺笥、五位以上の女官は陶器の碗。歌謡や舞を披露する大歌や立歌、国栖・笛工は葉椀でした。

白酒・黒酒が出されて飲み楽しんでいるところに、大歌別当が司会をしていよいよ五節舞姫が登場です。

五節舞

五節舞姫たちにとって、この節会での舞が本番なのですから、舞装束も唐衣の上に小忌衣のような青摺の衣を重ね、肩には神事を示す「赤紐」をつけました。下仕女房も青摺の装束でしたの

文献

『公事根源』
「節会は、天子紫宸殿に渡御なりて、群臣百官に酒を給ひて宴会ある儀なり。持統天皇四年正月に、公卿を内裏に召して豊のあかりするとあり。宴会と書きて、とよのあかりとよめり。大かたの節会の名にて侍るにや。豊明節会には限るべからず。」

『西宮記』
「女装束（中略）節会夜、折隔子如御前試、羅青摺長袂、袷襠、比礼、蘇芳目染裳、左右着赤紐日蔭蘰。」
「豊明日〈辰日〉御服如例。王卿着魚袋靴等、但小忌王卿着青摺布袍赤紐日影縵等。諸衛督将佐槍仗、又着靴魚袋等、番長已下服上儀。」

『小野宮年中行事』
「中辰日節会事。天皇御紫宸殿。内弁若供奉。昨夜小忌更改着位袍。行事之舞姫如式者。可舞台上。而仁和以来不必用舞台。」

『満佐須計装束抄』
「姫君の装束。（中略）辰の日。摺の唐衣。袙。濃袴。目染の裳。同じき裙帯。領巾。赤紐。平手貝押したれ。心葉。これは織物。青摺の扇新しく設く。」

で、公卿や殿上人は面白がって「小忌の女房」と名づけたと『枕草子』にあります。

　また舞姫おつきの童も青摺の汗衫（かざみ）を着用。清少納言は「まいて今少しなまめきたり」と評しています。

　肝心の舞の内容ですが、『建武年中行事』には「五度袖をかへして帰り入る」とだけ記されてその実相は不明。どのようなものだったのでしょうか。

お楽しみ会に

　その後、歌上手の公卿が「催馬楽（さいばら）」（古代歌謡）などを歌ったり、殿上淵酔のように「びんたたら」を歌いながらの乱舞が行われました。また「御遊（ぎょゆう）」と呼ばれる管絃演奏も行われたようで、天皇も「御手ならし」と称して琴を弾くこともありました。

大嘗祭（だいじょうさい）の豊明節会

　天皇即位後最初の新嘗祭が大嘗祭で、その折の豊明節会は「辰」の日を「悠紀（ゆき）の節会」、「巳」の日を「主基（すき）の節会」として二日がかりでした。大嘗祭の神饌（しんせん）に稲と粟を納める国郡は亀卜（きぼく）で選定されます。古くは国も卜定されていましたが、平安中期以降は「悠紀」は近江国、「主基」は丹波国と備中国が交互に選ばれるようになり、郡のみが亀卜で定められました。

　大嘗祭の豊明節会は五節舞姫が四人から五人に増えるなど、例年よりもさらに豪華でした。特徴的なのは、神武天皇東征の際に、勇猛な兵士として従った久米部（くめべ）が歌った軍歌に舞をつけた「久米舞」。そして新穀を納めた悠紀国・主基国の各地方にちなむ「風俗舞（ふぞくまい）」も披露され、まさに代始（だいはじめ）の節会にふさわしい賑やかで華やかな豊明（宴会）となりました。

大正即位礼の大饗料理（復元）
（撮影協力：西陣魚新）

『建武年中行事』

「辰日とよのあかりの節会なり。新嘗祭にまいりたる上卿宰相弁をみをきる。よべは諸司のをみを束帯のうへにきたるを。けふはうるはしくあをずりをもちひる。上卿宰相外弁の上首をつとむ。南殿のひさしに兀子をまうけて座につく。盃さきにとるなり。大歌所の別当大うたもよほして舞姫のぼる。五たび袖をかへしてかへりいる。ことに堪たる上達部五節所とぶらひて催馬楽などうたふ。節会儀つねのごとし。せちゑのほど露台の乱舞あり。せちゑの座にて御ゆあることあり。ことに堪たる人々を御帳の東にちかく召て此事あり。ふんのつかさに御ことめす。御手ならしといふ也。」


『公事根源』

「豊明節会。中辰日。是れは今年の稲を、神に奉らせ給ひて君もきこしめし、臣下にも給ふ故に、節会行はる。新嘗の祭に参りたる上卿宰相、弁、小忌をきる。よべは諸司の小忌を、束帯の上に着たるを、けふはうるはしく、青摺を用ゐる。」


『代始和抄』

「辰の日の節会には中臣の人天神の寿詞を奏す。玉串といふ。さかきの枝をもちて。かしはでとて手をたゝく事などあり。両国よりの献物をば多米都物となづく。宮内省よりたてまつるくぼでをば。たかすきひらすきとなづく。しろきくろきの酒を供ずる事あり。」

一 二 三 四 五 六 七 八 九 十 十一 十二 通過儀礼

下酉

賀茂臨時祭

かものりんじのまつり 年

賀茂臨時祭（『年中行事絵巻』＊）

賀茂社の例祭（本祭）は、後に「葵祭」とも呼ばれる四月の祭で、十一月は「臨時祭」です。『年中行事歌合』によれば、宇多天皇がまだ臣下の身分であったとき、賀茂の大明神が現れて臨時祭をせよとのお告げを受けました。「私に言われてもどうしようもありません。天皇に言ってください」と答えたところ、その後に期せずして自ら天皇に即位したので、在位中に臨時祭を創始した、ということです。諸説ありますが九世紀末の寛平年間に臨時祭が始まったことは間違いありません。

楽しみにされた神楽舞

祭儀の内容は例祭とほぼ同じですが、豪華な管絃演奏と神楽舞が多くの人たちに好まれ、楽しみにされました。

祭の一カ月前に祭の使が決まり、予行演習の「調楽」が行われます。さらに三日前には清涼殿（せいりょうでん）の東庭で天皇が練習を見る「試楽」があります。『枕草子』では「なほめでたきこと、臨時の祭ばかりのことにかあらむ。試楽もいとをかし」と最上級に賛美されています。

下鴨神社

文献

『西宮記』
「臨時祭　天皇服位御服、把笏拝給御幣。但饗宴間服白橡御服。其使四位装束、除表衣袙等之外、皆以御衣。猶殿上所給也。着魚袋浅履等、但衛府者可着闕腋袍。舞人装束、青摺布袍、赤紐着左肩。但小忌時着右方云々。地摺袴蒲萄染下襲合袴糸鞋、除袙之外自殿上所給。牽御馬之時、以鞭挿腰底。又陪従装束、青摺布袍赤紐表袴合大口浅沓。除袙之外従殿上所給。其舞人雖巻纓不着緌。但陪従尚垂纓也。」

『小右記』
「永観二年十一月二十七日癸酉。臨時祭也。（中略）五六巡之後賜重盃。了賜花勝。公卿侍臣共以執之。次行螺盃〈下官執之。左右丞相頻以相催。仍可執也〉・銅盞〈舞人螺盃、陪従銅盃〉。」

『御堂関白記』
「長和五年十二月十四日甲申。臨時。（中略）依日暮賜挿頭、螺盃。」

『小野宮年中行事』
「下酉日賀茂臨時祭事〈当日使立〉。前三日試楽。当日早旦賜使御衣。賜舞人陪従等装束。雨儀。使宮主候仁寿殿西砌下。又立幣案其北。又預仰所司。立五丈幄於中庭〈東西妻也。為立舞人也〉。御禊訖宮主等退出。宸儀入御之後。所司敷使舞

東遊の奉納

当日は御幣を奉じる勅使たち一行が華やかな行粧で下鴨へ。神前で葵・桂を受けて頭に挿し、奉幣します。その後、神楽舞である「東遊」（東国の民間歌舞が発祥の国風歌舞）の『駿河舞』『求子』などが奉納されますが、清少納言は「舞は駿河舞、求子いとをかし」と書いていますから、よほどのお気に入りだったのでしょう。次に走馬の儀式もありました。上賀茂でも同様の儀式が行われ、終了後に内裏に戻って天皇に報告するのです。

還立の御神楽

戻った勅使たちは天皇から酒宴を賜わります。三献どころか五献まであるときもありました。

そしてこの場でも『朝倉』『其駒』などの歌舞が奏せられ、これは「還立の御神楽」と呼ばれました。『枕草子』には、賀茂臨時祭が終わってしまう寂しさはあるけれども「還立の御神楽などにこそなぐさめらるれ」とあります。庭燎の煙が細く立ち昇る光景。神楽の笛も面白く、歌の声にも大変興をそそられ、扇を持った手の冷たさも忘れてしまう清少納言なのでした。

夜光貝

酒宴において興味深いのは、『枕草子』で「公卿・殿上人、かはりがはり盃とりて、はてには『やく貝』といふものして飲みて立つ」とされる夜光貝の酒盃です。『西宮記』『御堂関白記』などで「螺盃」などと記されるこの酒盃は、宮中伝統の宝物として珍重され、臨時祭に欠かせない物であったようです。

夜光貝は『和名類聚抄』に「西海益救島故俗呼為益救貝」とあって、益救島（現在の屋久島）から産出される貝です。螺鈿細工の材料にもなりました。

南西諸島と朝廷との関係の歴史は古く、大宝二年（七〇二）には「多禰国（嶋）」が置かれ（天長元年に大隅国編入）、『延喜式』（神名帳）には最南の神社として「大隅国馭謨郡・益救神社」が掲載されています。

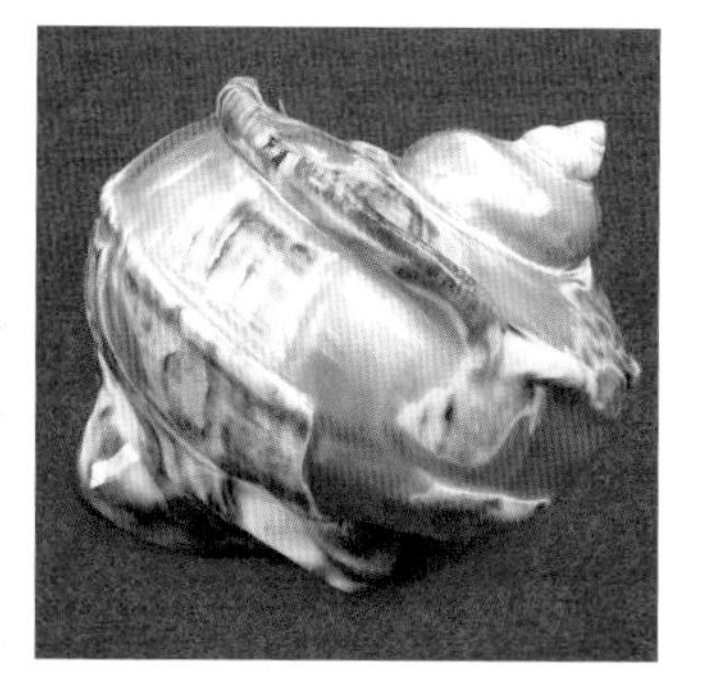

ヤコウガイ（*Turbo marmoratus*）

人及垣下王卿座於仁寿殿西砌下。敷陪従座於南廊座下。承平六年閏十一月九日九条殿記云。臨時祭云々。頭敦忠軽服也。雖然依召神楽間祇候云々。」

『建武年中行事』
「かものりんじの祭霜月下の酉なるべけれど。御忌月なるゆへに。しはすのとりにおこなはる。石清水のごとし。但御けいの座はしの方第参。に北むき也。みなみ二間より出御あり。うしろの方より御座につかせ給。たよりあるなり。御へいは御拝のさききたに立。庭の座などつねのごとし。社頭の儀はてゝ使舞人帰まいりて。かへりだちのぎあり。孫びさしに御倚子をたつ。御引直衣に御さうかいをめす。がくのまより出させ給。はしの間のとをりの庭南北二行に座をしきて使舞人つく。うしろに本末の神楽の所作人べいじう近衛の召人つく。出御ありて公卿めしあれば。すのこながはしに候。かべの下に頭已下つきて使已下をめす。勧盃ありて神楽あり。庭火よりはじめて。朝倉其駒までつねのごとし。庭火にもろ歌あるべければ。人長さほうあり。御神楽はてゝ禄あり。」

『村上天皇御記』（村上天皇・平安中期）
「十一月廿五日。臨時祭云々。了奏舞間。参議相忠朝臣乗酔交立歌人之中。歌事了使等向社頭。亥刻使等還来合奏神楽。及丑刻。賜禄使以下及垣下親王公卿有差。」

吉日

八十島祭

やそしまのまつり　公

唐車（『桜町殿行幸図』＊＊）

平安初期から鎌倉中期頃まで、新天皇が即位して大嘗祭（だいじょうさい）を行った翌年に、難波津で斎行された祭祀が「八十島祭」。その祭使は原則として、新天皇の乳母を務めた典侍が任命されることになっていました。

これは期日が決まった年中行事ではない臨時行事で、吉日を選んで行われました。『山槐記』の建久二年（一一九一）十一月九日の記事には「八十島典侍〈能任卿二女〉進発。於住吉江講話歌」とあります。

難波津での神事

天皇・中宮・東宮が身体を撫で、息を吹きかけた御衣（おんぞ）を入れた箱を持った祭使の典侍が「難波津」つまり大阪の海岸に向かい、神祇官の宮主（みやじ）が祭壇を設け、住吉・大依羅（おおよさみ）・海・垂水（たるみ）・住道（すむじ）の神々を祭ります。次に「御琴弾」の奏でる音曲を背景にして衣箱を揺らし、衣以外の祭の品々を海中に投じ、衣は典侍が持ち帰京します。

「八十島」は「多くの島」のことで祝詞によく登場する単語。八十島祭はその目的もわからないことが多いのですが、古代からの伝統を感じさせます。

豪華な行列

一行は淀の津から船に乗って難波津に下ります。女性が勅使に立つということで親類縁者、女性も多く参加し、飾り立てた絢爛豪華な行列が注目されるようになりました。公卿勅使はお洒落な「裾濃袴（すそご）」をはくこともあったと鎌倉中期の『餝抄』にあります。

典侍の乗る牛車は高級車が用いられ、保元二年（一一五七）、後白河天皇の乳母を勤めた典侍・藤原朝子（紀伊局）は最高級ランクの「唐車（からぐるま）」を用いています。永暦元年（一一六〇）の二条天皇の八十島典侍は平清盛の妻・時子でしたので、その行列の華やかさはとてつもなく、人々の耳目を惹きました。

文献

『江家次第』

「八十島祭　大嘗会次年行之。多在大神宝之後。（中略）次以典侍一人為使〈多用御乳母〉。（中略）使立之日、宮主参入付頭若蔵人献御麻、一撫一息之後返給。内蔵寮官人参入。女官取御衣筥授之居八足案。（中略）典侍車女房車四両、童女車一両、大略如賀茂祭使。於淀乗船車在別船。公卿殿上人有事縁者、皆相共下向。祭日到難波津。宮主作壇〈国司作之〉、置祭物。女官内蔵寮官人等以御衣案、（中略）神祇官弾御琴。女官披御衣筥振之。次中宮御料、次斎宮御料。宮主着膝突〈西面〉、捧御麻修禊、々了以祭物投海。次帰京。於江口遊女参入。纏頭例禄如恒。帰京之後、典侍参内返上御衣。并申御祭平安奉仕畢由。典侍俄有障、仍以五位蔵人為代官之例、昌泰元〈衆樹〉。」

一 二 三 四 五 六 七 八 九 十 十一 十二 通過儀礼

四

造年中薬料草薬

ねんじゅうやくりょうそうやくをつくる 延

毎年十二月四日になると、翌年一年間分の皇太子用の薬を作るための薬草を、典薬寮が受け取りました。

平安時代の医学

朝廷・貴族社会の医薬業務はすべて典薬寮が管掌していました。典薬頭の下、医師・針師・按摩師などが診療にあたり、医学教育も司って、医博士・針博士たちが医生・針生の教育にもあたりました。

女医も置かれており、女性の外科や婦人科を担当。糯米と粟を原料とした白粉の製造も女医がおこなっていました。

典薬寮は十二月末日、「臘月御薬」として、翌年に天皇が使う犀角丸・芍薬丸・温白丸・千瘡万病膏・升麻膏・耆婆膏・調仲丸・芒消黒丸といった常備薬を調進しました。同時に「元日御薬」の屠蘇・白散も製造するため、典薬寮にとって十二月は忙しい時期でした。

医師の苦悩

紀長谷雄の祖父・国守が「内薬司」（皇族を診察する医師の役所。のち典薬寮に吸収される）の頭（長官）であったときの逸話が『古事談』にあります。

皇太子を診療したとき、硝石を用いた劇薬を投与しました。「服薬後には苦しまれます。しかしその後に効果が出てきます」と注意したところ、実際に皇太子は悶絶。「帯刀」（皇太子護衛隊）から「もし皇太子様に何かあったら、お前を殺すぞ」と脅されます。結果として皇太子の病気は治りましたが、国守は「もし皇太子様が亡くなっていたら私も殺されていただろう」と医業の厳しさを感じ、医師をやめて子孫にも継がさなかったというのです。

『養老律』（職制律）には、薬の調合を間違えたりラベルの貼り方を間違えたりした医師は、懲役三年とあります。また『法曹至要抄』には誤診で人を死なせてしまった場合は懲役一年、死なないまでも誤診した場合はむち打ち四十回とあります。

医師は尊敬される存在でしたが、今も昔も大変な職業であったようです。

薬草を挽く薬研

文献

『延喜式』（春宮）
「十二月四日。造年中薬料草薬。受典薬寮。」

『養老律』（職制律）（七五七年）
「凡合和御薬。誤不如本方。及封題誤者。医徒三年。（合和御薬。須先処方依方合和。不得差誤。若有錯誤。不如本方。謂。分両多少。不如方法之類。合成仍題封其上。注薬遅駃冷熱之類。并写本方倶進。若誤不如本方。及封題有誤等。但一事有誤等。医即合徒三年。）」

八

臘八（ろうはち） 武

十二月は「臘月（ろうげつ）」とも呼びますので、その八日を「臘八」と称しました。この日は「釈尊成道（じょうどう）の日」。仏教を開いた釈迦が断食や苦行では悟りは開けないと気付き、六年間に及んだ苦行を放棄して、菩提樹（ぼだいじゅ）の下で四十九日間の瞑想にふけり、ついに暁の明星の光の下で悟りを開いたとされる日なのです。

仏教では大変意義ある日として「成道会（じょうどうえ）」などと呼ぶ法会を行います。

スジャータの粥

苦行をやめて山を下りた釈迦は、ナイランジャナー河で沐浴して弱った身体を休めます。そこに通りかかった長者の娘・スジャータから乳粥の施しを受けたところ、体力を回復したという伝説があります。

これをもとにこの日に食べられたのが「温糟粥（うんぞうがゆ）」です。「温臓粥」「臘八粥」「五味粥」「紅糟粥」などとも表記されるポタージュスープのような、滋養たっぷりの粥です。遅くとも室町後期には普及した風習で、宮中でも食べられました。

温糟粥

「温糟粥」の内容はまちまちで定番はありません。『日次紀事』では「昆布・串柿・大豆粉・菜葉を混ぜた粥」、『禁中近代年中行事』では「甘酒の中に餅・焼栗・菜を細かくして入れて煮たもの」、『禁中恒例年中行事』では「果物・青物などの品々を甘酒で錬ったもの」、『貞丈雑記』では「粥に味噌と酒糟を四角に刻んで入れて煮る」（公家の説）。いずれにしてもスジャータの乳粥のような濃厚な粥で、寒い季節に五臓を温めるのには最適でしょう。

うんぞうの盃

『二水記』の永正十七年（一五二〇）十二月八日の記事に「臘八の御盃常の如し。温臓

文献

『二水記』
「永正十七年（一五二〇）十二月八日、臘八之御盃如常。温臓於御末令食了、巳刻許退出了。」

『御湯殿上日記』
「慶長八年十二月八日、うんそう、御あしたの物に参る。うんそうの御さか月、いつものごとく一こん参る。」

『後水尾院当時年中行事』
「八日。あしたの物に、うむそうかゆを供す。夕方、うんそうかゆの御盃参る。正月七日の御みそなと等に同し。」

『俳諧歳時記』（曲亭馬琴・一八〇三年）
「十二月 温糟の粥〈八日〉 臘八粥〈釈尊成道の日也。本朝の五山に於てこの義あり。又唐山にても、十二月八日都の詩寺に於て浴仏会をなし、或は七宝五味の粥を贈る。これを臘八粥〈ト〉いふよし所見あり〉。」〉

『貞丈雑記』（伊勢貞丈・江戸後期）
「一温糟粥の事、櫃司より十二月八日上之。かゆに味噌并酒のかすを少し四角にきざみて入煮也。右公家の説なり。又一説温糟、本は作紅糟、出于勅修清規、即赤豆粥之類也。下学集曰、訛轉也云々。貞丈按に、紅糟をうんざうとよむこと心得がたし。紅の字、ウンノ音無之。紅糟

（粥）を御末（おすえ）（下級女官）に命じて食べた」とあります。また宮中女官日誌『御湯殿の上の日記』の慶長八年（一六〇三）十二月八日の記事には「うんぞうは朝食に参る。うんぞうの御さか月、いつもの如く一献参る」とあり、宮中では粥も食べますが「うんぞうの盃（さかづき）」などと称する酒宴にもなってしまっていたようです。

ザルが上がる日

江戸時代、この日は江戸では正月準備を始める「御事始め（おことはじめ）」でもありました。ただし、農事を中心にすると逆に十二月八日が「事納め」二月八日が「事始め」になります。また上方では十三日を「事始め」とします。

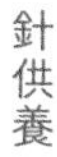

この日、江戸の町には竹竿の先にザルをかぶせて屋根に高く上げるという、面白い魔除けの風習がありました。

伝説では、源義家の奥州征伐のときに、味方と示すために矢を入れる「靫（ゆき）」を門にかけた遺風とされますが、これに文献的な根拠は見当たりません。

そしてこの日は、里芋・牛蒡・大根・人参・こんにゃく・小豆の六種を入れた汁を作り、これを「御事汁（おことじる）」「六質汁（むしつじる）」と呼びました。「温糟粥」との関係は不明ですが、同じように「ごった煮」であるところが、共通性を感じさせせます。

針供養

「針供養」（古針を供養する行事。この日は針仕事を休む）も、地方によって十二月八日か二月八日かの違いがあります。江戸では二月八日でしたが京都では十二月八日が針供養の日でした。

江戸時代の蔵人（くろうど）・北小路俊矩の日記には「文化六年（一八〇九）十二月八日甲午。針供養、こんにゃく煮付」とあります。

御事汁

高く上がるザル
（『江戸府内絵本風俗往来』＊＊）

と温糟とは別物と心得べし。味噌と糟を入て粥にして天子へ奉る事、今もある事なれば、前の温糟の説を用べし。」

『日次紀事』
「温臓粥〈今日自櫃司献温臓粥。二水記云、本朝臘八粥、名温臓粥。今見所造、昆布串柿大豆粉菜葉相合製之。按、中華十二月初八日、都下諸大寺作浴仏会、并贈七宝五味粥、謂之臘八粥。本朝温臓粥本於此乎〉。」

『禁中近代年中行事』
「うんそうがゆ　あま酒をひき、中へもちやきぐり菜をしごくこまかにして、わかしたる物なり。御茶わんに入、先々のしに切付る。御硯ぶたの台にのせ出る。」

『禁中恒例年中行事』
「温臓粥　是は櫃司より上る。くだ物青物品々を甘酒にてねりたるものなり。」

『東都歳事記』（斎藤月岑・一八三八年）
「八日　正月事納め。家々笊目籠を竹の先に付て、屋上に立る〈或は事始といふ〉。」

『俳諧歳時記』
「武江の俗二月八日を事おさめとし、十二月八日を事はじめといひて、竹竿の先に目笊を付ケて家々の軒に出す。又今日芋・牛房・大根・赤小豆等の六種を烹て汁とし、これを六質汁と名づく。」

大寒

大寒

だいかん　公

大寒の前日の夜、平安時代の朝廷では「土牛童子」と呼ばれる魔除けの行事を行いました。大内裏の諸門に魔除けの人形を立てるのです。

そして立春の前夜（節分）に撤収しました。寒さの底で健康を祈ったのでしょう。

『続日本紀』の慶雲三年（七〇六）の記事に「この年は天下諸国で疫疾が起こり人々が多く死んだ。初めて土牛を造って魔除けをした」とあります。中国の『礼記』（月令）に「季冬之月（中略）命有司大難、旁磔、出土牛、以送寒気、征鳥厲疾、乃畢山川之祀、及帝之大臣、天子神祇。」とあることから、寒気を吹き飛ばすおまじないとして始められたのでしょうか。

十二の門に魔除けを

『延喜式』（陰陽）によれば、大内裏の門のうち、上東門と上西門を除く十二の門に、陰陽五行説に基づく五色に塗った土牛・童子を設置しました。

陽明・待賢門は青色、美福・朱雀門は赤色、郁芳・皇嘉・殷富・達智門は黄色、談天・藻壁門は白色、安嘉・偉鑒門は黒色でした。これは五行説の方角の色にほぼ適ったものです。童子は高二尺、土牛は高さ二尺、長三尺とあります。

中国では迎春の牛

なぜ牛なのか、なぜ童子なのかは古来諸説あります。宋代の『事物紀原』には、春を迎えて牛を使った農耕が始まることとの関連などが語られていますが、よくわかっていません。春を祝うための牛が魔除けに変質した経緯も謎が多いところです。ただ、現在でも中国では童子（句芒神）が牛を牽く像「春牛」は迎春の縁起物になっています。

牛童子

文献

『続日本紀』

「慶雲三年（七〇六）　是年。天下諸国疫疾。百姓多死。始作土牛大儺。」

『延喜式』（陰陽）

「凡土牛童子等像〈請内匠寮〉大寒之日前夜半時立於諸門〈陽明、待賢二門各青色、美福、朱雀二門赤色、郁芳、皇嘉、殷富、達智四門黄色、談天、藻壁二門白色、安嘉、偉鑒二門黒色〉立春之日前夜半時乃撤。」

『公事根源』

「十二月　立土牛童子像　大寒日　大寒の日、夜半に陰陽師土牛童子の像を門口にたつ。陽明、待賢門は青色の土牛をたつ。美福、朱雀門には赤色なり。談天、藻壁門は白色なり。安嘉、偉鑒門には黒色也。郁芳、皇嘉、殷富、達智の四門には黄色をたつるなり。青色は春の色、ひんがしにたつ。赤色は夏のいろ、南にたつ。白色は秋のいろ、西にたつ。黒色は冬の色、北にたつ。四方の門に、また黄色の土牛をたてくはふるは、中央土のいろなり。木火金水に土ははなれぬ理有。慶雲二年（七〇五）天下疫癘さかりにして、百姓おほくうせたりしかば、土牛をつくり追儺といふ事はじまりき。異国の書には、農事のために時をしめさんとて、土牛を立るよし見えたり。」

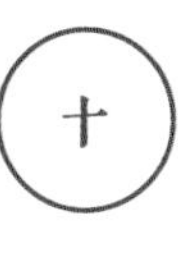

奏御卜

みうらのそう　年

六月十日と十二月十日の年二回、「奏御卜」が行われました。その日以降の半年間の天皇の健康について占うもので、神祇官の中臣が卜部に命じ、一日から卜を始め、九日に終わり、十日に結果である慎むべきことを奏上しました。もしも方角に支障があれば、祈り鎮めます。

卜と占

平安時代、占いを担当していた役所は「神祇官」と「陰陽寮」でした。大雑把に言って、前者が「卜」、後者が「占」を担当。前者のほうが格上で、国家の大事や天皇の健康に関することを占いました。その方法は、亀の甲羅を熱して生ずるひび割れを見る、という古代から受け継がれた「亀卜」でした。紫宸殿の東の軒廊で行います。

亀卜をするのは神祇官の「卜部」と呼ばれる人たちで、伊豆・壱岐・対馬の三カ国から特に技術の優れた者だけを採用しました。卜に使う亀甲はアオウミガメで、紀伊・阿波・土佐の三カ国から納めました。

平安時代の神祇官における亀卜の方法はまったく伝わっていません。近世以降に対馬で亀卜についての文書が書かれ、それによれば亀甲のあちこちに窪みを作り、熱したウワミズザクラの小枝を押し当ててひびを入れ、それにより占うというものだそうです。

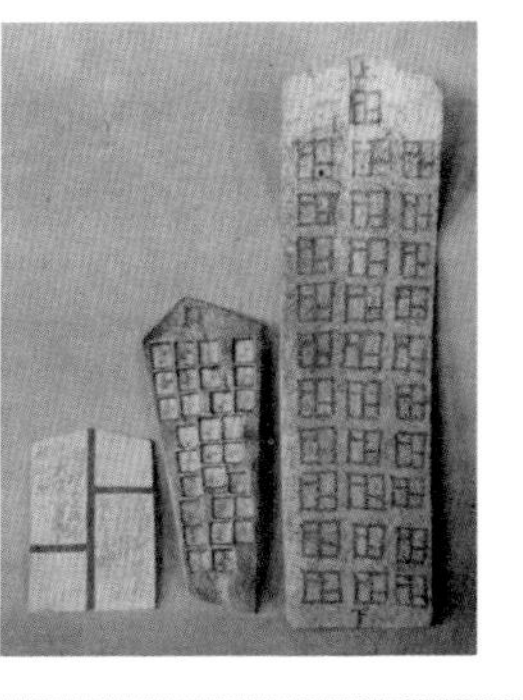

明治天皇即位礼期日選定の亀卜用の亀甲（『御即位式写真帳』）

令和の亀卜

令和元年（二〇一九）五月、宮中で「大嘗祭斎田点定の儀」が行われ、大嘗祭で米を奉納する悠紀・主基地方の決定に卜が行われました。現代ではアオウミガメは天然記念物で獲ることはできません。そこで伝統的に食用にしているため特別に捕獲が認められている小笠原村から、産業廃棄物として処分予定だった甲羅を譲り受けて、べっ甲職人に依頼して亀卜用の亀甲十枚を製作。令和元年の儀式ではそのうち四枚を使用し、使わなかった六枚の甲羅は将来に備えて保管するそうです。

「大嘗祭斎田点定の儀」の亀卜は対馬の亀卜と方法が違い、薄く削った亀甲全体を炙って熱し、ウワミズザクラの小枝で水を浴びせてひびを入れ、その向きで悠紀・主基地方を選定したそうですが、その詳細は現代においても秘儀となっています。

文献

『本朝月令』
「奏御卜事　古語拾遺云、至于難波長柄豊前朝、白鳳四年、以小花下諱斎部首作斯拝祠官頭、令掌叙王族宮内礼儀婚姻卜巫之事、夏冬二季御卜之式、始起此時。」「弘仁官式云、凡御体卜者、神祇官中臣率卜部等、六月十二月一日、始斎卜之、九日占竟、十日奏之。」

『建武年中行事』
「十二月十日、御体の御うら。六月におなじ。上卿陣の座にて御うら奏す。御卜御所にとゞまる。来年六月までの事をうらなふ。その方の神のたゝりあらばいのり申べきよしなどのするなり。」

十三 点定荷前使

のざきのつかいのてんてい 年

「荷前（のざき）」とは諸国から朝廷に納められた稲を「十陵八墓」などと呼ばれる過去の天皇皇后や大臣などの陵墓に奉献する行事。

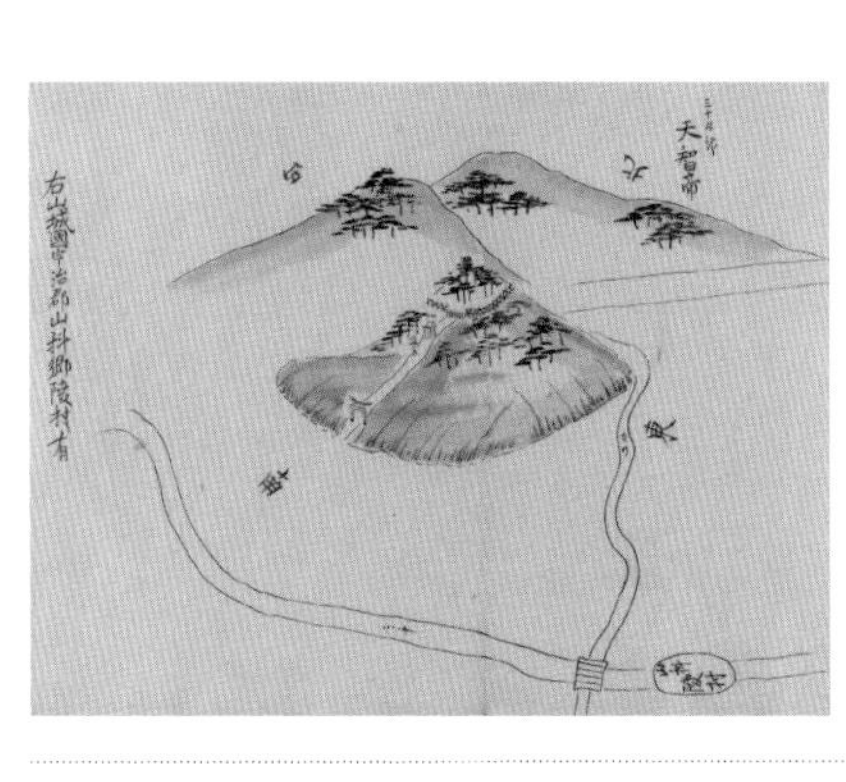

天智天皇山科陵（『山陵帖』＊）

十二月十三日に各陵墓に発遣する荷前使（のざきのつかい）が決定されました。

「十陵八墓」は天智天皇陵・光仁天皇陵・桓武天皇陵・崇道天皇（早良親王）陵や、藤原鎌足墓・藤原冬嗣墓などですが、時代により数も対象も変更があったため一定していません。それぞれの荷前使は陵墓により、天智天皇陵は大納言以下、光仁天皇陵は四位以下など、官職の定めがありました。

逃げる荷前使

しかし任命された荷前使は、物忌（ものいみ）や病気を主張して逃げる者が続出しました。『九条殿記』には荷前使に任命された公卿たちの多くが故障を申し出て困ると、大外記が報告していることを記します。

こうしたことから、病気を申し立てる者には使者を向けて実地調査し、仮病であれば許さないという勅命まで出て、実際に調査が入った記録があります。

縁起が悪い役目？

どうして逃げる者が多かったかというと、簡単に言えば「お墓に関わると縁起が悪い」ということです。陵墓を管理する「諸陵寮（みささぎのつかさ）」の官人は、宮中で神事が行われる月には参内できないともされていましたから、できれば遠慮したいという気持ちだったのでしょう。

荷前使発遣の儀式も形式だけになっていたようで、『中右記』には承徳元年（一〇九七）の荷前使発遣の儀式について「会場に行ったらすでに終わっていた、近代の作法はすこぶる奇怪」と記されています。

平安時代の人々の「縁起が悪いことを恐れる」精神は、現代の私たちには想像もできないものでした。平安後期の後三条天皇の時代には、ついに荷前は有名無実になってしまいました。

文献

『年中行事秘抄』
「荷前（中略）雖似神事、頗渉不浄。仍不行他神事。」

『中右記』
「承徳元年（一〇九七）十二月二十三日。（中略）候内之間可着斑幣之由来催。申時許行向大蔵省之処、於途中事了由弁侍来告、仍空帰了。公定相公不侍弁参着行、頗雖奇怪近代作法如此云々。」

『参議要抄』（不詳・平安末期）
「荷前事。付外弁與次官。幣物舁立春興殿。依無御出。次第参其所。故春宮大夫〈能信〉説。着綿衣。出自表袴口。踏含着深履騎馬。山階大納言勤之。柏原第二人。或兼深草。後田邑。大教院丑寅。後山階。曼荼羅寺丑寅。宇治三所。木幡。大門前。竝使次官。両段再拝。後焼班幣。着大蔵省行之。無見人。」

『建武年中行事』
「荷前。荷前はつかひつかひをかねて定られて。おのおの御陵にたてまつらる。」

十九—二十一　御仏名

おぶつみょう　年　公

年内最後の仏事です。のちに十九日だけになってしまいましたが、本来は三日間行われるものでした。この行事が「仏名」と呼ばれるのは、過去・現在・未来の「三世」三千の仏の名前を唱えることによって、我が身六根の罪障を滅することを祈る法会だからです。宮中でも清涼殿で実施されました。

清少納言が恐がった絵

御仏名の期間、清涼殿の庇の間に地獄を描いた屛風が置かれました。これは罪を抱えたまま亡くなると地獄に落ちるぞ、地獄はこんなに恐ろしいぞ、ということを視覚的に知らせることで、懺悔の心を呼び起こそうとする仏事の一環なのです。『栄花物語』（さまざまのよろこび）には「十二月の十九日になりぬれば、御仏名とて、地獄絵の御屛風などとうで、しつらふも、目とゞまりあはれなるに」とあります。

地獄絵（『春日権現験記』＊）

しかし恐ろしい絵は見たくないもの。清少納言は中宮定子から「これ見よ、見よ」と責められても「さらに見侍らじとて、ゆゆしさにこへやに隠れふしぬ」と『枕草子』にあります。

そういう声のためか、『建武年中行事』には「いまの世は大宋の屛風なり」とあります。

打ち上げは甘糟で

すべての仏事が終わると打ち上げの宴会です。『江家次第』によればこのとき「栢梨の勧盃」というものがありました。

左近衛府の所領に摂津国栢梨荘があります。ここは和気氏の中将から近衛府に寄進された土地で、そこからの年貢を近衛官人たちの酒代にあてていました。その栢梨荘から献上された甘糟で酒を飲むのです。

『吏部王記』には甘糟は大盤（台盤）から箸で食べるとありますから、甘糟は液体ではなく固体もしくは流動体ということになります。『公事根源』には「栢梨荘といふ所より御酒を奉りて」とありますが、はたしてどうだったのでしょうか。

文献

『小野宮年中行事』
「御仏名事〈十九廿廿一日之間。択吉日始修之〉。」

『北山抄』
「十二月十九日御仏名事　廿一日同前。（中略）僧侶退下、名対面後、賜酒肴薯蕷粥於王卿侍臣。」

『江家次第』
「御仏名（中略）今夜羞栢梨〈左近衛府摂津荘名也。以彼地利所造之甘糟也〉。小大盤以下以折敷居之。（中略）、毎折敷甘糟一坏〈入乳垸〉、菓子二坏精進物二坏、箸台〈居箸一双〉、空器一口也。公卿以下著殿上、近衛次将勧盃〈蔵人執瓶子昇自小板敷、四位勧大臣者継酌、於納言以下者不取之。五位取継酌不過二献云云〉。」

煤払

吉日

すすはらい　私　武

江戸城大奥の煤払（『幕府年中行事』＊）

歳末に、その年一年間の汚れを綺麗にする「煤払」。現在も大掃除は行われますが、夜間照明を油による灯明に頼っていた時代、部屋の中や調度品に付着する煤の量は現代では考えられないほど多いものでしたから、煤払は不可欠だったのです。

宮中総出の大掃除

宮中の煤払の期日は時代によりまちまちで、古くは立春前までの吉日を陰陽師が選定して行ったようですが、江戸中期には幕府に合わせたのか十二日に多く行われました。実際の作業は、『夕拝備急至要抄』では六位蔵人と女官が行うとされていますが、『親長卿記』の文明二年（一四七〇）十二月十七日の記事では公卿も参加しています。

江戸時代になると、常御殿は四位五位の殿上人が担当、六位蔵人は縁側の掃除を、清涼殿の煤払は極臈蔵人や衛士たちが担当しました。

畏れ多い剣璽（三種の神器の剣と勾玉）を納めている「剣璽の間」だけは特別です。女官の内侍たちが常御所に大宋屏風を引き廻して、その中に二階厨子を置き、上に剣璽を安置。空いた室内を神祇官の長官である神祇伯が自ら掃き清めました。

煤払のあとは慰労会

煤払が終わると慰労会が開かれました。『禁中恒例年中行事』では、一献が数の子、豆腐。二献が素麵、三献がスルメ、果物、餅とあります。素麵は女房言葉で「ぞろぞろ」と呼ばれますが、女官の日誌『御湯殿の上の日記』の慶長三年十二月十九日の記録には、「准后・女御・御相伴の女中も、そろそろ御すわり

文献

『後水尾院当時年中行事』

「煤払。陰陽頭勘文に随ひて日時を定めらるゝ。勾当内侍、兼日殿上人を触催して、各参りあつまる。其外ハみすや、大針、衛士の者をそれぞれの奉行の人催しによりて参る。刻限に典侍一人内侍一人、ひとへきぬきて劔璽の間近代此間ありより劔璽の案なから二かい厨子を舁出して、常の御所の御座の上に大宋の屏風一双引めくらして、暫其中に案す。神祇の伯、けんしの間の煤を払ひ掃除せしめ、事をハりて本やく人、劔璽をもとのことく舁。其後、吉方より払ひそむ。（中略）其所にて一献あり。初献かちん、二こんてんかく、供し終りて御前をてつす。其後、女中にもたふ。御見廻しこうの公卿、めされたる殿上人、内々の衆ハ残りなく召出されて、かちん、てんかくなと給ふ。」

『宣胤卿記』（中御門宣胤・室町後期）

「文明十二年（一四八〇）十二月九日乙卯、今日禁裏御煤払。人夫一人遣切符、右京職役也。極臈在国之間、源当仲以折紙触之。可為一通、尤聊爾之由仰遣了。」

『禁中年中行事』

「御煤払〈十二月中撰吉日有之〉常御殿〈四位五位殿上人、六位蔵人、非蔵人、御縁側侍中勤之〉、男居衛士勤之、清涼殿、極臈衛士勤之。御献〈篝主殿寮調進

あり、めでたしめでたし」と嬉しそうに記されています。

　この日に出される餅は特別な形でした。『禁中近代年中行事』には、「三方に赤白の餅を袴腰の如くに切る。焼き味噌をつける。三方に紙を敷いて直に置く」とあります。『禁中年中行事』には「ハカマコシ道喜調進」とあって、禁裏御用の餅司・川端道喜が調製した台形の餅だったのです。

袴腰（『諸品雛形』川端道喜蔵）

楽しみは豆腐田楽

　寒い時期のごちそうは温かい食べ物。殿上人から下々にいたるまで「豆腐田楽」がふるまわれました。豆腐のことを女房言葉で「おかべ」と呼びますので、温めた豆腐は「熱壁（あつかべ）」と呼ばれます。

　御台所前の庭上に竈を据えて大釜をかけ、白豆腐を煮て白味噌を擂ったものか山椒味噌を上からかけて食べました。

　江戸後期の『雲錦随筆』には、現場作業員たちに田楽を支給する流れが詳しく書かれています。役人から切手（食券）を渡され、この切手を食器係に持っていくと皿一枚と交換されます。その皿を持って豆腐係に行くと熱壁を載せてくれます。さらに味噌係に行って差し出すと味噌をかけてくれますので、各自で御所内の休息場に行って食べました。

　天皇はもっと上品に青竹二股の串を刺した田楽（女房言葉で「おでん」）にして食べました。『雲錦随筆』では「いかなる所以にや知らず最古風なる御事ども也」とあります。

豆腐田楽

同柄南座調進〉。初献、コサシ数ノ子トウフ、櫃司調進。二献、索麵。三献、ヒシ鰑、菓物、ハカマコシ道喜調進、デンガク御清所ニテ調之、雑煮同、アツカベ、於長橋車寄調之。」


『禁中近代年中行事』

「御煤払御こん常の通　三方に赤白のもちを袴腰のごとくに切、やきみそを付ル、三方にかみを敷、直におく。とうふをやきみそを付、でんがくなり、御皿に入。もちのむかふにつく。御はし有。院御煤払之時　御ぞうに上置。くしかい、いりこ、御吸物鯛ひれ付、御茶わんに入、三方にて出ル。」


『禁中恒例年中行事』

「御煤払　是は吉日を撰びて有之、御献あり。初献こさし、数の子、豆腐、櫃司より上る。二献さうめん。三献鰑、くだ物、白てん餅、男居より上る。箒は主殿寮、柄は南座より調進す。長橋の車寄御門の脇にて豆腐を煮、山椒味噌をかけて下さる。あつかべの献といふ。常御殿は殿上人、非蔵人、御縁側は侍、男居は衛士つとむ。」


『康富記』

「宝徳元年（一四四九）十二月廿日乙未、参給事中文第、煤払也、賜一盞。」

午

髪上（かみあげ） 年

天皇が使った櫛の歯にたまった汚れかすを集めて、一年間溜めておいた抜け毛や切った爪、髻を束ねた「元結」などと一緒に、衛士が主殿寮まで持っていって吉方に向かい焚き上げる、という行事です。

『公事根源』などには「午の日」とありますが、江戸前期の『後水尾院当時年中行事』には陰陽師が吉日を選定して行うとあり、実際に「午」ではない日の実施の記録も多く見られます。

年末の身の回り掃除

まず毛髪や爪などを大高檀紙で包み、紙捻で結びます。所々に良い香りの香木を差し挟み、生絹で包み、葛籠の蓋に入れて女官に渡します。女官は蔵人に渡し、蔵人は衛士に渡して衛士が焚き上げ、生絹の包みだけを持ち帰ります。

なんとも大仰な手順ですが、なにしろ天皇のお体から出た髪の毛や爪などですから、あだやおろそかにはできません。

毎日の身だしなみ

あまり髪を洗わない時代ですので、毎日櫛で髪を梳いて汚れを落としました。しかも男子も長髪の時代ですから、必要性は男女を問いません。『枕草子』「うへに候ふ御猫は」では「つとめて、御けづり髪、御手水など参りて」と清少納言が中宮定子の髪を梳いていますし、『源氏物語』（紅葉賀）でも「主上の御梳櫛にさぶらひけるを」と、源典侍が桐壺帝の髪を梳いています。当然ながら抜け毛や塵汚れはあったことでしょう。

髪を梳く女房（『源氏物語絵巻』＊）

神聖なアイテムであった櫛

櫛には頭に飾る「挿櫛」と、整髪に使う「梳櫛」があります。挿櫛であっても梳櫛であっても、

文献

『公事根源』
「御髪上。下午日。蔵人御ぐしの梳り屑をたまはりて、主殿寮にむかひて焼くなり。此の外ことなる事なし。」

『年中行事秘抄』
「下午日御髪上事〈用立春以前、或中午〉。蔵人給御髪等、向主殿焼之。新式云、午日上御髪事、大寒後立春前午用之。如件文者、神今食以前、不可有其忌歟。長暦二年十二月七日壬午、御髪上也。可用神今食以後立春以前午、而依当行幸日問左大臣、申神今食以前不可忌之状、安和二年例也。土用間御髪上例 保安三年十二月廿一日丙午、御髪上〈土用間也〉。」

『夕拝備急至要抄』
「一御髪上〈午日 六位蔵人沙汰、然而可尋沙汰〉。」

『公事根源』
「御髪上 下午日 蔵人御ぐしのけづりくずを給はりて、主殿寮にむかひてやくなり。此外ことなることなし。」

『後水尾院当時年中行事』
「御ぐしあげ、これも陰陽頭勘文によりて日時を定らる。年中の御ぐしのおち、御つめ、御もとゆひ等の物をとりあつめて、大たかだんしにつゝみ、上をかう櫛は古代から神聖なものとされていました。特に固いイスノキ（柞・檮、学名：*Distylium racemosum*）の櫛が尊ばれました。

櫛としてのイスノキの利用は神話時代からです。『日本書紀』によれば、イザナギノミコトが黄泉国でイザナミを探すときに「湯津爪櫛（ゆつつまぐし）」の歯を折って灯をともし、黄泉国から逃げるときは鬼神に向かって「湯津爪櫛」を投げて難を避けます。『古事記』には、スサノオノミコトがクシナダヒメを「湯津爪櫛」に変えて髪に挿してヤマタノオロチ退治を成し遂げる話も載っています。

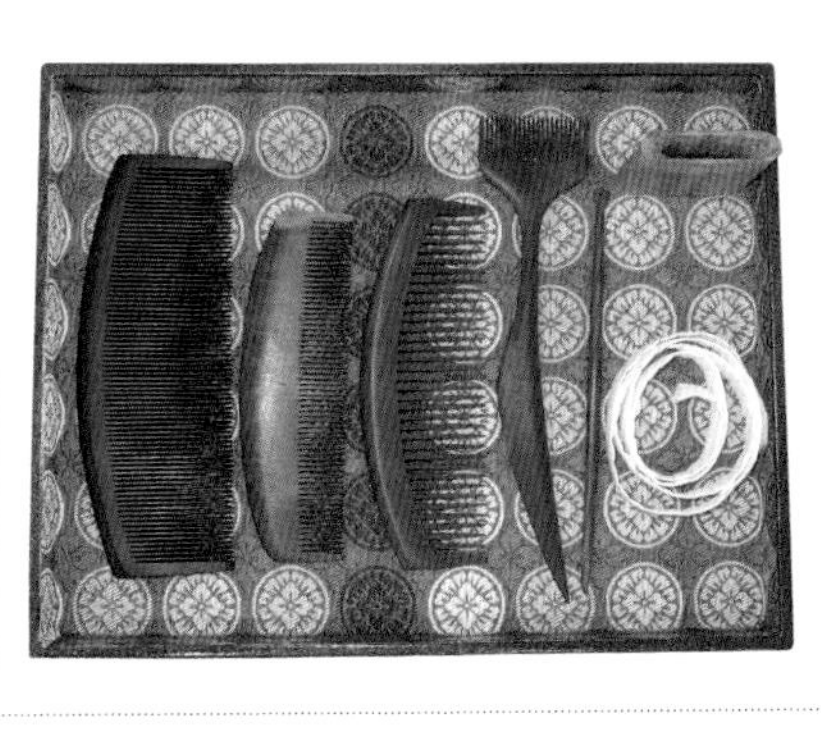
内掌典のいすのき櫛

この「湯津」は神聖なことを意味し、ユツノキが転訛してイスノキと呼ばれるようになった、と考えられています。こうした神聖なるイスノキ製の櫛は、古来宮中で愛用されてきました。現代においてもその伝統は宮中の女性神事担当者、内掌典の世界で連綿と継承されています。

髪上姿

清少納言の時代の宮中の女性は前髪をとって結い上げ、櫛を挿す髪型をしていたようです。しかし紫式部の時代になるとそれは古くさい髪型という認識になっていたようで、『源氏物語』（末摘花）では、末摘花の侍女たちの櫛を挿した髪型は、舞の教習所である「内教坊」の妓女や内侍所の女官くらいでしか見ないと否定的に書かれています。

この髪型は「髪上姿」と呼ばれ、十一世紀前半には陪膳（ばいぜん）の女房や出産に関する女房などしかしない特殊なものになっていたようです。

おすべらかしの額櫛

捻にてからげ、所々沈香をさしはさみ、すゞしの包に入、つゞらのふたにすゑて出ス。女官とり伝へて蔵人衛士にくだす。吉方にむかひてこれをやく。事をはりて、きぬのつ、み、つゞらのふたをもて参る。きぬの包は女官に給はるなり。」

『禁中年中行事』
「御髪上〈十二月中撰吉日有之〉。極臈催。奥ヨリタト持参極臈ニ渡ス。スヾシノ袋ニ入。御髪上役人衛士勤之。松明主殿寮調進。」

『慶長日件録』（舟橋秀賢・江戸初期）
「慶長八年十二月廿九日、女院御所御髪上也。参勤〈舟橋秀賢〉。」

『大江俊矩公私雑日記』
「文化六年十二月廿五日辛亥、御髪上、卯刻〈予〉参勤。届議奏卿前番山科中納言承知。衛士藤井伊予掾同刻出仕也。仕丁之事。番頭代へ申置如例。一午刻頃、当番議奏花山院右大将被招、御髪〈勘文添盛御文匣蓋〉清火手燭等被渡、如例可奉仕旨被示、即於直廬階辺申之了。尤衛士予家来仕丁等は、入平唐門内如例。御庭塞整之上、予衛士以下到御輿宿前庭、如例令奉仕。吉方申酉方也。奉仕了率衛士以下帰来。御文匣蓋〈絹袋勘文等在内〉手燭等持参、御詰謁議奏卿令返上。御髪上無滞相済旨申入処、同卿承知、即退出被示、未刻過令退出了。尤衛士退出、先刻申渡置也。」

十二月

節分

せつぶん　私　武

『百鬼夜行絵巻』＊

立春の前日を「節分」と呼んで、豆まきをする風習があります。節分は文字通り季節の分かれ目という意味ですから、春夏秋冬、年に四回あるわけですが、特に立春前日が強調されるのは、喜びの春を迎える時期の心沸き立つ節分だったからでしょうし、正月前の魔除け厄払いという意味もあったと考えられます。

豆まきは大晦日の「追儺（ついな）」の儀式が変容したものですが、立春を正月と考えて節分にも追儺をしたのでしょう。

節分は魔物が歩く

ケルト民族の古い伝承が発祥といわれる十月末日のハロウィーンの仮装。ケルトでは十一月一日が新年でしたので大晦日の行事ですが、この夜は死者がよみがえって人を襲うので、死者に変装して難を避ける、という意味合いだったそうです。

それと同じような考え方が平安時代の節分の夜にもあり、日常と異なる行動をして夜に「遊行（ゆぎょう）」する魔神の目を欺こうとしました。それが「方違え（かたたがえ）」です。

陰陽（おんみょう）道の考え方では、節分の夜に方位神の「大将軍」が遊行するとされます。その祟りを避けるために自宅とは別の場所に宿泊して、そこを自宅と宣言することによって、結果として安心を得ることができるとされました。平安時代にはこうした「方違え」は大変流行しましたが、それはよそにお泊まりする楽しみでもあったようです。

『枕草子』の「すさまじきもの」（興ざめなもの）には、「方違えに行ったのにごちそうしてくれないところ。まして節分の夜などは非常にがっかりする」

文献

『世諺問答』

「問て云。せつぶんのまめうつ事は何のゆへにてかはべる。答。としごしと世俗にいひならはして。こよひは悪鬼の夜行するゆへに。禁中にもむかしは陰陽寮さいもんをよみて。上卿已下これをふ。御所にともし火をほくともして。四目ありておそろしげなる面をきて。手にたてほこをもて。内裏の四門をまはるなり。また殿上人ども御殿のかたに立て。桃の弓。蓬の矢にていはらふ也。これらをかたどりて。まめうちて鬼をはらふ事はじまれるにや。此内裏にて鬼をはれし事は。慶雲二年十二月。百姓おほく疫癘になやまされしゆへに。はじめられたるよし承をよびし。」

「問て云。節分におけらをたくは何のゆへぞや。答。白朮は風気をさる薬にて侍るうへ余薫あしきゆへに、疫病の神の夜行する夜なれば、是をたきておそれしめんがためにて侍る。」

『禁裏御膳式目』

「御鱠（ぎまめ・大こん・金かん）、御汁、穂長菜、開豆、御焼物（赤いわし）、御飯（麦めし三粒置也）、御香物（由）、御吸物（たいひれ）、御重肴（上重つむき焼鳥拾二羽・下重しんごん拾二羽）。此真言の儀ハ牛蒡大キサ壱寸二分まはりニ遣申候。長サハ高々指の中を三たけ取候而切放シ十二本存置御膳ニ而御夜食の

とあります。方違えと称してお互いに泊まったり泊まられたり、ごちそうしたりされたりのイベントとして楽しんでいたことがわかります。

オケラ焚き

漢方薬のオケラ（朮、学名：*Atractylodes japonica*）を刻んだものを焚くと、独特の臭気の煙が出ます。梅雨時に室内で焚くとカビ除けになると信じられましたが、節分にもオケラを焚きました。『世諺問答』では、オケラは風気を去る薬で臭いが悪いので、疫病神の夜行する夜にこれを焚いて追い払うのだ、としています。京都・八坂神社の大晦日「おけら参り」は、これが変容したものです。

オケラ（*Atractylodes japonica*）

魔除けと健康の行事食

イワシは腐りやすく、その悪臭が魔除けになると考えられました。そこで節分には豆まきをすると同時にイワシを食べたのです。夜の膳には現代と同じように豆を歳の数だけ食べましたが、その他で特徴的なのは牛蒡と、自然薯のとろろ、麦飯です。

『年中恒例記』によれば室町将軍の食膳に「むぎの食御いも」が登場し、江戸後期の『禁裏御膳式目』には天皇の御飯にすら、わずか三粒だけですが麦が載せられています。

江戸時代までの上流階級は白飯を多食しました。そのためビタミンB1が不足して脚気を患うことが非常に多く、その予防策として麦食が良いと経験的に知っていたのでしょう。『守貞謾稿』には「養生のために麦飯を食べる人がいる」と記されています。

季節の行事食は健康食でもあったことがよくわかります。

麦とろと鰯

時分長火鉢ニ而火を沢山ニおこし金網ニかけ十二本一時ニ焼立申候。其砌板元役当番之者火鉢へ相なほり候而真言を高らかに唱へ申候。即ヲンアボキャベロシャノマカモダラマニハンドウメジンバラハリタヤウン」

『守貞謾稿』
「三都ニテモ、往々麦飯ヲ用フルコトアリ。然レドモ食之ニ麦交食ノミヲ食スル者稀ニシテ、多クハ薯蕷ヲ擂リ、汁ヲ合セトロヽト云テ、麦飯ノ上ニ加之ヘ食ス。加之者又専ラアブリ青海苔ヲ揉ミ粉トシテ加之、シカラザレバ鰹節ノ煮出シ汁ヲカケ食ス、（中略）或ハ当日及ビ平生モ素麦飯ヲ好ミ、或ハ養生ノ為ニ、三都中ニモ食之人無キニハ非ズ。」

『年中恒例記』（広橋兼秀・室町後期）
「御小袖の間には、大豆を白うたる、也。（中略）節分にむぎの食御いも、大草調之。」

『浪花の風』
「節分大晦日には、必らず麦飯を焚て、赤いわしを添へて祝ひ食ふ。都で年越には麦飯を食ふこと貧富相同じ。江戸にて蕎麦切を用ふるが如し。」

立春

立春・若水

りっしゅん・わかみず　年　武

旧暦は原則的に立春の日を一年の初めと位置づけています。しかし立春は太陽の運行に基づくものですから、旧暦（太陰太陽暦）の計算上、立春の日が十二月になったり、一月になったりしました。

『古今和歌集』在原元方の「春立ちける日よめる」に、「年の内に春は来にけり一とせを／こぞとやいはんことしとやいはん」は有名です。旧年中に立春が来てしまったので、去年と言おうか今年と言おうかという意味の歌です。

面白い歌ですが、実際にはこれはよくある現象で、旧年中に立春が来るのは、ほぼ二年に一回も発生します。そのため正岡子規は「実に呆れ返った無趣味の歌に有之候」と、この歌を手厳しく批判しています。

これは旧暦ならではの矛盾なのですが、江戸前期の貝原好古は『日本歳時記』の中で「元日は正月の日の始めなり、立春は正月の気の始めなり」と、わかったようなわからないような説明をしています。

二度目の元日

宮中女官日誌『御湯殿の上の日記』の慶長九年（一六〇四）正月八日の記事に、「立春の御さかづき三献参る」という記載があります。三献の前には三が日の料理である「歯固（はがため）」まで食べました。正月も八日になって、もう一度元日の行事をしていたのです。『禁中年中行事』には「立春、強供御御膳元日同」とあり、儀式料理専門であった御厨子所小預が元日と同じ御膳を調進したとしています。「強供御（こわくご）」は歯固（はがため）のことでしょう。

続けて「ツルベ餅、小預調進」とあります。これは井戸の釣瓶の形をした餅で、赤白二組あったそうです。

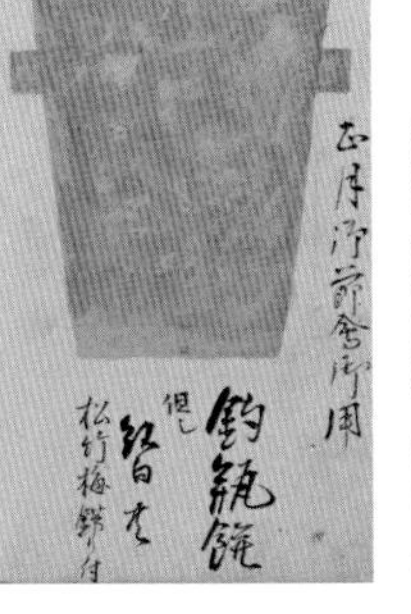

釣瓶餅（『諸品雛形』川端道喜蔵）

若水

立春の朝に最初に汲んだ水を「若水」と呼んで珍重しました。この風習は古く、平安中期の『年中行事障子』には主水司の

文献

『知信朝臣記』（平知信・平安末期）
「天承元年（一一三一）十二月廿三日、立春正月節也、主水女官献立春水、居折敷高坏、女官率采女、昼御座間簀子敷小筵一枚為下敷供之。庁給禄云々〈疋絹〉。」

『御湯殿上日記』
「慶長九年（一六〇四）正月八日、りしゆんの御さか月三ごん参る。こわぐ御も参る。御はがためも参る。御さか月よりさき也。女御の御かた、女中をとこたち、御とをりあり。」

『故実拾要』
「立春御献　是三献ハ自男居供之。御強供御ノ御膳、御菓物ノ御膳ハ、大隅大炊頭供之。如元日。」

『禁中年中行事』
「立春　強供御御膳元日同。小預調進。ツルベ餅小預調進。」

『小野宮年中行事』
「立春日主水司献立春水事。主水司官人以下。令舁御水付女官。女官盛調。付女房伝供。」

『公事根源』
「供若水。立春日。若水といふ事は、去年御生気の方の井を点じて、蓋をして人に汲ませず、春立つ日、主水司内裏に奉仕事として、立春に若水を汲んで天皇に供進することが定められています。女官から渡された水を天皇は縁起の良い「生気(しょうげ)の方」を向いて飲みました。若水を飲めば一年の邪気を払うと信じられていたのです。

　ただし江戸時代には若水は元日の朝の水ということになり、立春の水は使っていません。

養老の滝

　立春の若水は酒を造るのに良いとされ、現代でも全国の酒蔵で「立春朝搾り」が行われていますが、これは「養老の滝」伝説にちなんでいます。『古今著聞集』では孝行息子が老父のために酒の泉を発見したというような内容ですが、正史である『続日本紀』では次のように書かれています。

　霊亀二年（七一六）九月、美濃国不破に出かけた元正女帝が多度山の美泉の水で顔を洗うと、皮膚はなめらか、痛みも消えました。水を飲み浴びると、白髪は黒くなり、禿げ頭に毛が生えます。目が不自由な者も目が明き、その他の病気もたちまち快癒。そのあまりの効果に驚いた天皇は、その年の十一月、元号を「養老」に改めたのです。

　そして十二月、美濃国に命じて立春の暁にこの「醴泉(れいせん)」の水を汲ませ、京都に貢納させて醴酒にしたとあります。

　翌養老二年の二月にも三月にも、元正女帝は「美濃国醴泉」を訪れています。よほどアンチエイジング効果を実感して気に入ったものと思われます。

養老の瀧

養老神社の菊水霊泉

れば、朝餉にて是れをきこしめすなり。あら玉の春立つ日これを奉れば、若水とは申すにや。年中の邪気をのぞくといふ本文あれば、殊更是れを供ずるなり。江帥匡房卿の次第には、若水をのむ時。咒を唱ふる事ありと見えたり。」

『世諺問答』
「問て云。　立春の日若水とてのむ事侍るにや。答。おほやけにふるとしの十二月の土用巳前に。主水司御生気の方の井を封じて。人にくませずして。立春の日の早旦に一返しとて土瓶に入て。女官につけてこれをたてまつれば。あさがれいの御座にて。御生気の方へむかはしめ給ひて。これをきこしめすなり。わたくしにも此日は井花水とて。くみたる水を呑事も侍るにや。春のはじめにくめば。わか水とは申にや。」

『日本歳時記』
「立春は正月の節なり。大寒の後十五日、斗柄艮に指を立春といふ。立は始建也。元日は正月の日の始也。立春は正月の気の始なり。一年の天運是よりはじまる時なれば、つつしんで心を改め、その始を正くすべし。もろこしには、此日春盤をすすめ、醬粥を食し、春餅をくらひ、桃湯に浴する事など侍るよし、月令広義に見えたり。」

土用 寒中
かんちゅう 武

紅の容器

「寒中」というのは二十四節気の「小寒」から「大寒」までの期間のこと。冬至から立春の間の、最も寒い時期です。寒いのはつらいことですが、物が腐敗しにくい時期でもありますから、この期間に製造すると良品ができるとされました。『日本歳時記』では、この期間に食物や薬などを造れば「水の性よき故、久しく貯えて損ぜず」としています。

丑紅

江戸後期の『東都歳事記』に「寒中丑の日、丑紅と号て、女子紅を求む」とあります。寒中の澄んだ水で作られた紅は不純物が少ないので、唇や口中の荒れを防ぐと信じられていたのです。ただし「丑の日」というのは夏の土用の丑の日の鰻と同じように、商売上の工夫によるもののようです。「寒紅」「赤丑」なども呼ばれ、江戸の女性には大人気でした。

そればかりか、子どもの疱瘡（ほうそう）に効くという噂まで流れたといいますし、『寒紅丑の日待』などという小説まで書かれていました。人気のほどがわかります。

寒中の鰻?

『東都歳事記』には寒中に「諸人鰻鱺（うなぎ）を食す」とも書かれます。やはりこれも売る側のセールスプロモーションによるものかもしれませんが、本来鰻は冬のほうが旬で、脂がのって美味しいですから、夏にあまり美味しくない鰻を売るために考えられた苦肉の策「土用の丑の日の鰻」よりは本来的なのかもしれません。

餅でも革でも

貝原好古は寒中のもの作りに好感を持っていたようで、餅を作るのにも良い時期であるとしています。十二月の水で餅を作れば「味美にして久に堪へ、且性和なる故なり」。正月の餅は暮れの二十六~七日に搗くのが良いが、大寒の時期に作った餅も、翌日に寒中の水に漬けておけば常に柔らかい、とあります。

また『安斎随筆』でも、寒中に燻（いぶ）し革を作れば、革の質が強くなり虫が生じることは決してない、と断言しています。寒中は何を作るにも向いている時期とされたのです。

ベニバナ（*Carthamus tinctorius*）

文献

『日本歳時記』
「小寒大寒三十日の間、今世俗に寒の中と称す、此間に食物薬物等を製すれば、水の性よき故、久しくたくはへて損ぜず。」
「二十六七日、此比餻を製すべし。此日より前に立春の節に入らば、大寒の節の内に別に餻を作り、今日は年始に用るのみを製すべし。臘水にて餻を製すれば、味美にして久に堪へ、且性和なる故なり。」

『東都歳事記』
「十一月　寒の入、良賤寒見舞〈音曲をなすもの、寒聲寒弾をなす、今日餅を食す、寒餅と云（中略）〉。寒中丑の日、丑紅と号て、女子紅を求む、諸人鰻鱺（うなぎ）を食す。」

吉日 内侍所御神楽

ないしどころのみかぐら　公

十二月の吉日、宮中「内侍所」で御神楽が奉納されました。「内侍所」というのは三種の神器の神鏡を奉安する御殿「温明殿」のことです。ここを詰所とする女官の内侍が神鏡に奉仕しましたので「内侍所」とも呼ばれました。さらに神鏡を直接呼ぶことを避けて「内侍所」と称することもありました。

御神楽の発祥

寛弘二年（一〇〇五）十一月、内裏で火災が発生して内侍所も焼失してしまいます。この事態に恐れをなした一条天皇は、神鏡をお慰めするための御神楽を十二月に奉納したのです。このときは臨時のものでしたが、後朱雀天皇の御代の長暦二年（一〇三八）、十二月に行われる年中行事として恒例化しました。

内侍所御神楽（『宮中御儀式絵巻物』＊）

御神楽の実態

御神楽に先立って、神楽の指揮者ともいうべき「人長」が召人を呼び出します。召人は位階によらず和琴を弾く者が最上位に着座します。天皇秘蔵の和琴の名器「鈴鹿」を用いるからです。

呼ばれた召人は順番に『庭火』を演奏します。一種の音合わせのようなもので、そこから本番の御神楽が始まります。『韓神』『前張』『朝倉』『其駒』などの演目が次々と奉納され、曲と曲の間には「才男」が芸事を披露しますが、『宇治拾遺物語』によれば、それは滑稽な物まね芸であったようです。

今に伝わる御神楽

平安時代、内裏は何度も焼亡し、やがて内侍所は温明殿から春興殿に移動するようになります。現代の京都御所にある春興殿は大正天皇の即位の礼が行われた際に新築されたもので、火災から神鏡を守るために屋根が銅葺きにされました。

内侍所御神楽は現代においても宮中祭祀「賢所御神楽の儀」として、十二月十五日頃に行われています。

文献

『江家次第』
「内侍所御神楽事　十二月中撰吉日被行〈候所陰陽師勘申之〉。行事蔵人仰内蔵寮・掃部寮・大膳職・修理職等。自南殿艮橋作仮橋長橋、陣座後柱外幷綾綺殿西砌上終額間。又被定召人、殿上人六人〈堪絃歌者〉、陪従六人〈清撰也〉、衛府召人六人〈近代以節資子孫為本拍子〉。放綾綺殿東簀子、南渡殿北簀子、本方座敷北渡殿〈殿上召人在東。地下陪従者其東並南面〉。末方座敷南渡殿簀子跡准本方〈北面〉。殿上人座敷綾綺殿東砌〈南上東面〉。毎座前居衝重生火。（中略）入夜時刻渡御〈位袍御挿鞋〉。先是御笏御挿鞋、置殿上前御膳棚。及期蔵人頭献御挿鞋。」

『建武年中行事』
「内侍所の御神楽。行幸あり。先典侍掌侍まいる。すけは童二人に木丁さゝせたり。内侍所に行幸なりぬれば。御拝としのとなど申。」

晦日

奏瑞有無事

ずいありなしのことのそう　年

縁起の良い天然現象や動植物を「祥瑞（しょうずい）」と呼びます。祥瑞にはランクがあり、『養老令』（儀制令）では、祥瑞を見つけた場合、それが「大瑞」と判断されれば直ちに天皇に報告し、「上瑞」以下は翌年の元日朝賀の際にまとめて報告する、と定められていました。これに従って十二月末日、翌日の元日に報告すべき祥瑞があるかどうか、事前に報告したのです。

さまざまな祥瑞

『延喜式』（治部）に定められた「祥瑞」は次のとおりです。

「大瑞」〈景星・慶雲・河精（人魚）・麒麟（きりん）・鳳凰（ほうおう）・比翼鳥・神亀・龍・六足獣など〉

「上瑞」〈三角獣・白狼・赤熊・赤兎・九尾狐・白狐・白鹿・三足烏・赤燕・赤雀など〉

「中瑞」〈白鳩・白烏・白雉・雉白首・翠鳥・白雀・赤狐・青熊・玄貉・白兎など〉

「下瑞」〈芝草・華平・人参生・竹実満・木連理・嘉木・黒雉・白鵲など〉

白鹿（撮影地：栃木県）

報告される祥瑞

「大瑞」は鳳凰や龍など、空想上の動物ばかりですので報告しようもないのですが、「上瑞」でも白鹿などは出現しやすいためか、献上の記録が多くのこっています。『日本紀略』などによれば、延喜十七年（九一七）に備後国が、長元二年（一〇二九）には大宰府が、生きた白鹿を献上し、天皇が確認した後、神泉苑に放たれています。

連理の枝

玄宗皇帝と楊貴妃の愛情を詠んだ白居易の『長恨歌』に「在天願作比翼鳥　在地願為連理枝」とあります。一世紀の『白虎通』では「王者の善政で陰陽が調和し、草木に徳が通じて木が連理となる」とされています。

そんな有り難いはずの連理の枝ですが、二本の木の枝が癒着結合することは案外と普通に見られる現象ですので、なるほど「下瑞」だったわけです。

文献

『養老令』（儀制令）
「凡祥瑞応見。若麟鳳亀竜之類。依図書合大瑞者。随即表奏。（中略）上瑞以下。並申所司。元日以聞。其鳥獣之類。有生獲者。仍遂其本性。放之山野。余皆送治部。若有不可獲。及木連理之類。不須送者。所在官司。案験非虚。具画図上。其須賞者。臨時聴勅。」

『内裏式』
「元正受群臣朝賀式（中略）。訖奏賀・奏瑞者〈預定其人、奏賀在前、若在四位者、奏瑞在東位渡馳道、若帯剱者権脱〉共進自位。諸仗共興、奏瑞者西行。」

『公事根源』
「朝賀　是れを朝拝とも申すなり。（中略）奏賀奏瑞とて二人の者、庭に進みて祝ひ申す事あり。是れは去年のめでたき嘉瑞どものあるを、国々より申せば、それを記して今日是れを奏するなり。其の時群臣再拝す。」

晦日

追儺

ついな　年

一年の締めくくり、大晦日の夜の儀式である「追儺」。鬼を退治する儀式ですが、鬼というのは大概が疫病のことです。『扶桑略記』に慶雲二年（七〇五）、天下に疫病が流行ったので初めて「大儺」をしたという記述があり、これが最初の追儺だとされています。

鬼も怖がる衣装

平安前期の『内裏式』に、式次第が書かれています。

中務省の官人が、手に桃の弓と葦の矢を持った侍従・内舎人・大舎人たちを引き連れてきます。続いて陰陽師が祭具を持った斎郎と「方相氏」を一人、引き連れてきます。この「方相氏」が儀式の主役で、大舎人の中から背が高く身体が大きい者を選びました。

「方相氏」は黄金の四つ目の仮面を着け、黒い衣に朱の裳を着用。右手に矛を執り、左手には盾を持ちます。その後ろに二十人の「侲子」と呼ばれる子どもたちが続きます。「侲子」は紺の布衣を着て朱の「抹額」姿。共に入場し庭に並び立ちます。陰陽師がひざまずいて呪文を唱えて儀式が始まります。

葦の矢を射る殿上人たち
（『公事十二ヶ月絵巻』＊）

『延喜式』（大舎人）では、より詳しく衣装について説明しています。方相氏の仮面は黄金四目、後ろの垂衣は赤い両面錦四尺。緋黒の袷袍、赤黒の単裳。盾は長さ五尺、幅一尺五寸。矛は長さ九尺で緋の幡がつきます。中国風の恐ろしげな格好で、これならば鬼も怖がるはずです。

立場逆転の方相氏

平安中期頃、儀式内容に大逆転が生じます。『西宮記』には方相氏たちが来る前に、陰陽寮の官人が殿上の公卿・殿上人たちに桃の弓と蒲の茎の矢を渡す

文献

『延喜式』（大舎人）
「凡年終追儺。前一日録供事官人舎人等名申省。及装束御殿所進舎人十人。（中略）即方相首親王已下。随次入立中庭。陰陽寮儺祭畢。親王已下執桃弓葦箭桃杖儺出宮城四門。東陽明門。南朱雀門。西殷富門。北達智門。其方相仮面一頭。黄金四目。後帔赤両面四尺。若有損壊者。内匠寮修理。緋皀袷袍各一領。緋皀単裳各一腰。料皀緋帛各一疋。侲子八人。紺布衣八領。料紺調布四端。楯一枚。長五尺。広一尺五寸。桙一枚。長九尺緋幡一旒。料帛二尺。並納寮庫。当時出用。侲子装束度主殿寮。事畢返納。若有破壊申省受替。其弓箭杖受陰陽寮。」

『延喜式』（陰陽）
「凡追儺料。桃弓杖。葦矢令守辰丁造備。其矢料蒲葦各二荷。摂津国毎年十二月上旬採送」

『延喜式』（中務）
「凡親王以下次侍従以上。闕追儺陣者。不預元日節禄。」

『醍醐天皇御記』
「延喜八年十二月廿九日。仰大臣。去年晦夜処々或不追儺。人々云。今年京中愁咳。此依不儺疫鬼云々。宣仰所司勤令儺。」

と記されています。なんとこれで方相氏を攻撃するのです。本来は、姿の見えない鬼を正義の味方・方相氏たちが追いかけ、門外に出ると追い払った合図に太鼓を叩くという流れでした。しかし敵が見えないというのはイベントとして面白くないと考えたのか、見かけが悪そうな方相氏を鬼に見立てて、公卿たちが正義の味方を演じる形式に変わったのです。『建武年中行事』には「追儺。大舎人寮、鬼を務む」と書かれています。

追われる方相氏（『公事十二ケ月絵巻』＊）

追儺と疫病

『醍醐天皇御記』の延喜八年（九〇八）十二月廿九日の記事に「去年の晦夜は追儺をしなかった。今年、都に「愁咳」（インフルエンザ）が流行したのは疫鬼への追儺をしなかったからと人々が言う。今年は追儺をするように」という天皇の言葉が記されています。

喧噪、やがて静寂に

『建武年中行事』には、この夜はあちこちに灯火をともし、清涼殿の東庭から朝餉の間、台盤所の前まで隙間なく灯台を立ち並べた、とあります。

大いに盛り上がった追儺が終わると天皇は四方拝に向けて湯浴みをし、清涼殿東庭は先ほどまでの喧噪が嘘のように荘厳な気配に包まれ、掃部寮の官人が四方拝の設営を開始します。

『建武年中行事』には「追儺はてて、砌のともしびどもかすかに見えわたるほど、四方拝の御装束いそがすめり。（中略）寅の時に御掛の人めして、御装束たてまつる、黄櫨染の御袍常のごとし」とあります。新年の行事である「四方拝」のために天皇はラフな御引直衣から、重儀の束帯に着替えるのです。

日本人は大昔から、こうして賑やかに一年を終え、おごそかに新年を迎えていたのです。

文献

『小野宮年中行事』
「同日追儺事。当日中務省。以分配文付内侍奉之。所司装束訖。亥一刻天皇出御南殿。式不御御帳内。方相一人〈取大舎人。長大者為之〉。侲子廿人〈取官奴等為之〉。共入列立殿庭〈其装束等。見式文〉。中務式云。凡親王以下。次侍従以上。欠追儺陣者。不預元日節禄。論語第五巻。郷党篇曰。郷人儺。朝服而立於阼階〈孔安国曰。儺。駈逐疾疫鬼也。恐驚先祖故。朝服立於廟之阼階也〉。」

『公事根源』
「追儺。三十日。けふは儺やらふ夜なれば、大舎人寮鬼をつとめ、陰陽寮祭文をもて、南殿の辺につきて読む。上卿以下これを追ふ。殿上人ども御殿の方に立ちて、桃の弓葦の矢して射る。仙華門より入つて東庭をへて、瀧口の戸に出づ。今宵御前に燈を多くともす。東庭、朝餉、台盤所の前の砌に、燈台を隙なく立てゝともすなり。追儺といふ事は、年中の疫気を払ふこゝろなり。鬼といふは方相氏の事なり。四目ありて、恐ろしげなる面をきて、楯戈をもつ。又侲子とて、廿人紺の布衣着たるものを率して、内裏の四門をまはるなり。慶雲二年十二月に始まる。此の年天下百姓、多く疫癘になやまされ侍りし故なり。」

通過儀礼

人が生きていく上で、節目節目の冠婚葬祭は大切なこと。

医療が発達していなかった時代、子どもの健康と成長の喜びは現在よりもはるかに大きかったことでしょう。人生折々の通過儀礼を重んじる心は、日々を大切に生き、生かされていることへの感謝と感動に他なりません。

誕生

出産（しゅっさん）

昔の出産は、現代よりもはるかに危険で命がけでした。一条天皇の皇后・定子をはじめ、数多くの女性が出産に関わるトラブルで命を落としています。

妊娠が明らかになると、出産が平らかであるように、さまざまな祈願・おまじないの日々が続きました。

祈願

藤原道長は娘・彰子の妊娠を聞くや、効験（こうげん）があると噂のある大勢の僧を集めました。また『左経記』の万寿三年（一〇二六）の記事には、三条天皇の中宮・妍子の妊娠に、伊勢・八幡・賀茂上下・平野・春日・稲荷・住吉の各社で祈願の読経を捧げ、道長は毎日二十巻の写経を続けたとあります。出産の無事は心からの祈りでした。

さまざまなおまじない

『紫式部日記』には出産当日、世にある限りの陰陽師（おんみょう）を集めて「うちまき」をする光景が描かれています。産室に米をまくことで、邪気を追い払う効果があると信じられたのです。また出産後の後産がなかなか降りないときは甑（こしき）を落として割るなど、さまざまなおまじないがありました。

無事に出産後、御湯殿の儀式の際に破邪の効果があるとされたのが、弓の弦（つる）をびゅんびゅんと鳴らす「鳴弦（めいげん）」。そして博士が『孝経』などの漢籍を読み上げる「読書」が行われました。

天児（あまがつ）

新生児の枕元には「天児」という人形を置きます。『源氏物語』（若菜上）には「稚児うつくしみたまふ御心にて、天児など、御手づから作りそそくりおはする」とあり、紫上が、明石女御の産んだ東宮の御子のために、天児を手作りしています。諸々の災いが新生児ではなく天児に乗り移るように願うのです。

天児（朝香宮家旧蔵）

文献

『九暦逸文』（藤原師輔・平安中期）
「天暦四年五月廿五日。中使蔵人中務丞信孝来、問夜来動静、令申息所腹中痛悩之由、参議右衛門督〈師氏〉、大蔵卿保平、大宰大弐〈随時〉、右大弁等参問、巳二剋供朝御浴、文章博士三統宿祢元夏読古文孝経、鳴弦者五位六位各六人、申剋夕御湯殿、読書鳴弦如朝、以民部大輔橘好古朝臣息女為副乳母、元是奉仕故殿者也。」

『紫式部日記』
「おんやうじとて、世にあるかぎりめしあつめて、やほよろづの神も、みみふりたてぬはあらじと見えきこゆ。（中略）うちまきの、雪のやうにふりかかり……」

『源氏物語』
「乳母の少将とて、あてやかなる人ばかり、御佩刀、天児やうの物取りて乗る。人だまひによろしき若人、童女など乗せて、御送りに参らす。」

幼少

産養・五十日祝

うぶやしない・いかのいわい

乳幼児死亡率が非常に高かった時代、新生児の日ごとの健やかな成長は切なる願いでした。誕生当夜から祝いが始まり、その日から三・五・七・九の奇数日ごとに親類縁者を集めての祝宴が催されました。これを「産養」と呼びます。

五十日祝(『紫式部物語繪巻』*)

宇治の中君(なかのきみ)の産養

『源氏物語』(宿木)では中君の産養を逐次説明しています。まず三日は内々の私的な宴。五日は薫大将から数多くの食事と乳児の衣類として五重の「御衣」や「御襁褓(おむつ)」などが贈られ、これは華やかな宴です。七日は中宮主催の公式な産養で、多くの公卿や殿上人が集まり、匂宮の父である帝からも魔除けの刀が下賜されています。九日は大殿・夕霧からの宴。夕霧は娘婿である匂宮の別の女性の産養ということで複雑な心境でした。

『紫式部日記』における寛弘五年(一〇〇八)敦成親王の産養主催者は、三日が中宮職、五日が藤原道長、七日が朝廷公式、九日が春宮権大夫・藤原頼通です。『栄花物語』(つぼみ花)でも「御産養、三日夜は殿せさせ給。五日夜は宮司、七日は公より、九日は大宮よりぞせさせ給べかめる」と同じような流れを示しているように、七日の産養は公式行事だったのです。

五十日祝

誕生後五十日を迎えればひとまず安心です。そこでひときわ華やかな饗宴が開かれました。寛弘五年九月の五十日祝について紫式部は「小さき御台、御皿ども、御箸の台、洲浜なども、雛遊びの具と見ゆ」と、幼き皇子の食膳を描きます。『小右記』では同じ祝について、皇子が始めて餅を食べたとあります。

『御堂関白記』の寛弘七年一月の記事にも敦良親王御五十日で道長が用意した餅を乳母の橘三位が皇子の口に含ませています。これが「五十日餅」と呼ばれる儀式です。

この次が「百日祝」。ここまで来ればひと安心と、一連の行事はここでひとまず終了するのです。

文献

『御堂関白記』

「寛弘五年九月十三日庚午。土成、庁官奉仕御産養。」

『小右記』

「寛弘五年九月十五日　内府深更参入、未知其由、満座傾奇、今日産養左府所営(中略)御厨子二脚〈白木〉六位舁之。御台盤六脚〈浅香歟。有螺鈿〉。銀馬頭盤。御膳皆盛銀器。御飯銀笥。」

「寛弘五年十一月一日戊午。日没許参后宮。今日皇子五十日〈昨満五十日、而日不宜、仍今日有此事〉。(中略)於東対有卿相并殿上人饗、如御産時。戌剋皇子初聞食餅云々。」

幼少

真菜始（まなはじめ）

幼児が無事に成長して、五十日餅の次の「お食い初め」は、魚を始めて食べる「真菜始」（魚味始）と呼ばれる儀式です。「真菜」は魚のことです。

真菜始をする時期

『御堂関白記』には寛弘七年（一〇一〇）八月十九日に敦良親王の「御真菜御食」が延期になった、と記されます。このとき敦良親王は生後九カ月あまり。『中右記』には長治元年（一一〇四）八月の東宮（鳥羽天皇）の「食魚味」が載りますが、これも生後約七カ月のことです。

このように早い時期に行った真菜始ですが、『玉葉』（九条兼実）の承安五年（一一七五）の「姫君有真菜事」では、「真菜始は生後二十カ月で行うといわれるが、承暦年間に二十五カ月の例もあるので当家はそうした」としています。満二歳ならば実質的な意味での「真菜始」になったことでしょう。

室町時代には百一日、江戸時代には百二十日に行われました。平安中期のような形だけの儀式に戻って今日の「お食い初め」につながっています。

犬字奉書

鎌倉初期以降、子どもの額に犬と書く「犬字奉書」という風習がありました。『玉蘂』（九条道家）には承久二年（一二二〇）のこととして、皇太子の真菜始の翌朝、右大将が「犬字」を書いた、とあります。

これは子どもに狐が取り憑かないおまじないであるとか、夜泣き封じであるとか諸説あり、よくわかっていません。

現代でもお宮参りに際して子どもの額に文字を書くのは、この犬字奉書から来ているとも考えられます。

鯛鰭（たいひれ）

魚味の代表的な料理に「鯛鰭」があり、天皇の食膳にもよく登場します。これは鯛の汁物ですが、鯛の身に胸びれを差し込んで「新鮮な鯛を一匹使った」ことを象徴するための装飾でした。

鯛鰭吸物

文献

『御堂関白記』
「寛弘七年七月二十一日戊戌。定若宮可御真菜御食日雑事、初作御器、来月十九日。」

『中右記』
「長治元年（一一〇四）八月十一日。（中略）今日依吉日東宮初聞食魚味。土御門亭東対代廊為東宮殿上、大盤上兼居饗饌（小大盤一脚。長大盤一脚。依不足以日記唐櫃蓋続居之也）。」

『玉葉』
「承安五年（一一七五）七月廿日 姫君有真菜事。俗諺云、当廿月食之云々。而先例必不然。承暦廿五ヶ月有此事（当生月）。仍両童逐此例。」

『玉蘂』（九条道家・鎌倉前期）
「承久二年（一二二〇）四月十六日。（中略）斯日、皇太子始供魚味。（中略）天明之後、右大将依可奉書犬字。不可供奉行啓之故也。」

幼少

着袴（ちゃっこ）

それまで着流し姿で紐付衣を着ていた幼児が始めて袴をはく儀式が「着袴」もしくは「袴着（はかまぎ）」と呼ばれる儀式です。

鎌倉時代頃まで女子も袴をはくのが一般的でしたので平安時代は男女ともに行われ、満二〜五歳頃の適切な年齢で、吉日を選んで行われました。

着袴の腰結（こしゆい）

藤原道長の娘・彰子は、藤原定子が入内した正暦元年（九九〇）に着袴をしていますが、このときわずか満二歳です。朱雀天皇の唯一の皇女・昌子内親王も同じく満二歳で着袴をしていますが、これは父朱雀上皇が亡くなり、兄・朱雀上皇から譲位された村上天皇が、幼くして両親を失った姪の昌子内親王を盛り立てようと行った着袴で、紐を結ぶ「腰結」の役を天皇自ら行っています。腰結は後見人であり、関係者の中で最も高位の人が担当しました。

袴の少年と紐付衣の幼児（『法然上人伝』＊）

深曽木（ふかそぎ）

乳児時代に剃っていた髪を生やすことを「髪置（かみおき）」と呼びます。『後水尾院当時年中行事』によれば、江戸前期には二歳で行い、小松に山橘（ヤブコウジ）、熨斗鮑（あわび）などをつけた祝儀物を飾りました。その後、髪が伸びて五歳（女子は四歳）で初めて髪を切ります。それが深曽木で、いずれも成長の証しの儀式です。

この儀式で風変わりな風習は、碁盤から飛び降りるというものです。皇子は後ろ裾の短い狩衣（かりぎぬ）「半尻（はんじり）」、皇女は短い袿（うちぎ）の「衵（あこめ）」を着用し、吉方に向かって碁盤の上に立ちます。鴨川の青石二つを両足で踏むと、大臣が髪の末を削ぎます。手には横目扇（よこめおうぎ）と祝儀物の小松を持ち、吉方に向かって飛び降りるのです。

なんとも不思議な風習ですが、これは天界から地上に飛び降りて「この世の人」になったということを表しているとも言われます。

文献

『吏部王記』

「天暦六年（九五二）十一月廿八日。昌子内親王初服袴、主上親結腰給。其膳物従御厨子所弁備之。朱漆台四本、以銀器備膳、同小台二本、以銀土器代備菓子。親王家献烏犀御帯一腰、書法四巻。朱雀院并殿上男女官饗。其侍臣十余人召弘徽殿南廊、給酒肴。中宮職給禄。」

『小右記』

「正暦元年十二月二十五日丙寅。除目、土用。今夜右衛門督女児着袴云々。」

「長和二年（一〇一三）八月十日。（中略）招右京権大夫（賀茂）光栄重問可移西対日并小児着袴日時、云、十一月十六日最吉日。其外無吉日者。」

『御堂関白記』

「長和四年（一〇一五）四月七日、丙辰、天晴。此日姫宮（禎子内親王）御着袴。（中略）王卿着座後賜衝重。次供御膳前物。立酒台。件物権大納言（頼通）奉仕也。作沈山栽木、其上盛物六本、酒〈具〉作蓬莱山、居瑠璃壷・盃等。」

成人

着裳

ちゃくも

後ろに曳く裳（『春日権現験記』＊）

女子の成人式にあたる儀式が「着裳」です。裳は正式な装束（いわゆる十二単）を着用するときに、腰から後ろに長く曳くひだのある衣類です。これを身につけることが成人女性の証しだったのです。

着裳の時期

平安中期を見ますと、長保元年（九九九）藤原彰子十二歳、寛仁三年（一〇一九）藤原嬉子十二歳、治安三年（一〇二三）禎子内親王十一歳、長暦元年（一〇三七）章子内親王十二歳と、十一〜十二歳の例が多いようです。

結婚が決まる、あるいは結婚準備ができていることを示すために着裳をすることが多かったのでしょう。『小右記』の治安三年六月の記事に「先着裳、後相次可相定事也」とあるように、結婚の前に着裳を済ますことが求められ、章子内親王は着裳をした日の夜に東宮・親仁親王の妃となって内裏に入っています。

そのため結婚・結婚準備が遅くなると着裳が遅れることもありました。『源氏物語』では玉鬘が二十三歳、六の君が二十歳を超えて着裳をしています。

腰結

着袴もそうでしたが、裳の腰（紐のこと）を結ぶのは後見人という位置づけで、高位の者があたりました。長和元年（一〇一二）の、道長の娘・威子の着裳の腰結には道長本人があたり、治安三年の禎子内親王の腰結役は、伯母である太皇太后・彰子が務めています。

初笄

着裳の際には白い装束を着用し、正式な髪型に結いあげる「髪上」をしました。そのため着裳は「初笄」とも呼ばれます。

初笄は古代中国の女子の成人式のことで、『新儀式』に「内親王初笄事」の規定があったり、『続日本後紀』の承和十四年（八四七）に「親子内親王初笄」とあるなど、平安中期まではこちらのほうが儀式の中でメインイベントでした。しかし十一世紀に入って垂髪が一般的になると、髪上は次第に形式的なものになってしまいました。

文献

『小右記』
「治安三年（一〇二三）四月一日　今日無品禎子内親王於太后宮（藤原彰子）〈上東門院〉有着裳事。申時皇太后（藤原妍子）禎子内親王同車度給太后宮。（中略）禎子着裳剋限〈亥二点〉、太皇大后従寝殿可渡給。結給裳腰還時、皇太后・禎子内親王可被候御還。」

『新儀式』
「内親王初笄事　内親王初笄之儀、撤昼御座、鋪二色綾毯代、立大床子、〈用所、〉各放北御障子、額間鋪錦端畳四枚、其上鋪地敷二枚并茵為親王座、〈地敷茵、用本家、或不放御障子、南第二間鋪親王座、又結鬢等座在其西、〉東辺置理髪調度、唐匣等西辺鋪茵為結鬢座、〈東面、〉」

鬢削・月見

びんそぎ・つきみ

女子の成人儀礼として、左右側頭の「鬢」を短く切る「鬢削」があります。長暦元年（一〇三七）のことを描いた『栄花物語』（暮まつほし）には、後一条天皇の皇女である章子内親王（十二歳）と馨子内親王（九歳）姉妹の鬢削が描かれ、「殿ぞ削ぎ奉らせ給ふ」と、関白・藤原頼通が削ぎ役を務めています。

　このように、削ぎ役は父親や着裳の腰結と同じように後見役、有力者、または婚約者が務めたといわれます。章子内親王はこのあとただちに皇太子・親仁親王と結婚していますが、馨子内親王が結婚するのは永承六年（一〇五一）二十三歳のことです。

　ここで鬢削をしたのは、彼女が幼いながらも賀茂斎王を務めていたからかもしれません。斎王は幼くまだ着裳の儀式をする前でも裳唐衣を着用すると『左経記』（源経頼）の長元四年（一〇三一）の記事にあります。

鬢削ぎの髪型（『春日権現験記』＊）

調髪としての鬢削

もちろん通常恒例の調髪としての髪削もありました。『源氏物語』（葵）には「御髪の常よりもきよらに見ゆるをかきなでたまひて、『久しう削ぎたまはざめるを、今日は吉き日ならむかし』とて暦の博士召して、時問はせなどしたまふほどに」とあり、吉日を選んで調髪したことがわかります。

　そして削ぎ終わると髪が長く生えるように「千尋」と唱え、ふさふさとした海藻「海松」にからめた歌を詠んだりもしました。

はかりなき千尋の底の
海松ぶさの生ひゆく末は
我のみぞ見む

脇ふさぎ・袖留・月見

近世は、鬢削などの成人儀礼は男女ともに十六歳の六月十六日に行う行事となりました。この日から男子は衣の「八つ口」を縫いふさぎ、男女ともに振袖をやめて普通の袖丈にしました。そのため「脇ふさぎ」「袖留」などとも呼ばれます。

　またこのとき大きな饅頭に穴を開けて月を見る儀式をしたため「月見」とも称されました。

文献

『栄花物語』
「御服果てゝ、一品宮（章子十二歳）・斎院（馨子九歳）の御髪削がせ給。殿ぞ削ぎ奉らせ給ふ。色々の菊の御衣の上に白き唐綾奉りて、一品宮のおはします。いとけ高く華々とめでたくおかしげにおはします。御髪のかゝりなど絵に書くとも筆も及ぶまじ。斎院のいと児めかしくらうたげにうつくしうおはしますを、様々に有難く見奉らせ給ふ。」

『左経記』（源経頼・平安中期）
「長元四年（一〇三一）十二月廿一日（中略）毎月朔日参殿料裳唐衣無定。今只随候由。又雖幼稚程、必着裳唐衣。年齢到着裳期之時、任例着裳云々。」

成人

元服（げんぷく）・初冠（ういこうぶり）

女子の「着裳（ちゃくも）」に相当する男子の成人式が「元服」です。初めて頭に冠を被るので「初冠」「加冠（かかん）」とも呼ばれます。

非常に重要な儀式ですので、村上天皇時代の儀式書『新儀式』では、天皇・皇太子・親王・源氏皇子・殿上小舎人（てんじょうのこどねり）の元服についての諸儀式を細かく規定しています。

冠

朝廷での正式なかぶりものが冠で、成人男性は冠なしでは内裏に入れません。逆に子どもは冠をかぶることができず、左右の耳の横で髪を束ねる「鬟（みずら）」を結っていました。成人の儀式はこの鬟をやめて、頭頂に髪を結い上げて「髻（もとどり）」を作り、冠をかぶるものです。未成年の天皇や皇太子は「空頂黒幘（くうちょうこくさく）」と呼ばれる羅の額当を用いて儀式に臨みました。

空頂黒幘天皇

空頂黒幘東宮

（『冠帽図会』）

儀式の実際

元服する年齢は十四～十六歳くらいが普通でしたが、平安後期頃から政治上の事情などで若年齢化してゆきます。日程は一月三日に行われることが多くなりましたが、その場合の祝宴は「元三（がんざん）」の饗宴の一環として行われたようです。

儀式は「理髪」役が鬟を解いて「箏刀（たかんな）」で髪を切り、鬢（びん）を掻き上げて髻を結います。そこに「加冠」役が冠をかぶせます。髻を冠の「巾子（こじ）」と呼ばれる筒

文献

『新儀式』

「天皇加元服事天皇将加元服、前一年、執政大臣行事、先仰蔵人頭等、令内匠寮作物□（司カ）設御調度、予定吉日、前十余日、遣使於伊勢大神宮并陵廟、告以天皇明年正月可加元服之状、蓋唐礼将冠告于円丘方丘及宗廟之故也、〈天皇加元服、在正月七日以前、貞観元慶承平例也、仍遣使伊勢大神宮、皆在前年十二月上中旬、又遣使三四陵、多是荷前使、更以宣命有被付奉、但水尾大内山等雖無荷前使、別差参議一人五位一人被申事由也、〉当日早朝、所司設御座於紫宸殿御帳之内南、〈案、晋礼設大床、唐礼鋪筵席、貞観元慶之例依唐礼設平鋪、今案、土敷上加御茵、〉御座之北隔以屏風、又設御座及儲御櫛服御等物、又南廂之西第三間設酒饌等、〈設白木八足机三前、就中二前居御酒具、一前居八足小机、二前居御酒肴類、唐礼設脯醢、今代以乾鯛鯛醤、並用陶器、其上覆以白細布、小机敷布、〉又設洗器於殿東西壇上、〈盛匜盥、案上各加手巾、主水官人分立案下、但内蔵官人立手巾、主水官人候洗手、〉先此式部置親王以下行立之位、其時皇帝於南殿北廂内奉調御髻、訖皇帝着空頂黒幘、服欽掖御衣、出着於御座、太政大臣及大臣出自庭中再拝、〈其立所如内弁大臣、今案、唐礼大師大尉、馳道東設北面西上位、〉太政大臣西度、詣西壇洗器之下盥手、昇自西階、東面而立、大臣詣東壇洗

状の部分に挿し入れ、左右から簪(かんざし)を挿して頭に留めました。

加冠は有力者が務め、「冠親(かんむりおや)」と呼ばれて生涯にわたって後見人となります。「冠者(かじゃ)」（成人者）はここで一度下がり、儀式膳が用意されます。白布を敷いた西の机には高さ三寸に積み上げた「平切干鯛」と、高さ二寸の「鯛醤(たいびしお)」。東の机には箸と匙を載せた「箸台」を置きました。

ここで冠者が成人用の装束に着替えて再登場し、「醴(ひとよざけ)」を飲んで儀式は終了。その後は祝宴です。

元服を終えますと幼名を卒業して大人の名前を名乗ります。また上級貴族の子弟は元服と同時に位階を授けられ、禁色聴許（一般に禁止されている色彩の衣類の着用許可）が与えられるのが通例でした。

皇室の成年式

近代以降の皇室の成年式も古式を再現する形で行われています。無位を表す薄黄色・雲鶴文の闕腋袍(けってきほう)（子どもは活動的なので武官のように脇が縫われていない袍を着る）に空頂黒幘を額に当てた姿で儀式が始まり、加冠していったん退下。当色（皇太子ならば黄丹(おうに)・窠中鴛鴦文(かのなかにえんおう)、親王・王なら黒・雲鶴文）の縫腋袍(ほうえきほう)に着替えて再登場し、天皇に挨拶をします。

垂纓冠（『冠帽図会』）

烏帽子親

武家は冠をかぶる機会が少なかったので、略式のかぶりもの「烏帽子(えぼし)」をかぶる儀式を元服の儀礼としました。加冠役は「烏帽子親」という後見役になるのは公家の「冠親」と同じですが、命がけの武家はその「親子」の絆も強かったようです。

平安後期を描いた『源平盛衰記』には「遠藤三郎、滝口遠光と云者呼寄て元服せさせて烏帽子子とす。父盛光が盛を取、烏帽子親遠光が遠を取て盛遠と名を付、父が跡を追て、上西門院の北面に参、遠藤武者盛遠とぞ云ける」とあり、名前の一字を贈られて「烏帽子名」を名乗ることが行われたことがわかります。

器之下盥手、昇自東階、詣屏風東頭、受御櫛箱。」

『西宮記』
「空頂黒幘　其形如末額、中高有花形、冠工新所裁之。天皇及太子元服之時着之、御帳中之後、改替例御冠。」

『左経記』
「寛仁二年（一二四四）正月三日丁酉。天晴。参内。申二剋有御元服事。加冠大殿。理髪摂政殿。剋限着童御装束并結童髪。出御南殿小廂。即理髪。訖結幘。天禄着巾子云々。此度有定不着給。出御南殿帳。大殿并摂政殿自陣座方進出庭中再拝。列立間。摂政殿輦車立給。拝訖大殿還入間。摂政殿屈立。訖各昇自東西階脱靴。加冠理髪皆如先例。内侍御冠入筥蓋持出。大殿取御冠入櫛箱。謂唐櫛匣筥也。内侍持出時不加台。事訖遷御大宮御方。御拝舞了還御所殿間。上達部殿上人等有御遊。次賜禄。納言以上御衣。参議大褂。殿上人疋絹。又自大宮有禄。大臣女装束。納言綾細長袴。参議小褂袴。殿上人疋絹。次殿上元服童一人召南庭。拝了給禄。次勧学院元服者五人□（列？）同庭拝舞。訖大臣於御前問名并文名等。事両給禄。次上下退出。」

婚礼

聟執(むことり)

平安時代の結婚は、政治上の関係から親が決めることもありましたが、平安中期までは男性が女性を訪ねる古代以来の「妻問婚(つまどいこん)」形式も普通に行われていました。

三日夜餅
(撮影協力：西陣魚新)

平安時代の結婚

妻問婚は、姫の噂を聞いた男が手紙を贈ることから始まり、しばしの文通の後に男が姫の元に通います。このとき姫の親が男の沓(くつ)を抱くという風習がありました。

三日通うと結婚が成立したものとされ、聟(むこ)と舅(しゅうと)が顔を合わせる「露顕(ところあらわし)」と呼ばれる宴を開催しました。このとき聟は婚家が用意した烏帽子(えぼし)と狩衣(かりぎぬ)を身につけます。これは当時の貴族にとってはラフな内々の姿でしたから、聟が家族の一員となったことを意味します。

またこの露顕の席で、聟に餅を食べさせます。これは婚家の火で調理した餅を食べさせることで聟を一族の仲間と認めるという、古代の遺風です。

文献

『小右記』
「天元元(九七八)年四月十日。左大臣(頼忠)一女遵子入内。十二日、始参上。殿下同参。餅四種盛銀盤。同盤置同銀箸。餅上置心葉〈有組〉。納蒔絵筥〈置一口〉。覆蓋令持候殿下御共。殿下伝取付加賀典侍令奉之。頗有恐詞。未及暁更、殿下退下。姫君暁更退下。」

『為房卿記』(藤原為房・平安後期)
「寛治五(一〇九一)年十月二十五日庚辰、今日四宮(篤子)入内。(中略)十一月二日丙戌。今日午後殿下令参院給、次御参内。兹夜被供三夜餅〈去月二十七日当三夜。而道言依申可忌厭対日之由及今日。先例或不忌日次〉。宮昇給之後被供之、民部卿〈経信〉被調献〈銀盤三枚盛小餅、銀箸並洲浜鶴一双、翼上納紫壇地筥、体如小硯筥、有織立鶴食松枝、幷玄鳥等螺鈿歟〉。三位中将殿令持件筥給。殿下入自夜御殿東戸給〈開蓋〉令供奉給。主上合眼餅三枚給〈三坏上各一枚〉。次返給。被奉宮御方、被納二蓋御厨子云々。」

『江家次第』
「執聟事〈近代例〉聟君解装束掩衾(中略)次供餅、銀盤三枚〈有尻各盛小餅〉、加銀箸台、銀箸一双、木箸一双、件箸台多作鶴形。已上居紫壇地螺鈿筥蓋。件筥蒔螺鈿云々。多令夫婦年久、子孫繁昌者

一 二 三 四 五 六 七 八 九 十 十一 十二 通過儀礼

三日夜餅（みかよのもちい）

平安後期になると純粋な意味での妻問婚は減りますが、聟に餅を食べさせる「三日夜餅」は形式化してのこりました。『江家次第』に記される三日夜餅は、銀盤三枚に小さな丸餅を載せて供されます。餅の数は「姫の歳の数」という説もありますが、婿はすべてを食べきらないこととされました。

そして銀製の箸台に銀の箸一双、木の箸一双を置きました。箸台は螺鈿（らでん）細工でつばめが描かれた紫檀（したん）の台の上に、銀で鶴をかたどってあると記されます。

島台（しまだい）・羽盛舟盛（はねもりふなもり）

結婚の形式は時代とともに大幅に変わりましたが、儀式の要所には古式がのこされました。

室礼の飾り物としては、まず「島台」があります。これは洲（す）浜（はま）形の上に松の造花を置き、鶴などで飾ったものです。『御堂関白記』の長和四年（一〇一五）の禎子（ていし）内親王着袴の記事に「作沈山栽木、其上盛物六本、酒〈具〉作蓬莱山、居瑠璃壺・盃等」とあるように、島台（蓬莱山）は祝儀の盃台でした。

のちに、婚儀では「島台」、他の祝儀の場面では「蓬莱（ほうらい）」と呼ばれるようになります。

祝儀のごちそうには鳥と海老の姿盛「羽盛・舟盛」がありました。江戸中期の『故実拾要』には「都テ堂上諸家中、年始并婚姻・元服・拝賀等ノ祝義、酒肴ノ時ハ、硯蓋ニ雉子ノ羽盛、海老ノ舟盛等ヲ用ル事也」とあります。本来は本物の豪華食材を並べたのですが、近世以降では飾りとして作り物が用いられるようになります。

羽盛舟盛

島台

作之。又令儲件餅、聟公食餅三枚〈不食切云々〉。件陪膳、是男陪膳也。」

『後拾遺和歌集』（藤原通俊・一〇八六年）
「三条太政大臣のもとに侍ける人のむすめを、忍びてかたらひ侍けり。女のおやはらだちて、むすめをいとあさましくつみけるなどいひ侍りけるに、三月三日、かのきたのかたの、三夜のもちいくへとて、いだしけるによめる。藤原実方朝臣
みかの夜の　もちいはくはじわづらはし
きけばよどのに　ははこつむなり」

『河海抄』
「亥子餅は色々也。三日夜餅は白一色なれば、かずかずにはあらでと云也。いまいましき日とは重日を忌也。（中略）亥子の次日なれば、子の子と惟光が当座に申たる也。ふるくよりの名目にはあらざる歟。（中略）一説云。三日夜餅は女の年の数を調進する也。紫上十四なれば、十をば置てその余を四といはむをいむ心ちに、三が一といはれたるか。もとより員数さだまりたる物ならば惟光いくつかと尋申べからず。紫上の年齢を惟光しらざる故也。待賢門院御入内三日夜餅記〈徳大寺左府記云々〉紫檀筥文鶴丸摺貝銀小器三に白色の餅のまろきを御歯固の物具盛たるやうに、三に同様にうつくしく盛之。御箸の台は銀にて洲浜を作て鶴の立たるに御箸をくはへさせて、御所あらはしに被取出也。」

出世

任官祝（にんかんのいわい）

平安時代、位階を持っていても官職に就けなければ「散位（さんに）」と呼ばれ、権限もなければ経済的収入もごくわずか。そこで貴族たちは地位のある官職に就くことを願い、首尾良く就任できた場合は親類縁者を集めて祝宴を開きました。

任大臣の大饗（たいきょう）

平安時代、大臣の地位は現代と比べてはるかに高く、宮中での席次は親王よりも上位とされましたから、大臣に任命されることは特別に重要でした。平安中期の『新儀式』には公式行事として「任大臣」の項目があり、儀式の方法を詳しく載せています。

これを「大饗（だいきょう）」と称するには天皇の許可が必要です。年中行事の正月大臣大饗と異なり、略式の大饗ではありますが、新任であるだけに喜びも大きく、ごちそうが並びました。

任大将の焼尾荒鎮（しょうびこうちん）

左右近衛府の大将（だいしょう）に任命されることが「任大将」。文官の頂点が大臣なら武官の頂点は大将ですから、これも特別な意味を持ちました。

このときの新任祝賀の宴会には部下を招待し、これは「焼尾荒鎮」と呼ばれます。古代中国由来のもので、遅くとも平安前期から始まっています。

『日本三代実録』によれば、貞観八年（八六六）に「焼尾荒鎮」はエスカレートしやすくトラブルの元として禁止されます。しかし八年後、六衛府長官初任時に一度だけ宴会を許可するとされました。文官と違って命がけで部下と辛苦を共にする武官には、コミュニケーションのための酒宴が必要だというのです。

職場の人間関係を宴会で形成するという日本人の慣習は、想像以上に古いものです。

武官の酒宴［賭弓］（『年中行事絵巻』＊）

文献

『日本三代実録』

「貞観十六年（八七四）九月己亥十四日。（中略）其二應許六衛府長官初任時一度饗宴事。謹案新格。諸司諸院諸家所々之人。焼尾荒鎮等。惣當禁斷。今以爲。衛府長官。職掌異於文官。欲其選練武衛。与士卒共甘苦。而初任之日。聊無饗會。何能閲彼庸旅之面。成其凫藻之心。」

『定家朝臣記』（平定家・平安中期）

「康平三年（一〇六〇）七月十七日癸卯、大饗料理次第。納言以下、菓子二種〈梨栗〉、干物二種〈干鳥蒸蚫〉、生物二種〈鯉雉代鱸〉、窪坏物〈海月保夜代鮎児膾〉。一献上〈立主人机〉。二献。三献〈飯次〉小鳥焼物、四献〈鳥羹鴿〉。次鶏頭草〈茎立代〉。次鮎焼物〈裏焼代〉。五献〈瓜菱 若栗 淡柿已上、粥甘栗代〉。次水飯〈湯漬代、立后大饗召之〉。」

『増鏡』（不詳・南北朝時代）

「其の二十七日に任大臣の節会行はる。左大将経忠、右大臣にならせ給ふ。内大臣冬教、左にうつり給へば、右大将実衡内大臣になさる。又の日やがて右大臣殿、大饗行ひ給へば、尊者には内大臣参り給ふ。」

出世

直衣始

のうしはじめ

束帯［左］と冠直衣［右］（『弱竹物語』＊）

上級貴族の普段着は直衣です。上着の「袍」は束帯のそれと形状は同じですが、束帯の袍が位階により色彩が定まっている「位袍」であったのに対して、直衣の袍は色彩自由な「雑袍」でした。ただし平安中期には夏は二藍、冬は白（裏地は夏の色）と固定化し、年齢によって色彩を変えるようになります。

雑袍聴許

参内して仕事をするときには「位袍」を着用するのが原則でした。しかし天皇の特別な許可「雑袍聴許」（直衣の許し）が得られると、普段着の直衣姿で参内することを許されるようになります。その場合は冠をかぶって直衣を着ますので、特に「冠直衣」姿と呼びました。

平安中期以降の四位以上の当色は黒ですから、地味な黒ずくめの中で二藍や白の直衣姿はいかにも目立ち、天皇の寵臣であることを示すステータスシンボルとして最高の効果があったことでしょう。

『源氏物語』（少女）では、まだ六位の夕霧は浅葱色の袍が恥ずかしく出勤拒否。そこで新嘗会の五節を理由に雑袍聴許を受けます。また現実社会でも仁平元年（一一五一）十一月十七日、五節にあたって藤原師長が雑袍聴許を得られていないことを理由に欠勤したと『台記』にあります。

直衣始

雑袍聴許を蒙り、初めて冠直衣姿で参内する祝いを「直衣始」と呼びました。『岡屋関白記』によれば、貞応元年（一二二二）十二月、元服して正五位下に叙された満十二歳の近衛兼経は、侍従に任ぜられます。御礼を申し上げる「慶賀」には通常の位袍を着用しましたが、三日後に「直衣始」の日を迎えました。

直衣の下には濃蘇芳の衣を出衣に着付け、青の単衣。紫浮織物亀甲文の指貫に濃の下袴。実に若々しく華やかな装束での参内ならびに参院でした。

文献

『玉葉』「文治二年（一一八六）十二月九日。荷前擬侍従等定也。（中略）秉燭余著直衣参内。相続内府着束帯参内。余下直盧改着束帯（吉書荒奏着束帯、和奏布袴之由、見保安御記）。」

『作法故実』（三条実冬・南北朝時代）「着直衣揖事。雖直衣之時以笏揖。如大将直衣始類是也。」

『桃花蘂葉』「摂家元服日。禁色事被宣下也。雑袍事、別不被仰之。仍不待勅免着直衣参内。当家代々例也。」

長寿 算賀（さんが）

乳幼児死亡率の高かった平安時代ですが、無事に成人まで達することができれば、あとは疫病にさえ罹らなければ現代と変わらない寿命で、七十歳くらいの貴族はざらにいました。

それにもかかわらず、当時は四十歳から「老人」の扱いとなりました。老眼鏡も入れ歯もない時代ですから、やむを得なかったのかもしれません。

四十歳で「老」を迎え、それ以後は十年おきに祝賀の宴を催しました。それが「算賀」です。『新儀式』では、奉賀天皇御算事・天皇奉賀上皇御算事・天皇賀大后御算事と、こと細かに定められています。

四十の賀

『日本紀略』には延喜六年（九〇六）の宇多法皇、延喜十三年の尚侍・藤原満子の四十の賀の記録がありますが、『源氏物語』（若菜上）での光源氏の四十の賀が有名でしょう。源氏は「過去の例でも四十の賀をした人の余命は短いから」と遠慮がちですが、朝廷あげての行事になります。

このように、老人という扱いになる四十歳からは、狩衣（かりぎぬ）の裏地は白だけになり、表裏の彩りによる「重ね色目（いろめ）」を楽しめなくなります。『餝抄』には、藤原成通が白裏狩衣を見て「衰老前途を失う」と涙を流す光景を描いています。白裏狩衣は年寄りの象徴だったのです。

五十の賀

五十からは賀の例が多くなります。『貞信公記』には御賀とは言わずに「御息災増宝寿」と呼ぶとありますが、古い時代はどちらかといえば法要を営むことが多かったようです。平安後期になると舞楽を楽しみ和歌を詠む会が主体になります。

安元二年（一一七六）、後白河法皇の五十の賀の様子を記した、藤原隆房の『安元御賀記』は有名です。派手好みの後白河法皇ですから、集まる人々の装束も華やかでした。

『たまきはる』にはこのときのことを「安元二年、五十の御賀と言ふ事ありき」と記し、三月四日より六日までの三日間、女房たちは毎日装束を替えて妍（けん）を競ったとあります。

いかにも後白河法皇を祝う会らしい、華やかな様子が目に見えるようです。なお、後白河法皇は宝算六十六で崩御しています。

文献

『日本紀略』
「延喜六年十月廿三日癸卯、法皇〈宇多、四十〉御算賀。」

『日本紀略』
「延喜十三年十月十四日壬午、於内裏、賀尚侍従三位藤原満子四十算。即以神筆給正三位位記。」

『醍醐天皇御記』
「延喜十三年十月十四日。是日於西方賜尚侍藤原朝臣四十算賀。未刻撤西庇障子。簾殿部殿西庇自南四間鋪御座〈西面〉。第五間鋪尚侍座〈南面〉。」

『扶桑略記』
「延長四年十二月十九日壬寅。（中略）勅言『今年当太上法皇（宇多）六十算、欲算賀事。而去年五月、令公頼朝臣有仰旨。伝曰「聞可有奉賀事。更不可行。」仰旨両迴、事趣切至、難違勅命矣』。【已上御記。】」

長寿

鳩杖・尚歯会

はとのつえ・しょうしかい

平安貴族は意外と長命でした。栄華を極めた藤原道長は糖尿病で六十二歳で亡くなりますが娘の彰子は八十七歳、その弟の頼通は八十三歳まで生きました。道長のライバル、藤原実資も九十歳と長命です。しかしさすがに九十過ぎまでというのは珍しかったようで、特別な祝いをしました。

禄を受けた老人（『春日権現験記』＊）

鳩杖

藤原俊成は建仁三年（一二〇三）九十の賀で後鳥羽上皇から特別に「鳩杖」を賜りました。これは古代中国の風習から来たもので、早くも一世紀の『論衡』（王充）には「七十賜王杖。何起著鳩於杖末」とあり、二世紀の『風俗通義』（応劭）にも「故作鳩杖以賜老者」とあります。この故事にならって九十賀で用いられた鳩杖の形状は、竹形で上に鳩が止まり一枝二葉がつけられていました。

なぜ「鳩」なのかは諸説あり、「鳩に三枝の礼あり」という敬老精神であるとか「鳩はむせばない」から老人の誤嚥性肺炎を気遣ったものという説、「劉邦が項羽に敗れたとき、鳩の止まる木の下で難を避けた」故事からなど諸説あります。

尚歯会

入れ歯のない時代は「歯が命」で、高齢者は「尚歯会」を催しました。中国の白居易が会昌五年（八四五）に開催した「七叟尚歯会」という詩賦の遊宴にならい、高齢者七人で行った詩会です。貞観十九年（八七七）に南淵年名が開催したのが第一回で、安和二年（九六九）に藤原在衡が第二回を開催しています。

この時代の最長寿記録は正安四年（一三〇二）に亡くなった「北山准后」こと四条貞子。なんと百七歳の長寿でした。

文献

『風俗通義』（応劭・二世紀）
「俗説。高祖與項羽戦、敗于京索、遁叢薄中。羽追求之時、鳩正鳴其上。追者以鳥在無人。遂得脱。后及即位。異此鳥、故作鳩杖、以賜老者。案。少皞五鳩、鳩民者、聚民也。」

『俊成卿九十賀記』（近衛基通・一二〇三年）
「建仁三年（一二〇三）十一月廿三日丁亥。今日於上皇二条御所被賀入道正三位釈阿九十算。（中略）其北置鳩杖。以銀作之。件杖竹形也。其上居鳩也。有一枝二葉。件葉書和歌。」

『愚昧記』（三条実房・平安後期）
「承安二年（一一七二）三月十九日丁亥。今日清輔（藤原）朝臣行尚歯会云々、於法〔宝〕荘厳院有此事云々、遙雖尋大唐大原之蹤、詞酌小野小町之流云々。七叟者、散位敦頼〈年歯八十三〉・神祇伯顕広王〈七十八〉・祝部成仲〈日吉社司七十四〉・式部大輔永範卿〈七十一〉・右京権大夫頼政〈六十九〉・清輔・江維光朝臣、各衣冠云々。（中略）於永範卿着直衣。抑敦頼朝臣衣冠、薄色指貫、出桜〈唐綾〉衣、携鳩杖着烏皮云々。」

『日本紀略』
「安和二年三月、十三日庚寅、大納言在衡卿於粟田山庄、有尚歯会。七叟各脱朝衣、著直衣指貫。希代之勝事也。」

有職の食材図鑑

『延喜式』等に載る平安時代の食材。
長年の品種改良により、必ずしも古代の再現でない場合もあるが、
可能な限り古式の再現を試みた。
また、読みは原則として『和名類聚抄』に依拠した。

海松（みる）

現代名［ミル（海松）］
Codium fragile

岩礁に固着生育する海藻の一種。房状の姿が縁起が良いとされ、祝儀物や文様にも使われた。古来食用に用いられ、特に神饌（しんせん）には欠かせず現代も新嘗祭（にいなめさい）などで使われる。《使用例》『延喜式』（内膳）供御月料・諸祭雑菜・新嘗祭供御、（大膳）雑給。『執政所抄』臨時客上達部御料・八月十五日粥御節供殿下御料。

紫菜・神仙菜（むらさきのり・あまのり）

現代名［ノリ（海苔）］
Neopyropia tenera など

食用紅藻・藍藻類の総称。『東鑑』には献上された伊豆の甘海苔を頼朝が朝廷に貢進した記事が載るが、『延喜式』（主計）では志摩・出雲・石見・隠岐国から貢納されている。現在の板海苔は江戸時代の考案。《使用例》『延喜式』（内膳）供御月料・諸祭雑菜・正月三節・五月五日節・九月九日節、（大膳）雑給料。

滑海藻・荒布（あらめ）

現代名［アラメ（荒布）］
Eisenia bicyclis

アラメ属の褐藻。ワカメに対して肉厚で荒々しいのでその名がある。天皇の日常菜としてのほか、仏教行事の精進料理に多く用いられた。《使用例》『延喜式』（内膳）供御月料、（大膳）試海印三昧寺年分度者料・安祥寺試年分度者証師六人菜料。『執政所抄』三日京極殿北政所御忌日事僧前。

昆布（ひろめ）

現代名［マコンブ（真昆布）］
Saccharina japonica

コンブ科の褐藻。陸奥国の特産で、同国の人々が苦労して貢納したため「夷布（えびすめ）」とも呼ばれた。非常に貴重で平安時代は天皇周辺のみが用いた高級食材。アワビと組み合わせた「昆布鰒」は近代に至るまで天皇の基本的酒肴とされた。《使用例》『延喜式』（内膳）年料、（大膳）嘉祥寺春地蔵悔過料。

鹿角菜・角俣菜（つのまた）

現代名［フノリ（布海苔）］
Gloiopeltis 属

フノリ属の紅藻。ヒジキのこともされるが、『和名類聚抄』では区別されている。食用のみならず糊（のり）の原料として布地の糊づけ、漆喰壁（しっくいかべ）などにも用いられた。天皇の日常菜のほか精進料理で多用された。《使用例》『延喜式』（内膳）供御月料、（大膳）正月最勝王経斎会供養料・七寺盂蘭盆供養料・仁王経斎会供養料。

鹿尾菜（ひずきも）

現代名［ヒジキ（鹿尾菜）］
Sargassum fusiforme

ホンダワラ属の褐藻。『和名類聚抄』ではこちらをヒジキとする。語源は「隙透藻」から。古辞書『弁色立成』の「六味菜」の字を換えたものか。使用例は少ないが、『日本書紀』（持統）「青飯」の訓がヒシキオホノ、『伊勢物語』に「懸想しける女のもとに、ひじき藻といふものをやるとて」とある。

海藻・若布・稚海藻（にきめ）

現代名［ワカメ（若布）］
Undaria pinnatifida

チガイソ科の褐藻。柔らかく美味な、海藻の代表としての名称。全国各地から大量に貢納され、日常菜のほか諸行事の供膳、諸祭事の神饌（しんせん）にも多用された。発酵食品「豉（くき）」の製造には大豆と海藻を用いた。《使用例》『延喜式』（内膳）供御月料・神今食料・新嘗祭供御料・五月五日節料・九月九日節料、（大膳）雑給料。

大凝菜（こるもは）

現代名［テングサ（天草）］
Gelidium 属

テングサ科の紅藻。そのまま海藻として食べられるほか、古代から「心太（こころぶと）」（トコロテン）の材料とされた。『延喜式』（市司）には食料品店の中に「心太廛」がある。《使用例》『延喜式』（内膳）供御月料、（大膳）正月最勝王経斎会供養料・仁王経斎会供養料、（大蔵）戒壇十師并沙弥菜料。

干鰒（ほしあわひ）

現代名［ホシアワビ（干鮑）］
Haliotis 属

ミミガイ科の大型巻貝の総称。『魏志倭人伝』にも登場し、古代以来最高級の食材とされたのがアワビである。全国からさまざまな形で貢納されたが、主として安房産の「東鰒」と「隠岐鰒」が著名である。《使用例》『貞観儀式』賀茂祭儀・践祚大嘗祭儀、『延喜式』（内膳）供御月料・新嘗祭供御料・五月五日節料。

薄鰒（うすあはひ）

現代名［ノシアワビ（熨斗鮑）］
Haliotis 属

アワビを薄くむいて乾燥させた食材で、若狭・出雲・筑前・日向・壱岐などの国々から貢納された。高級品として贈答にも用いられ、現代の「熨斗（のし）袋」はその名残である。《使用例》『貞観儀式』践祚大嘗祭儀。『延喜式』（内膳）供御月料・神今食料、（大膳）釈奠祭料・勘解由使百度料。『執政所抄』乞巧奠供物。

干蛸・乾鮹（ほしたこ）

素材の現代名［マダコ（真蛸）］
Octopus sinensis

タコは豊富に獲れる美味な食材として弥生時代から日本人に好まれ、平安時代も日常菜から諸祭事・祝事などにも多用された。干蛸は石見・讃岐国から貢納された。《使用例》『延喜式』（内膳）供御月料、（大膳）園韓神祭雑給料・春日祭雑給料。『類聚雑要抄』母屋大饗・聟娶御前物・五節殿上饗。

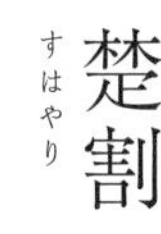

楚割（すはやり）

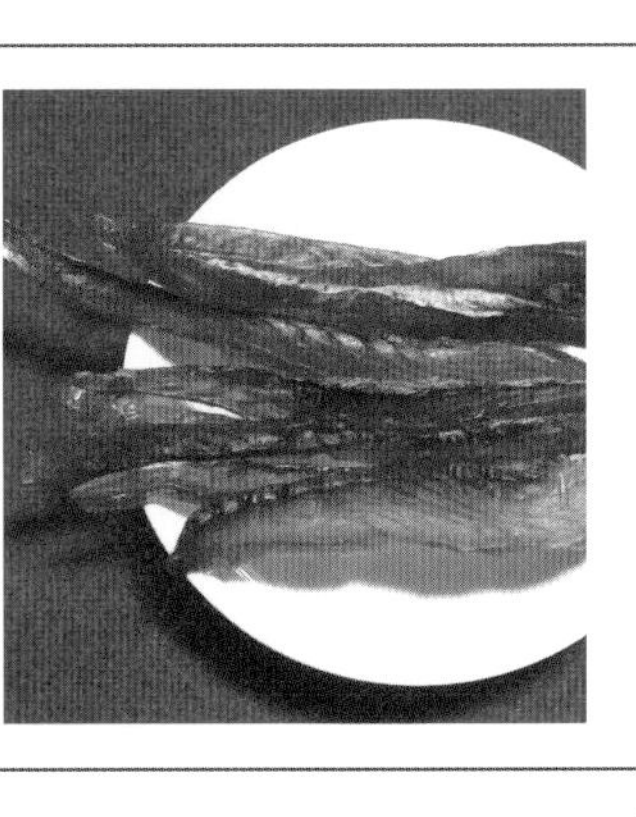

魚肉を細く裂いて干したもの。『厨事類記』には「鮭ヲ塩ツケズシテ、ホシテ削テ供之」とある。『延喜式』には雑魚・鮭・鯛の楚割が載る。鯛は志摩や若狭、鮭は信濃や越中から貢納された。《使用例》『延喜式』（斎宮）月料、（大膳）九月九日節料。『西宮記』内宴。『類聚雑要抄』聟娶御前物・母屋大饗。

火干年魚（ひぼしあゆ）

素材の現代名［アユ（鮎）］
Plecoglossus altivelis

アユは寿命が一年のため「年魚」と呼ばれた。内陸部でも豊富に獲れる川魚のため、京都でも新鮮なアユが入手できたが、膨大な需要に応えるため干物・塩漬け・鮨に加工されたものが全国から大量に貢納されていた。《使用例》『貞観儀式』即位大嘗祭。『延喜式』（内膳）供御月料・神今食料、（大膳）宴会雑給。

鮨年魚（すしあゆ）

素材の現代名［アユ（鮎）］
Plecoglossus altivelis

平安時代の「鮨」は、魚や鳥などの肉を塩と米飯に混ぜ、乳酸発酵させた「なれ鮨」である。保存性が高かったため各種の鮨が作られた。内膳司の「年料」として、伊勢・但馬・美作・播磨・紀伊ほか、多くの国から大量に貢納された。《使用例》『西宮記』正月内宴。『掌中暦』歯固。『類聚雑要抄』大臣大饗。

鮨鮒（すしふな）

素材の現代名［ニゴロブナ（似五郎鮒）］
Carassius buergeri grandoculis

琵琶湖で獲れ、京都で入手しやすいフナは食材として大量に消費された。保存可能な発酵食品である鮨鮒は朝廷の需要が膨大で、内膳司では近江国筑摩厨が年に十石も製造し、美濃国や太宰府からも貢納された。鮨鮒に塩と煎豆を混ぜた「醤鮒」もあり、神今食や新嘗祭をはじめ諸祭の神饌にも用いられた。

熬海鼠（いりこ）

素材の現代名［マナマコ（真海鼠）］
Apostichopus armata

ナマコをからからに干したもの。水で戻して食用とする。アワビと並ぶ高級食材として珍重され、志摩・若狭など七カ国から貢納された。神饌（しんせん）としても尊重されて『皇太神宮儀式帳』に載る。《使用例》『延喜式』（内膳）供御月料、（大膳）神今食・新嘗祭・宴会雑給・平野祭・松尾祭・九月九日節料。

海鼠腸（このわた）

素材の現代名［マナマコ（真海鼠）］
Apostichopus armata

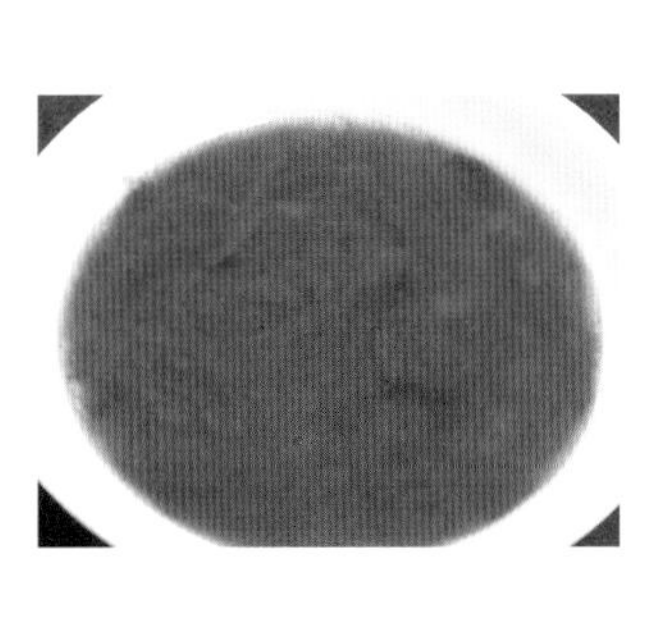

ナマコの内臓の塩辛で、珍味の酒肴として貴族に愛好された。能登一国が貢納国であったが、税の「調」と有料買上の「交易雑物」で大量が京都に送られた。その後各地で生産されるようになり、桶に入れて進物に使った。《使用例》『延喜式』（内膳）供御月料。『御湯殿上の日記』徳川家康より進上。

霊蠃子・甲蠃（うに）

現代名［ムラサキウニ（紫海胆）］
Heliocidaris crassispina

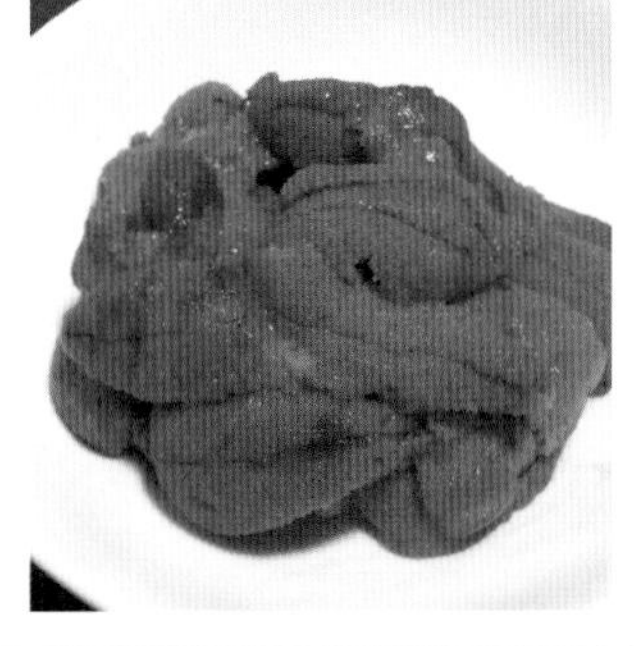

棘皮（きょくひ）動物ウニの生殖腺を食用とする。『本草和名』の「橘に似て丸く甲に紫色のトゲがある」からムラサキウニがポピュラーであったようだ。『延喜式』には見当たらないが『養老令』（賦役令）の「調」に「甲棘蠃六斗」とある。《使用例》『貞観儀式』践祚大嘗祭。『類聚雑要抄』母屋大饗。『二中歴』大饗。

貽貝（いかひ）

現代名［イガイ（貽貝）］
Mytilus coruscus

イガイ科の暗褐色の二枚貝。『養老令』（賦役令）では、貽貝の鮨と後折（塩漬?）が「調」とされている。『延喜式』では三河・伊予から貽貝鮨、若狭国からは『土佐日記』にも載る貽貝とホヤの混ぜ鮨という形で貢納される。この鮨は発酵食品「なれ鮨」である。《使用例》『延喜式』（斎宮）月料。

小嬴子（したたみ）

現代名［キサゴ］ *Umbonium costatum*

ニシキウズガイ科の巻貝、キサゴやナガラミのこととされる。『令義解』では「海細螺」、『類聚雑要抄』では「細螺」と書いて「シタダミ」としており、貝類の同定は難しい。珍しくないはずだが記録は少ない。《使用例》『貞観儀式』践祚大嘗祭。『延喜式』（神祇）践祚大嘗祭。『類聚雑要抄』母屋大饗。

栄螺子（さざえ）

現代名［サザエ（栄螺）］ *Turbo sazae*

リュウテン科の巻貝。「さざえ」の語源は「小さな家」「小さな枝」を意味すると諸説ある。『養老令』や『延喜式』には掲載されていないが、『出雲風土記』（島根郡）に「北海所捕雑物（中略）栄螺」とあるので食用の歴史は古い。《使用例》『類聚雑要抄』母屋大饗。『四条家法式』寛永三年二条城行幸。

蚶（きさ）

現代名［アカガイ（赤貝）］ *Anadara broughtonii*

フネガイ科の二枚貝。『和名類聚抄』に「蛤の丸いもので厚く外に縦横の筋がある」とされていることから『日本釈名』などでアカガイのこととされる。名称は殻ではなく身の色が赤いことから。これは人間同様に血中へモグロビンを持っていることによる。《使用例》『四条家法式』寛永三年二条城行幸。

白貝（おふ）

現代名［ウチムラサキ（内紫）］ *Saxidomus purpurata*

マルスダレガイ科の二枚貝。白貝はホッキ貝とも呼ばれるウバガイ（学名：*Pseudocardium sachalinense*）のことともされるが、『延喜式』（内膳）で尾張国の貢納とされているため、ここでは生息地で判断してウチムラサキとした。アカガイ同様に名称は身の色によろう。《使用例》『類聚雑要抄』母屋大饗。『二中歴』大饗。

大辛螺（あき）

現代名［アカニシ（赤螺）］*Rapana venosa*

アッキガイ科の巻貝。『和名類聚抄』に「一云赤口螺」とあるように、貝の口が赤い。『常陸国風土記』（行方郡）に「藻海松白貝辛螺蛤多生」とあり、『養老令』（賦役令）の「調」の「若輪雑物」に「辛螺頭打六斗」はあるが、『延喜式』には記載が見られない。《使用例》『四条家法式』五三三。

尨蹄子・石花（せ・せっか）

現代名［カメノテ（亀の手）］*Capitulum mitella*

甲殻類ミョウガガイ科の動物で、貝ではなくカニの仲間。食物としての風味もカニに近く美味。岩礁に固着し、亀の手のような蔓脚（まんきゃく）が花に見えるために「石花」と書かれる。《使用例》『貞観儀式』践祚大嘗祭。『延喜式』（神祇）践祚大嘗祭阿波国所献。『台記別記』丹波国司進上。『類聚雑要抄』母屋大饗。

蝙蛄（い）

現代名［ユムシ（螠虫）］*Urechis unicinctus*

ユムシ科の海洋性環形動物。太いミミズが変形しながら蠕動（ぜんどう）するような姿は大変気味が悪いが特別な風味はなく、こりこりした食感を楽しむ珍味であろう。読みが「い」一文字で、漢字も特殊なものであるため、さまざまに誤解されることもある。《使用例》『貞観儀式』践祚大嘗祭。『類聚雑要抄』母屋大饗。

氷頭（ひつ）

素材の現代名［サケ（鮭）］*Oncorhynchus keta*

鮭の鼻頭を薄く削いだもの。氷のような透明感があるのでその名がある。越中・越後や信濃国が鮭の名産地として知られ、氷頭も貢納。『厨事類記』には鮭の盛り方として「皮ヲスキテ、ツクリカサ子テモルベシ。上ニ氷頭〈三枚或五枚〉コレヲモリテ供之」としている。《使用例》『延喜式』（内膳）年料。

老海鼠・保夜

ほや

現代名［マボヤ（真海鞘）］

Halocynthia roretzi

海洋性尾索動物。『厨事類記』にはホヤは「ツクリカサネテモルベシト云々。或説、方ニツクリテモル。或老海鼠醬云々」とあり、調味料にもなった。若狭国から「貽貝保夜交鮨（まぜずし）」も貢納されている。《使用例》『西宮記』内宴。『執政所抄』臨時客上達部御料。『類聚雑要抄』大臣大饗・関白右大臣東三條移。

海月・水母

くらげ

現代名［ビゼンクラゲ（備前海月）］

Rhopilema esculenta

海洋性刺胞動物。こりこりした食感を味わう饗宴の酒肴で、これら珍味類は「窪坏（くぼて）」に盛られる。クラゲにも種類は多いが『延喜式』（宮内）諸国例貢御贄に備前国の貢納とあるので、ビゼンクラゲが用いられたと思われる。《使用例》『西宮記』内宴。『類聚雑要抄』聟娶御前物・母屋大饗・五節殿上饗。

木蓮子

いたひ

現代名［イヌビワ（犬枇杷）］

Ficus erecta

木蓮子にはイタビカズラ（木蓮子葛、学名：*Ficus nipponica*）説もあるが、いずれにせよイチジク属の植物である。食べると甘く美味しい木蓮子は河内国と越前国から貢納されていた。筑前国では諸山と壱岐などの島から産出し、特に美味しい物を選んで貢進した。《使用例》『延喜式』（大膳）諸国貢進菓子。

獼猴桃

しらくち、こくは

現代名［サルナシ（猿梨）］

Actinidia arguta

マタタビ属のツル性植物。キウイフルーツの仲間で甘い野生の果物である。猿が好んで食べるので猿梨と呼ばれる。樹はシラクチカズラと呼ばれ丈夫なため吊り橋の材料にもなった。《使用例》『北山抄』新任饗。『執政所抄』臨時客・粥御節供。『類聚雑要抄』母屋大饗。『厨事類記』皇子御着袴。

干柹（ほしかき）

素材の現代名［カキ（柿）］

Diospyros kaki

カキの正字は「柹」で柿は「こけら」である。カキノキ属の落葉樹。手もかからず豊富に実る柿を干すことで保存性を高め糖度を増した。平安時代、手軽に入手できる甘味料でもあった。《使用例》『延喜式』（内膳）正月三節・新嘗祭・供奉雑菜・漬秋菜料。『類聚雑要抄』庇大饗・五節殿上饗。『公事根源』献御粥。

杏子（からもも）

現代名［アンズ（杏）］

Prunus armeniaca

バラ科サクラ属の落葉樹。中国から渡来したので唐桃と呼んだ。種子の仁が「杏仁」で漢方薬となる。『厨事類記』によれば「移徙（わたまし）」（転居）に際して陰陽師がおまじないに用いる「五果」は、東方が李、西方が杏、中央が棗、南方が桃、北方が栗であった。《使用例》『厨事類記』皇子御着袴。

橘子（たちはな）

現代名［タチバナ（橘）］

Citrus tachibana

『魏志倭人伝』にも登場する日本固有種の柑橘類。『日本書紀』では「非時香菓（ときじくのかぐのこのみ）」とされ、元明天皇が「橘者果子之長上、人之所好」と絶賛したフルーツ。《使用例》『貞観儀式』践祚大嘗祭。『延喜式』（内膳）供御月料・正月三節・神今食・新嘗祭、（大膳）宴会雑給・仁王経斎会供養料。

覆盆子（いちこ）

現代名［クサイチゴ（草苺）］

Rubus hirsutus

現在のオランダイチゴは明治以降のもので、『枕草子』の「あてなるもの」でも知られる古いイチゴは木イチゴや草イチゴであった。『延喜式』（大膳）では河内国と摂津国から貢納されたが、天皇用は朝廷の「覆盆子園」で栽培され五月に収穫された。《使用例》『延喜式』（内膳）供奉雑菜。

楊梅子（やまもも）

現代名［ヤマモモ（山桃）］
Morella rubra

ヤマモモ属の常緑樹。関東以南のどこの山地でも自生しているが、柔らかい果実は長距離の輸送には向かず、『延喜式』（大膳）の「諸国貢進菓子」では、山城・大和などの畿内五カ国から貢納された。都人に愛され、道路名や地名にもなった。『和名類聚抄』では「状如苺子赤色、味甜酸可食之」としている。

李子（すもも）

現代名［スモモ（李）］
Prunus salicina

サクラ属の落葉樹。桃よりも酸味が強いとされ「酢桃」と呼ばれた。花も美しく、『万葉集』大伴家持の「わが園の李の花か庭に落る　はだれのいまだ残りたるかも」から、庭園で栽培されていたことがわかる。《使用例》『延喜式』（内膳）供奉雑菜、（大膳）七寺盂蘭盆供養料・七月廿五日節料。

枇杷子・盧橘（びわ）

現代名［ビワ（枇杷）］
Eriobotrya japonica

果実が美味であるだけでなく、「大薬王樹」とも呼ばれる薬効のある有用植物。名称は、果実ではなく葉の形が楽器の琵琶に似ているからとされる。「盧橘（はなたちばな）」を枇杷と解釈する歴史も古い。《使用例》『延喜式』（内膳）供奉雑菜、（大膳）五月五日節料。『扶桑略記』豊楽殿宴渤海客。

梨子（なし）

現代名［ナシ（梨）］
Pyrus pyrifolia

バラ科ナシ属の落葉樹。『延喜式』（大膳）の「諸国貢進菓子」では甲斐国と因幡国から貢納。生食のほか『延喜式』（内膳）では梨の実の塩漬を作っている。《使用例》『延喜式』（内膳）九月九日節料。『執政所抄』御節供事殿下御料・故摂政入道殿御忌日御時物。『類聚雑要抄』母屋大饗。

搗栗

かちくり

素材の現代名［クリ（栗）］

Castanea crenata

栗は手軽な食材として生栗・甘栗・平栗などさまざまな形で大量に貢納された。「搗栗」は実を乾燥させて臼で搗いて殻と渋皮をとった保存用食材。丹波・但馬・播磨・美作国から貢納された。《使用例》『延喜式』（内膳）供御月料・正月三節・神今食料・新嘗祭供御料、（大膳）五月五日節料。

干棗

なつめ

素材の現代名［ナツメ（棗）］

Ziziphus jujuba

クロウメモドキ科の落葉樹。生食もされたが、干棗は宴会の供膳には必ずといって良いほど登場する。内膳司へは信濃国から貢納されたが、朝廷の果樹園にも三十株が植栽されていた。《使用例》『延喜式』（内膳）供御月料・神今食・新嘗祭・正月三節。『類聚雑要抄』母屋大饗・聟娶御前物。

榛子

はしはみ

現代名［ハシバミ（榛）］

Corylus heterophylla

カバノキ科の落葉樹。『延喜式』では「人」と書かれる仁（固果の中身・核）を食用とし、生食もできるが煎るとより美味である。『延喜式』（宮内）の「諸国例貢御贄」では大和国から貢納とある。中華系の食材と考えられたのか、孔子を祀る「釈奠（せきてん）」での利用が多い。《使用例》『延喜式』（大学）釈奠。

椎子

しひ

現代名［スダジイ（すだ椎）］

Castanopsis sieboldii

ブナ科の常緑樹。渋がなく生食可能で縄文時代から日本人の主食級食材であった。そのためかスダジイの小枝「和恵差（わえさし）」は大嘗宮の「膳屋（かしわや）」の壁面を飾る。『延喜式』（大膳）「諸国貢進菓子」では河内など六カ国から貢納とある。《使用例》『延喜式』（内膳）新嘗祭供御料・正月三節、（大膳）宴会雑給。

榧子・柏実

かへ

現代名［カヤ（榧）］
Torreya nucifera

イチイ科の常緑針葉樹で「栢・柏」とも書かれる。アク抜きすると油分が多く美味。煎って食べるほか「榧酒」も好まれた。正月の蓬萊(ほうらい)飾りにも用いられる縁起食材。漢方では駆虫薬として用いられ『延喜式』（典薬）では大和ほか全国から貢納するとある。《使用例》『類聚雑要抄』聟娶御前物。

松子

まつのみ

素材の現代名［ゴヨウマツ（五葉松）］
Pinus parviflora

松の実。『厨事類記』には「五葉子ト云。イリテカハムキテモル」とあるのでゴヨウマツの実である。古くから高い栄養価が知られていたようで、祝儀の膳に榧子(かや)などと並んで供された。《使用例》『江家次第』東宮御元服。『執政所抄』元三行御節供。『二中歴』大饗。『類聚雑要抄』聟娶御前物。

蔓菁・茎立

あおな・くくたち

現代名［カブ（蕪）］
Brassica rapa

アブラナ科の植物。平安時代に「青菜」といえばカブの葉を指すほどの主要食材であった。また茎は「茎立」として日常の膳に多用された。もちろん根株も用いられる。十月一日の「孟冬旬(もうとうのしゅん)」は蔓菁が定番であった。《使用例》『延喜式』（内膳）漬秋菜料、（大膳）松尾神祭雑給料・仁王経斎会供養料。

芹

せり

現代名［セリ（芹）］
Oenanthe javanica

セリ科の多年草で湿地に生え『延喜式』（京）によれば、水田耕作が禁じられていた京中でも自由栽培が許可されていた。新鮮な食材が入手可能で日常菜として多用された。《使用例》『延喜式』（内膳）漬春菜料、（大膳）春日祭雑給、（大学）釈奠。『執政所抄』上午日宮咩奠・正月七日七種御菜。

苣・萵苣

ちさ

現代名［チシャ（萵苣）］

Lactuca sativa

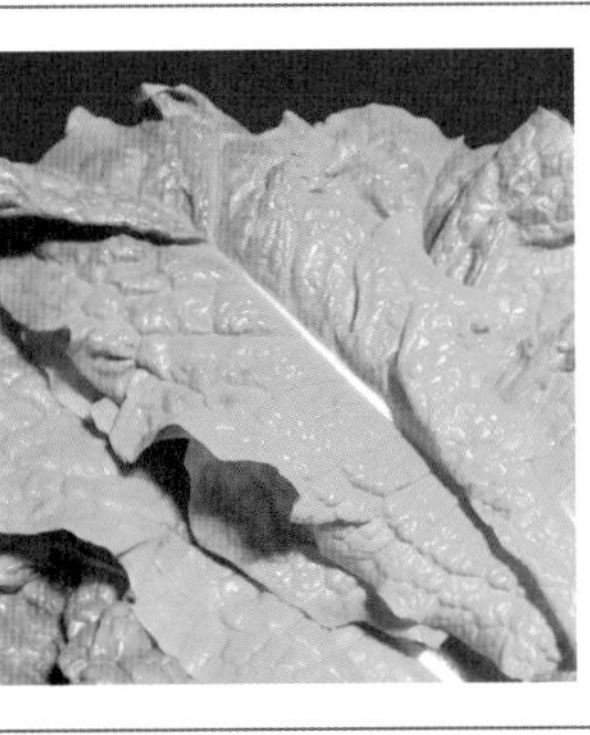

キク科のいわゆるレタス類の総称。ヨーロッパ原産とされるが早い時代に渡来し『万葉集』にも花を詠んだ歌が載る。『延喜式』（内膳）によれば朝廷の農園で苗一千五百把が栽培されていた。《使用例》『延喜式』（内膳）供御雑菜、（大膳）春日祭雑給料・最勝王経斎会供養料・仁王経斎会供養料。

虎杖

いたとり

現代名［イタドリ（虎杖）］

Fallopia japonica

タデ科の多年草。『枕草子』で「見るに異なることなきもの」とされる漢字は若い茎に虎の模様が見られるため。『日本書紀』（反正）には「多遅の花は今の虎杖の花なり」とある。若い芽や茎が食用となり独特の酸味があるため「すかんぽ」の別名も知られる。《使用例》『延喜式』（内膳）漬春菜料。

大豆

まめ

現代名［ダイズ（大豆）］

Glycine max

マメ科の一年草。栄養価が豊富で、完熟の乾豆や「熬(いり)大豆粉」（きなこ）などが古代から多く用いられた。また、未熟豆は「生大豆」として用いられており、いわゆる枝豆のことと推測される。《使用例》『延喜式』（内膳）新嘗祭供御料・正月三節・九月九日節、（大膳）宴会雑給。『執政所抄』正月十五日御粥。

芋

いへついも

現代名［サトイモ（里芋）］

Colocasia esculenta

ただ「芋」といえばサトイモを指し、栽培するイモ類なので家芋・里芋の名称がある。茎も美味な食材。朝廷の農園で栽培され、『延喜式』（内膳）の「供奉雑菜」では六～九月に「芋茎」を、九月～正月に「芋子」を供進することとされていた。《使用例》『延喜式』（大膳）正月最勝王経斎会供養料。

薯蕷（やまついも）

現代名［ヤマノイモ（山の芋）］ *Dioscorea japonica*

ヤマノイモ科でサトイモとは「科」が違う植物だが、ぬめりのある食感から「いも」とされる。生食も可能で多くの調理法があるが、薄く削いで「甘葛煎」で煮た「薯蕷粥」は冬の宴会のデザートとして多用された。《使用例》『延喜式』（大膳）正月仁王経斎会供養料。『類聚雑要抄』五節殿上饗薯蕷粥。

零余子（ぬかご）

素材の現代名［ヤマノイモ（山の芋）］ *Dioscorea japonica*

ヤマノイモの蔓（つる）に生える肉芽で、『和名類聚抄』には零余子は「署預子」と載り、『延喜式』（内膳）でも同様に記されるが、皮つきの鯉の身を串に並べて刺して塩焼きや胡桃焼きにした「零余子焼」という料理もあり区別が難しい。《使用例》『執政所抄』臨時客上達部御料。『類聚雑要抄』五節殿上饗。

菱子（ひし）

素材の現代名［ヒシ（菱）］ *Trapa japonica*

ミソハギ科の水草。葉も果実も菱形なのでその名がある。実は茹でるとほくほくとして美味である。日常菜のほか古代からの食材であったためか神事にも多用され、丹波国から貢納された。《使用例》『延喜式』（内膳）供御月料・神今食・新嘗祭・正月三節、（大膳）九月九日節料。『類聚雑要抄』庇大饗。

蓮子（はちすのみ）

素材の現代名［ハス（蓮）］ *Nelumbo nucifera*

インド原産で仏教の象徴ともされる植物・ハスの種子。『延喜式』（内膳）によれば、六月下旬から九月下旬まで蓮子二十房が、当時湿地の多かった河内国から貢納された。意外にも仏教行事だけでなく神事にも多く用いられている。《使用例》『延喜式』（内膳）供御月料・新嘗祭、（大膳）七月廿五日節料。

筍（たかむな）

現代名［タケノコ（筍）］
Phyllostachys bambusoides

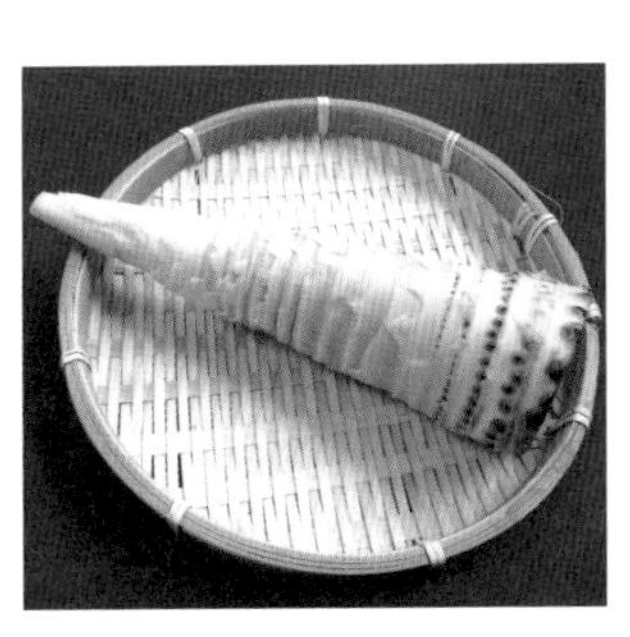

各種のタケノコが用いられたようで、『故事談』には藤原道長が清涼殿の庭の筍を抜いて焼いて食べる話が載る。『延喜式』（民部）によれば、畿内全域に貢納を命じている。釈奠にはメンマのごとく塩と酒粕で漬け込んだものが用いられた。《使用例》『延喜式』（内膳）供御雑菜、（大膳）五月五日節料。

瓜（うりのさね）

現代名［シロウリ（白瓜）］
Cucumis melo

ウリは一年中食され、『延喜式』（内膳）の「供御雑菜」では五〜八月に「生瓜」が所進され、「漬秋菜料」にはウリの塩漬・糟漬・醬漬が載る。糟漬瓜は、塩と酒粕および滓醬と醬で漬け込んだもので、現在の「奈良漬」のようなものであろうか。《使用例》『延喜式』（内膳）供御月料・新嘗祭・正月三節。

荏（え）

現代名［エゴマ（荏胡麻）］
Perilla frutescens

シソ科植物。灯油その他に用いられ「荏油」として十カ国から貢納されている。食物としては「荏裹」があり『延喜式』（内膳）によれば瓜・冬瓜・茄子・菁根を塩・醬・未醬・滓醬で漬け込み荏の葉で包んだものと思われる。《使用例》『延喜式』（大膳）仁王経斎会供養料。『執政所抄』臨時客上達部御料。

胡麻（うごま）

現代名［ゴマ（胡麻）］
Sesamum indicum

食材として一年中さまざまに利用されるほか、平安時代の代表的な灯油であり、油として三十五カ国から貢納された。朝廷の油は主殿寮が管理して諸司に配付。大膳職には「供御幷中宮御索餅糖料」として納め、この索餅が揚げ物であったことがわかる。《使用例》『延喜式』（内膳）供御月料・新嘗祭・正月三節。

胡桃子・呉桃子（くるみ）

現代名［オニグルミ（鬼胡桃）］

Juglans mandshurica

『延喜式』（内膳）によれば「年料」として信濃国から貢納され、天皇の日常の食膳に出た。『中外抄』には後三条天皇が鯖の頭に胡桃を塗って炙って食べたという逸話が載る。また胡桃油として甲斐国より貢納された。《使用例》『延喜式』（内膳）供御月料、（大膳）最勝王経斎会供養料・修太元師法料。

蔓椒（いたちはしかみ）

現代名［サンショウ（山椒）］

Zanthoxylum piperitum

『魏志倭人伝』にも掲載されている日本原産の食材。現代と同様に初夏は葉、夏は実が用いられた。また「槾椒油」が主殿寮（とのもりづかさ）から馬寮に支給され、馬の薬や鞍の下に塗る保護油として用いられた。大晦日の追儺（ついな）の灯油としての利用もあった。《使用例》『延喜式』（内膳）供奉雑菜、（大膳）平野夏祭雑給料。

酥（そ）

現代名［ソ（蘇）］

『大般若経』には、牛乳を煮詰めるに従って酪・生蘇・熟蘇・醍醐になるとある。『延喜式』（民部）では全国を六地域に分けて六年に一回ずつ籠に入れて「貢蘇」すると定められていた。《使用例》『西宮記』二宮大饗（給蘇甘栗）。『吏部王記』右大臣家饗。『執政所抄』臨時客上達部御料。

椿餅（つばいもち）

現代名［ツバキモチ（椿餅）］

最古の和菓子ともいわれ『源氏物語』（若菜上）では蹴鞠（けまり）の会の軽食として描かれる。『河海抄』には、餅の粉に甘葛煎（みせん）をかけてツバキの葉で挟むとあり、江戸時代の蹴鞠会では丁子（ちょうじ）粉を加えて細紙を帯にして結んだとされる。《使用例》『江家次第』元日宴会。『類聚雑要抄』五節殿上饗。『朝野群載』御八講。

餺飥

はくたく・はうたう

現代名［ほうとう］

中国から伝わった食品で『和名類聚抄』では「麺」（麦を練った食品）を方形に切ったものとあり、『厨事類記』では米粉と山芋を錬って作るとされる。春日大社で「餺飥女」が作るのが名物で、小豆汁につけて食べた。《使用例》『小右記』寛弘二年三月不動息災法。『枕草子』。『台記別記』仁平元年八月春日詣。

雉

きぎす

現代名［キジ（雉）］

Phasianus ersicolor

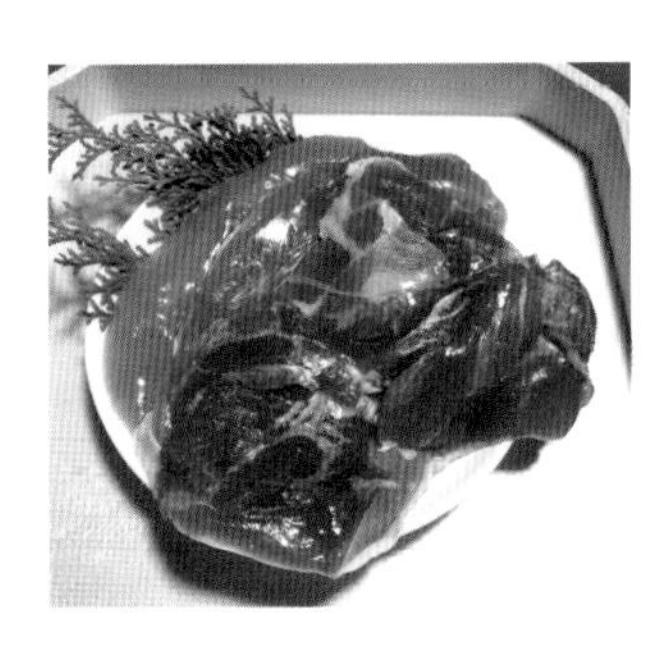

食材で単に「鳥」といえばキジを指すことが通例。獣肉が公式の場で避けられるようになった平安後期でもキジは問題なく食用とされ、獣肉代用のごちそうとされた。鷹狩で獲たキジは「鷹の鳥」と呼ばれ、その他の猟法より格上とされる。《使用例》『延喜式』（内膳）節料。『類聚雑要抄』歯固・聟娶御前物。

鹿醢

かのひしお

素材の現代名［ニホンジカ（日本鹿）］

Cervus nippon

「醢（ひしお）」は塩辛のようなもので「脯（ほじし）」は干し肉である。近江国から貢納される鹿肉は公式の場面では正月の「歯固（はがため）」や孔子を祀る「釈奠（せきてん）」で用いられたが、平安時代には鳥や魚に置き換えられる。しかし日常生活ではそれ以降でも食べ続けたようだ。《使用例》『延喜式』（内膳）正月三節、（大膳）釈奠。

四種物

ししゅのもの

平安時代の料理はあまり味つけがされておらず、各自が手元の調味料で好みの味つけをして食べた。調味料は塩・酢・醤（ひしお）・酒で、醤は大豆や米、麦と塩を混ぜて発酵させたもの。酒は甘味料であったらしい。のちに四種の内容に異同が生じた。《使用例》『執政所抄』元三御節供。『類聚雑要抄』母屋大饗・庇大饗。

唐菓子
からくだもの

平安時代に「菓子」といえばフルーツのことを意味した。中国から伝わった人工的な菓子である梅枝・桃枝・餲餬・桂心・黏臍・饆饠・鎚子・団喜を特に「八種唐菓子」と呼んで尊重し、儀式の饗膳に用いられた。どれも小麦粉を練って成形し油で揚げたもので形状だけの相違。『厨事類記』によれば、青・縹・緑・赤・蘇芳・黄色などに彩られていたようで塩味や甘みをつけて食べたようである。早い段階から混乱して形状や名称が不明になり、『建武年中行事』には「その姿いづれとわきがたし」とある。後年、揚げるのではなく茹でるものとなり、団喜は現在の団子に、索餅は素麺に変容したともいわれる。平安時代の唐菓子は不明で、ここでは江戸中期の『集古図』の図によって再現した。

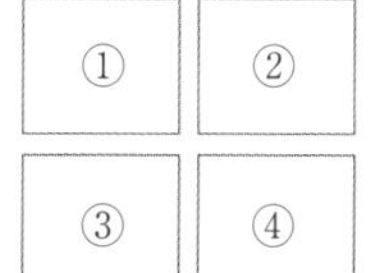

①上：結果（かくのあわ）、下：桂心（けいしん）
②上：梅枝（ばいし）、下：索餅（むぎなわ）
③上：餲餬（かっこ）、下：糫餅（まかり）
④上：餢飳（ふと）、下：捻頭（むぎかた）

平安の食器図鑑

折敷（おしき）

貴族社会で食事を載せる膳は身分の高さが膳の高さに直結し、最も下直なものが折敷である。『枕草子』でも「例の這い臥しにならはせたまへる」と表現されるように、這いつくばって食事をすることになる。

なお「衝重（ついがさね）」と同様、綴じ目が見えるのが背面で、正面は綴じ目の反対側。神前に供えるときは神様に正面を向けるので背面が手前に来ることになる。

衝重（ついがさね）

折敷に脚をつけた、いわゆる「三宝（さんぼう）」である。穴の数で三と四の違いがあり、『三内口決』によれば大臣以上は「四方」、大納言以下が「三方」を用いた。

また『維新前の宮廷生活』を見ると、元旦の摂家への挨拶では、公卿には「三方」、殿上人に対しては穴のない「衝重」で料理が出されたとある。つまり江戸後期には「衝重」は本来の意味から離れて穴なしタイプのことを意味していたのだろう。

懸盤（かけばん）

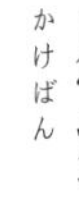

平安時代において最上級の食膳が「懸盤」。『枕草子』で「唐絵に描きたる懸盤してもの食はせたる」とあるように、中国絵画でしか見ないような高級品で、天皇周辺の人々が用いた。

室町後期になると諸家で朝夕の食事に普通に使用するようになっていることが『三内口訣』に記されている。たしかに『春日権現験記』を見ると日常的な場面で用いられている。

高坏（たかつき）

『源氏物語』（柏木）に「世の常の折敷・衝重・高坏など」とあり、また（宿木）にも「浅香の折敷・高坏どもにて粉熟（ふずく）参らせたまへり」とあって、折敷のような食膳とされる。鎌倉後期の『門室有職抄』には「至極饗応之時、高坏十二本備也」とあり、特別な食膳になっている。

また果物などを盛る器として「栗栖野高坏」などの素焼土器の高坏を用いたことが『執政所抄』などに見える。

銚子(ちょうし)・提(ひさげ)

正月の「御薬」（屠蘇）や宴席などで盃に酒を注ぐのが「銚子(ちょうし)」。酒甕から酒を受けて銚子(し)に注ぐのが「提(ひさげ)」。

室町中期『海人藻芥』には、提は右手だけで持ち銚子は左右の手で持つとある。銚子は宴席で便利なように左右に注ぎ口がある「諸口(もろ)」が多用されたが、『類聚雑要抄』では金と銀があり、片口のものもあったとある。室町時代には紙を折った銚子飾をつけた。

土器(かわらけ)

酒盃は、特別な場合では緑釉陶器などが用いられ、また節会(せちえ)の三献の儀礼には朱漆盃も使用されたが、一般の酒席では「来(く)栖(す)野(の)様器」「深草(ふかくさ)土器」と呼ばれる素焼の盃が用いられた。

箸で食べる器と異なり、直接口をつける盃は、人手に渡って呪術に用いられないように使用後に割った。『枕草子』に「きよしと見るもの、土器」とあるように、その清浄感が好まれたのであろう。

耳土器(みみかわらけ)

土器(かわらけ)を焼く前に左右からはさみ上げて耳のような形にしたもの。『類聚雑要抄』には大臣大饗の膳について「箸台〈口径五寸、二方折立端〉已上深草土器用之」とあるので、箸台として用いられたとわかる。

ただし『厨事類記』では腋御膳の「魚味」の器とされ、『後押小路内府抄』には、汁のない菜は深草土器、菜は耳土器に入れるとある。現代の宮中でも箸台として用いられている。

磁器(じき)

平安時代の食器は、厳格な節会などでは銀器、また朱漆の器が用いられたが、室町時代になると明(みん)から染付(そめつけ)の磁器が輸入されて尊重されるようになる。

『三内口決』には平生は朱漆塗の器を用いるが、大臣は朝夕の器に青磁(せいじ)や白茶碗を用い、塗物は一切用いないとある。また『維新前の宮廷生活』によれば、天皇から六位蔵人までは「茶碗」（白磁器）で、七位以下は「椀」（漆塗）と区別された。

馬頭盤（ばとうばん）

平安時代以降、大饗（だいきょう）などの供膳で用いられた銀製のカトラリーで、箸と匙（かい）を載せる分銅形の銀器が「馬頭盤」。『厨事類記』には馬頭盤の寸法を長さ八寸八分、広さは端が三寸八分で中央が三寸五分の分銅形、足の高さは一寸七分とし「朝餉銀器」として図示している。『江家次第』では正月の供御薬や東宮元服の膳などで用いられた例を示す。

匙は正倉院宝物にも見られ、日本では古代から用いられていた。『厨事類記』では匙には銀製と木製があり、銀の匙は汁をすくうために用い、木匙は飯を載せて汁に浸して食べるのに使うとしている。

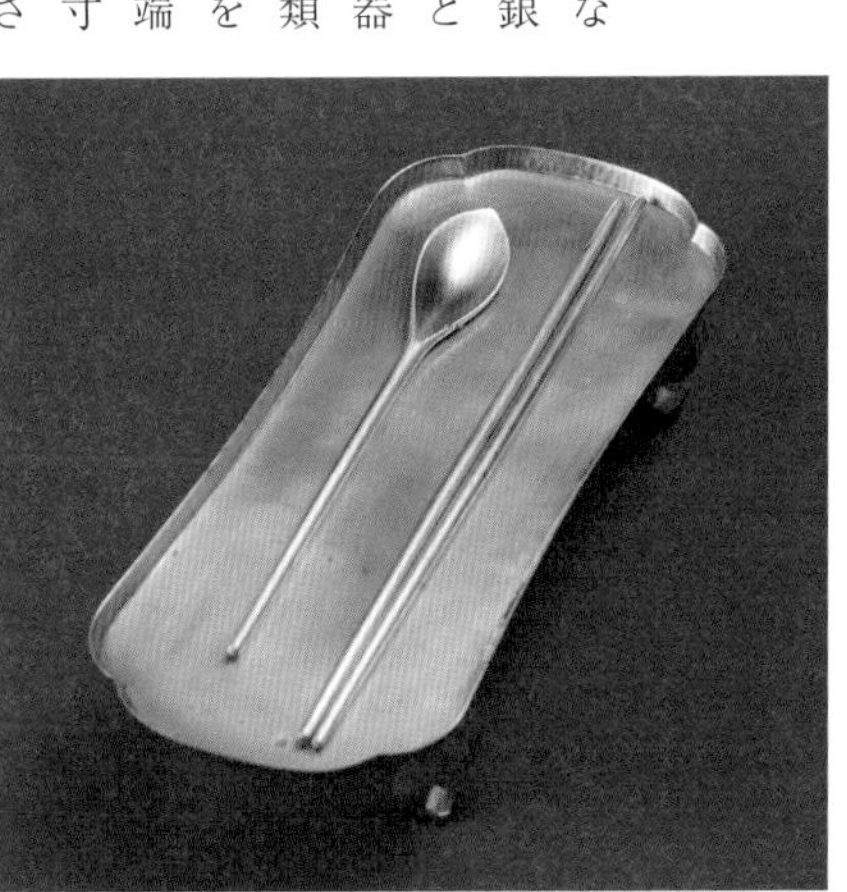

当時、飯を汁に浸して食べることは普通に行われていたため、必ず膳に匙が備えられていた。しかし食事の変化により、室町時代以降は寺院などを除いて匙は使用されなくなってゆく。

現代の天皇誕生日の宮中「祝宴の儀」でも匙が出ないため、茶碗蒸も箸でいただくという。

箸台（はしだい）

通常の食膳において箸を載せる台は「耳土器（みみかわらけ）」を用いることが多かったが、祝いの席などでは特別な箸台を用いた。それは鶴を象った銀製の箸台である。『江家次第』には「執聟」の項目で「銀箸台、銀箸一双・木箸一双、件箸台多作鶴形」とあり、『為房卿記』の寛治五年（一〇九一）の「入内」の場面にも「銀箸並洲浜鶴一双、翼上納紫壇」とあるなど、結婚式で用いられた例が多い。ただし『紫式部日記』の敦成親王の五十日祝に「御箸の台洲浜」とあり、『台記別記』の藤原忠実七十賀の場面でも「御箸一双〈在台、以金鶴洲浜形〉」とあるので、すべての祝儀に用いたのであろう。『厨事類記』では箸には銀製と木製があり、銀箸は鬼神・餓鬼（がき）に飯を供えるための「三把（さば）」を取るために用い、木箸はご飯やおかずを食べるのに用いるとあるので、実際には木箸だけを用いたと考えられる。

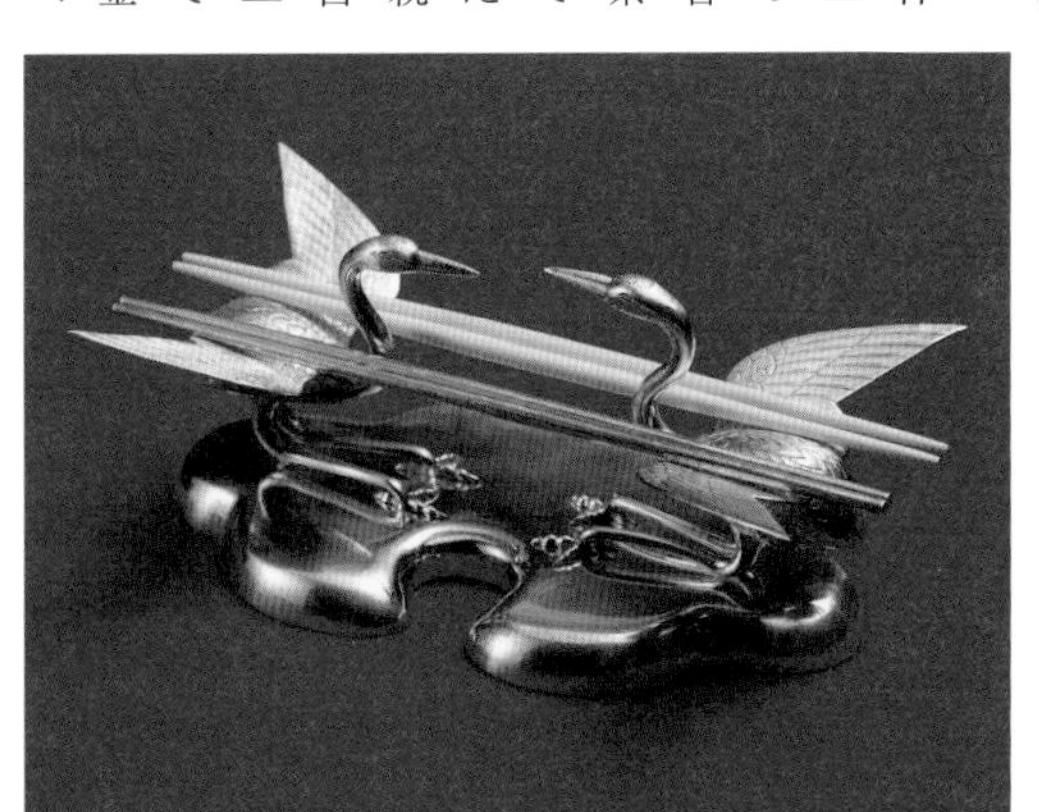

コラム

別足

鳥の胸肉を「引垂」、モモ肉を「別足」と呼んだ。『北山抄』に「大饗事（中略）四献〈以下公卿取之、雉別足〉」とあり、『類聚雑要抄』にも「雉〈別足・引垂、引渡盛之〉」とあるので古い言葉である。安土桃山時代頃の『庖丁聞書』には、雉は胸を裂くので垂れて「引垂」と呼ぶとある。そして『四条流庖丁書』には、女性の皿には「陽」とされる引垂を上に置き、男性の皿には「陰」とされる別足を上に盛るなどと記されている。

室町後期の『大草殿より相伝之聞書』には「焼き鳥料理のこと」として、「味つけは塩または擂醬、引垂は長さ一寸程に縦に薄く切る。別足は車切り」とある。古来諸説あるが『厨事類記』では「鳥左・鯉右」として、別足には左足を用いた。

この別足は現代のクリスマスの鶏モモ焼のようにして食べた。外側に十七・内側に十三・上に三、合計三十三の切り込みを交差するように入れて食べやすくし、手が汚れないように骨には亀足と呼ばれる紙を巻く。

『古事談』に興味深い話が載っている。学者として知られた藤原頼長が大饗で別足を食べたとき、人々が食べ方を見習おうと食べ残りを見たところ、関節の曲がった内側を一口だけ食べていたという。さすがは平安貴族、優雅な食べ方である。

亀足

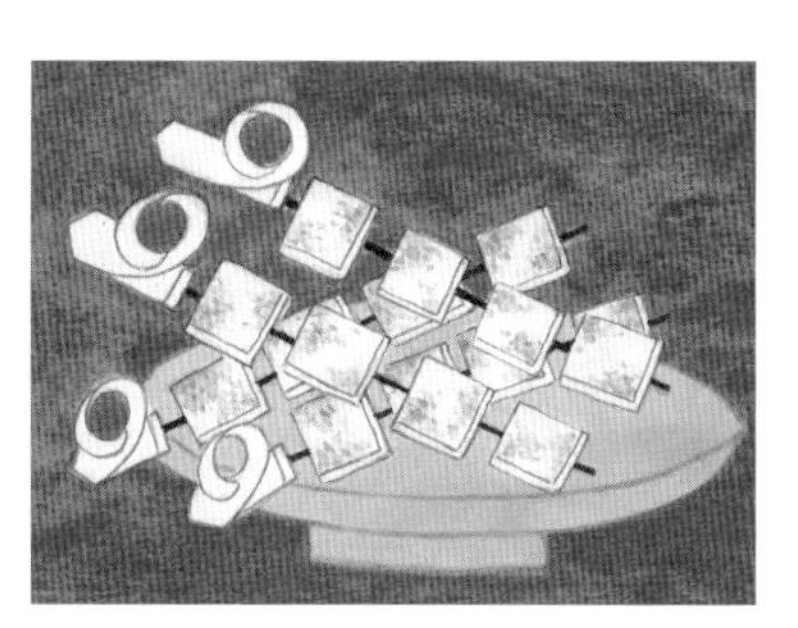

室町時代まで「蒲鉾」は魚のすり身を蒲の穂のように串に刺して焼いた、現代のちくわのような形状であった。また「零余子焼」（皮付きの魚を小さく四角く切って串に刺して焼いた料理）も大饗料理にはポピュラーであった。こうした串焼料理は串が焼けて油で汚れたりするので、盛りつけに際して、手で持つ部分に紙をつけた。割り箸袋のようなものを串にかぶせ、装飾的な意味で端を捻る。これが亀の足のように見えるので「亀足」と呼ばれた。さらに先端はくるりと巻き上げる。

室町後期の『四条流庖丁書』には「亀足ノ事」の項があり詳しく解説されている。それによれば、形は巻貝をかたどり紙は薄様を用い、通常は四角に折るが宮中へは八角折とし、六角はどのような場合にも使える。ひだの数は十二など、礼式としての折形が発達した室町時代らしい美意識が垣間見える。

別足〔上〕と亀足のついた零余子焼〔下〕（ともに『正月三節會御膳供進之次第』＊）

さくいん［有職の食材図鑑］

さくいん［年中行事・通過儀礼］

主要参考文献

『年中行事辞典』西角井正慶編、東京堂出版、1958

『平安朝の年中行事』山中裕、塙書房、1972

『御所ことば』井之口有一・堀井令以知、雄山閣、1974

『江馬務著作集 第七巻—日本の風俗文化 一生の典礼』中央公論社、1976

『江馬務著作集 第八巻—四季の行事』中央公論社、1977

『諸国図会 年中行事大成』儀礼文化研究所編、桜楓社、1978

『大日本年中行事大全』儀礼文化研究所編、桜楓社、1979

『図説・宮中行事』嗣永芳照編、同盟通信社、1980

『日本まつりと年中行事事典』倉林正次、桜楓社、1983

『冷泉家の年中行事』冷泉貴実子、朝日新聞社、1987

『和菓子の京都』川端道喜、岩波書店、1990

『国文学 解釈と鑑賞 平安時代の儀礼と歳事』所功他、至文堂、1991

『五節供の楽しみ—七草・雛祭・端午・七夕・重陽』冷泉為人、淡交社、1996

『年中行事・儀礼事典』川口謙二他、東京美術、1997

『京の雅・冷泉家の年中行事 冷泉布美子が語る』冷泉布美子・南里空海、集英社、1999

『年中行事と生活暦—民俗誌への接近』倉石忠彦、岩田書院、2001

『旧暦で読み解く日本の習わし』大谷光男監修、青春出版社、2003

『日本人の生活文化—くらし・儀式・行事』菅原正子、吉川弘文館、2008

『古代国家と年中行事』大日方克己、講談社、2008

『三省堂年中行事事典』三省堂、2012

『宮中のシェフ、鶴をさばく—江戸時代の朝廷と庖丁道』西村慎太郎、吉川弘文館、2012

『年中行事読本—日本の四季を愉しむ歳時ごよみ』岡田芳朗・松井吉昭、創元社、2013

『淡交別冊 五節句に遊ぶ—茶の湯の趣向に役立つヒント』淡交社、2014

『旧暦読本—日本の暮らしを愉しむ「こよみ」の知恵 改訂新版』岡田芳朗、創元社、2015

『図説 和菓子の歴史』青木直己、筑摩書房、2017

『古典歳時記』吉海直人、KADOKAWA、2018

『京の祭と行事365日』淡交社、2018

『事典 古代の祭祀と年中行事』岡田莊司、吉川弘文館、2019

『宮中 季節のお料理』宮内庁侍従職監修、扶桑社、2019

料理協力

西陣魚新（にしじん　うおしん）
文化文政年間創業の禁裏御用の酒造・醤油商に端を発し、安政二年（1855）には料理屋として開業した、「有職料理」を今も受け継ぐ数少ない料亭。大正と昭和の即位礼（大饗の儀）の料理や、平成の即位礼の際は、京都御所での茶会（1990年12月3日）を担当するなど、その歴史と技術で伝統の宮中有職料理を支えている。

京都府京都市上京区中筋通浄福寺西入中宮町３００
TEL：075−441−0753

（右）大正の即位礼で「大礼使御用」として大饗の儀の料理を担当した際に賜った札。
撮影：二村 海

協力（五十音順）

市谷亀岡八幡宮
石清水八幡宮
大原野神社
上賀茂神社（賀茂別雷神社）
川端道喜
京都府立京都学・歴彩館
宮内庁
下鴨神社（賀茂御祖神社）
伏見稲荷大社
丸久小山園
湯涌温泉観光協会
早稲田大学図書館

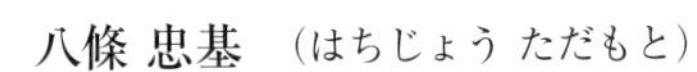
八條 忠基（はちじょう ただもと）

綺陽装束研究所主宰。有職故実の研究・普及のため、古典文献の読解研究や装束の再現、執筆、監修、講演など多岐にわたる活動を行う。主な著書に『有職装束大全』（平凡社）、『有職の色彩図鑑』（淡交社）、『詳解 有職装束の世界』（KADOKAWA）、『日本の装束解剖図鑑』（エクスナレッジ）などがある。

デザイン　瀧澤弘樹
撮影　二村 海（P.10～25、33、39、206、232）
写真協力　小笠原敏孝
　星野佑佳
　宮野正喜

有職故実から学ぶ　年中行事百科

2022年2月5日　初版発行
2022年7月28日　2版発行

著　者　八條忠基
発行者　伊住公一朗
発行所　株式会社 淡交社
　本　社　〒603-8588 京都市北区堀川通鞍馬口上ル
　　営業　075(432)5156
　　編集　075(432)5161
　支　社　〒162-0061 東京都新宿区市谷柳町39-1
　　営業　03(5269)7941
　　編集　03(5269)1691
　www.tankosha.co.jp
印刷・製本　シナノ書籍印刷株式会社

ISBN 978-4-473-04489-1